船舶管路设计基础

陈宁 王军 编著

国防工业出版社

·北京·

内 容 简 介

本书以管路系统为研究对象,内容涵盖船舶动力装置系统、蒸汽系统、舱底排水及疏水系统、生活水系统、消防系统、管材与附件和计算机辅助快速设计等 7 个章节内容。强调船舶各管路系统的组成、功能、原理和设计计算方法,结合船舶设计规范及工艺,将计算机辅助设计技术应用于管路系统原理图快速设计,以期能够提高轮机工程师对船舶系统设计的合理性和可靠性,并能够在工作中提高设计效率。

本书可作为高等院校本、专科相关专业的"船舶管路系统设计"课程的专业教材,也可作为船舶制造企业设计部门职工教育的教材和船舶机专业的研究生使用的参考教材。

图书在版编目(CIP)数据

船舶管路设计基础/陈宁,王军编著 . —北京:国防工业出版社,2017.1
ISBN 978-7-118-10523-0

Ⅰ.①船…　Ⅱ.①陈…②王…　Ⅲ.①船舶管系—设计　Ⅳ.①U664.84

中国版本图书馆 CIP 数据核字(2016)第 200880 号

※

图防工业出版社出版发行

(北京市海淀区紫竹院南路 23 号　邮政编码 100048)
三河市德鑫印刷有限公司印刷
新华书店经售

*

开本 787×1092　1/16　印张 12¼　字数 313 千字
2017 年 1 月第 1 版第 1 次印刷　印数 1—3000 册　定价 29.80 元

(本书如有印装错误,我社负责调换)

国防书店:(010)88540777　　发行邮购:(010)88540776
发行传真:(010)88540755　　发行业务:(010)88540717

序

　　海洋世纪的来临，为人类带来了全面开发和利用海洋资源的激情。走向深蓝，是我国全面复兴的重要标志。海洋产业将成为我国国民经济发展新的产业支柱。作为面向海洋的装备工业，随着海洋经济的发展，将迎来新的机遇、新的挑战和新的发展空间。

　　船舶及海工装备的管路系统如同人类围绕心脏输送体液，保障机体正常工作的动脉与静脉血管一样，它围绕着船舶及海工装备的主要动力机械，输送着各种工质，保障着船舶及海工装备的运行与安全。因此，在船舶及海工装备的设计中极其重要。

　　本书从船舶管路系统的详细设计出发，详细介绍了船舶各系统的工作原理、综合布置所需注意的各主要环节、工质输送流量设计计算方法、管路及附件的通径选型、耐压等级的确定方法以及计算机在船舶管路系统详细设计中的 CAD 设计信息系统的开发方法等。对指导学生在船舶设计中优化系统布局，提升船舶管路系统综合布置合理性和科学性，具有鲜明的指导作用。

　　我国船舶工业正经历着由造船大国向造船强国发展过程质的飞跃之中，因此，本书的编辑出版将有利于我国对于船舶及海工装备系统设计人才的培养，提高在校大学生对于轮机系统详细设计方法的认识和设计能力，同时，也可以指导船舶生产与设计企业的设计人员、监造人员，为我国船舶及海洋装备工业建设一支专业配套、结构合理、素质精良的造船人才队伍起到促进作用。

潘镜芙

2016 年 7 月 30 日

前　言

　　船舶管路系统设计是一门多学科综合应用的技术,它包含了船舶设计中动力装置系统、蒸汽系统、舱底排水、稳性调控系统、疏水系统、生活水系统、消防系统以及特种液货船舶的液货驳运系统等多个系统的内容与设计要求。本书在介绍船舶管路系统设计的同时,还介绍了管材附件的选用方法和计算机辅助快速设计方法。这些都是轮机设计工程师在进行船舶机舱系统设计时所必须掌握的设计知识。作为以船舶为主要研究对象的高等院校教师,为造船企业培养适用的综合设计人才是我们义不容辞的责任。为此,作者通过多年教学和科研工作积累,特别是在参与国内大型造船企业的船舶系统设计工作基础上,收集了多型船舶的轮机系统设计图纸,并加以研究、整理和总结,编写了本书。

　　本书主要内容包括船舶动力装置系统、蒸汽系统、舱底排水及疏水系统、生活水系统、消防系统、管材与附件和计算机辅助快速设计方法等 7 个章节的内容。第一章船舶动力装置系统,主要介绍了燃油系统、滑油管系、冷却管系、压缩空气管系、排气系统;第二章蒸汽系统,介绍了蒸汽系统的一般规定、箱柜蒸汽加热管系、蒸汽伴行及锅炉给水系统、蒸汽取暖系统;第三章舱底排水及疏水系统,介绍了排水系统、移注系统、放水系统、疏水系统、油污水处理装置;第四章生活水系统,介绍了饮水系统、洗涤水系统、淡水系统、海水系统、供水系统的机械设备;第五章消防系统,主要介绍了水消防系统、水幕系统、卤化烃 1211 液体灭火系统、喷注系统、水雾系统;第六章管材与附件,介绍了各类船用管子的种类、规格、特性及选用的一般原则,管路附件等;第七章计算机辅助快速设计,介绍了图块及图块属性定义与提取、图像块菜单、用 VB 开发 AutoCAD、船舶管路设计 P&ID 系统。

　　在编写过程中本书突出了三点:一是强调掌握船舶各管路系统的组成、功能介绍和设计计算;二是通过设计计算突出船舶管路设计的管材及附件的选型;三是注重管路设计中的计算机技术应用和快速设计方法的使用,提高轮机工程师设计的合理性和管路系统设计的可靠性。

　　上述各章可按相近内容组成若干模块,实现模块化教学,模块之间内容相互独立。在教学过程中,可根据学时数,选择和组织教学内容。本课程是一门实践性很强的课程,通过本课程的学习可使学生掌握船舶管路系统设计的一般专业知识。

　　本书第一、二、四、七章由陈宁编写,第三、五、六章由王军编写,全书由陈宁负责汇总和整理。

　　本书承蒙赵良才教授、陈剑夫教授在百忙之中仔细审阅全稿并提出了许多宝贵意见,在此深表谢意。

　　由于水平有限,时间仓促,书中难免有欠妥之处,请读者不吝指教。

编著者

目　录

第一章　船舶动力装置系统

现代船舶动力装置,按推进装置的形式,可分为五大类:①柴油机推进动力装置;②蒸汽轮机推进动力装置;③燃气轮机推进动力装置;④核动力推进动力装置;⑤联合动力推进装置。

现代民用船舶中,所采用的动力装置系统绝大多数是柴油机动力装置,因此,本书主要介绍以柴油机为动力装置的船舶,图1-1为船舶柴油机动力装置系统燃油供应系统原理图。

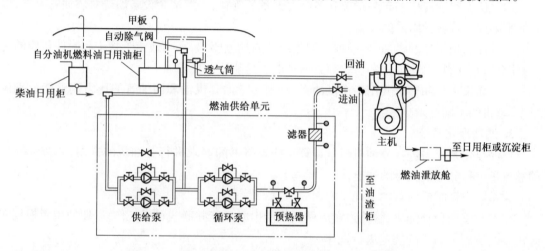

图1-1　船舶柴油机动力装置系统燃油供应系统原理图

柴油机燃油系统包括三大功能系统,分别是输送、日用和净化。

1. 燃油输送系统

燃油输送系统是为了实现船上各燃油舱柜间驳运及注入排出而设计的,所以,系统应包括燃油舱柜、输送泵、通岸接头和相应的管子与阀件。通过管路的正确连接和阀件的正确设置,实现规格书所要求的注入、调拨和溢流等功能。

设计前,要认真阅读规格书和规范的有关章节,落实本系统所涉及的舱柜和设备所要求的输送功能。

设计时,应注意如下几个方面。

(1) 规格书无特殊要求,注入管应直接注入至各储油舱,再通过输送泵送至各日用柜和沉淀柜,各种油类的注入总管应设有安全阀,泄油至溢流舱,泄油管配液流视察器。

(2) 所有用泵注入的燃油舱柜都要有不小于注入管直径的溢流管,溢流至相应的溢流舱或储油舱,具体规定见各船级社规范,溢流管要配液流视察器。

(3) 从日用柜至沉淀柜的溢流,在日用柜的管子上都要开透气孔以防止虹吸作用,两柜的连接管处要有液流视察器。

(4) 装在日用柜和沉淀柜壁上低于液面的阀,有的船级社规范对其材料有具体的规定,选阀时应予以注意。

(5) 一般情况下输送系统的介质,温度和压力都是较低的,所以系统的管材选用Ⅲ级管即可。

（6）通岸接头处要配有温度计、压力表和取样考克。

（7）燃油输送泵和柴油输送泵互为备用时,两泵进口与出口的连通管中,双联盲板法兰要设在截止阀柴油侧。

2. 燃油日用系统

燃油日用系统是为主机、辅机、锅炉等烧油设备能正常服务而设计的系统,主要内容是根据设备的要求,配置适当的油柜、油泵、加热器、滤器、阀件和管子等,保证所供给的燃油在数量、质量、温度和压力等各方面都能满足设备正常运行的要求。

在设计时,应注意如下几方面:

（1）认真阅读规格书有关章节和各有关设备的资料,了解清楚设备燃烧对燃油的要求,以便能准确地配置各种附属的设备。

（2）加温加压后的燃油,要根据不同船级社的规范要求,准确地给予管子和附件相应的定级,使今后在材料订购、加工和检验等方面都能满足船检的要求。

（3）如果主机和辅机共用一个供油系统,则要考虑其供油和回油管的压力调整能分别满足主、辅机的不同要求。

3. 燃油净化系统

燃油净化系统需进行分油机流量计算。按规格书的要求进行分油机的选用,并按计算出的通流量进行分油机型号的选定。

在系统设计时应注意如下几个方面。

（1）对于两台分油机,管路连接应做到既能串联又能并联或单机工作,以便使用者根据实际需要按所用分油机的规定进行操作。

对于 HFO,尤其是密度达 $991kg/m^3$（15℃）者,为改善分离效果,厂商推荐串联使用。第一台作分离水分用（Purifier）,第二台作分离杂质用（Clarifier）,当需大量分水时,则需两台并联使用。

对于密度达到 $1010kg/m^3$（15℃）、黏度达 $700mm^2/s$（50℃）的燃料油,Alfa-Laval 公司推荐使用 FOPX/FMPX 分油机,并同时推荐单机使用而不推荐双机串联,而仅在油中出现过量淤渣和水时,可双机并联。而 Westfalia 则推荐,当油中出现过量水分时使用并联,当油中出现过量淤渣时使用串联。

（2）分油机的供油泵可以是独立布置的,也可以是与分油机安装在一起的整体式的。选用分油机时应向厂商明确。一般,对大中型船舶,多选用独立布置供油泵,以便适应机舱中燃油柜及分油机的布置,达到较好的吸油、泵油效果。该泵可布置在沉淀柜附近。

（3）由于分油机厂商所提供的供油泵的排量不可能正好与分油机所需要的计算流量相配,而常偏大。因此,应在供油系的出口管路上安装一个恒流量调节阀,使进分油机的流量恒定,而多余的油则返回沉淀柜。

第一节　燃油管系

一、燃油管系的作用及组成

燃油管系的基本任务是保证动力装置在燃油方面的需要。燃油管系的组成和型式与发动机型式、舰船类型及所用燃油的种类有密切的关系,例如:燃气轮对日用燃油的油质要求就要高一些,为此需配置除水设备。但是一切燃油管系一般能实现下列各项职能。

（1）贮藏:有足够大的油舱容积,能够满足最大续航力的要求。大多数船舶的燃油贮藏在双层底油舱及深油舱中,潜艇的燃油则贮藏在耐压壳外的燃油压载水舱中及耐压壳体内的燃油舱中。小型船舶也有做成柜的型式安放在机舱内。

（2）注入:根据舰船的续航力要求,确定燃油装载量,设有燃油注入管路,由基地或其他舰船装入贮藏舱。

（3）调拨:能将各油舱的燃油互相调拨或输送到别的油舱柜,以及自本船调拨至他船。

（4）燃油净化与供应:将燃油中的水分和杂质分离出来,然后将净化后的燃油向发动机输送,并保证供应不断。发动机使用的燃油有燃料油、重柴油和轻柴油三种。燃油中含有一定的杂质和水分,因此根据发动机对油质的不同要求,在进入发动机之前应予净化。净化的方式有聚水型滤器、机械分离和沉淀三种方法。

（5）测量:燃油贮藏的舱柜中,为保证不断地供应发动机用油的需要,必须设有测量和指示舱柜内油面高低的指示装置。一般贮油舱设有测量管与自动测量装置,测其贮藏量、消耗量。

（6）加热:在使用燃料油、重柴油的燃油管系中,燃油在舱、柜中,在分油机和过滤器、燃油输送泵、发动机高压油泵等之前,以及输送管路中均需进行加热,以提高油温而降低其黏性,使油具有良好的流动性。

一般舰船内燃动力装置的燃油管系组成如图1-2所示:燃油由供油船或基地码头用软管接头与舰船甲板上的装油管接头连接,注入燃油舱,贮油舱的数量根据舰船的具体情况而定,贮油舱一般设有一根吸油管,油舱的舱顶最高处设有透气管,以便舱内的燃油贮量变化时,其上方的空气可以自由排出或向内补充。透气管出口位置应在最大破舱水线之上,以免海水从透气管口进入贮油舱,引起船体进一步下沉。

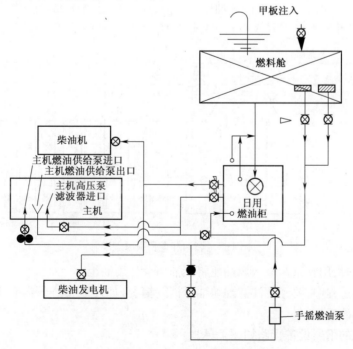

图1-2　一般船舶内燃动力装置的燃油管系组成

在实际管理工作中,常常需要将各贮油舱之间的燃油相互调拨,将燃油驳运至日用燃油舱、柜,有时甚至将本船的燃油调给别船使用。燃油管系的设计必须能够实施这些工作。

燃油的驳运工作必须有独立燃油输送泵或手摇泵辅助。

燃油在到达发动机高压油泵之前,必须严格地清除其中的固体杂质和水分,清除工作分阶段进行,大量的水分和重量较大的固体,先用沉淀法自油中析出,此后用不同过滤精度的滤器在到发动机以前的管路上分多次将软细的固体滤出,混在油中的微量水分及固体杂质在中大型船舶上则常常利用离心分离机进行清除。

对于民用船舶,日用燃油柜一般放在比发动机稍高的位置处,使燃油自日用油柜到达发动机的燃油系统时有足够的静压头。日用油柜上应有测量油位的指示器,以便测量燃油的耗量,日用油柜装满时可由溢流管返回油舱。

二、补重式燃油管系

舰船的燃油贮藏量随着航行的时间增加而逐渐减少。燃料贮藏量的减少引起排水量下降和船的重心转移。这些变化对某些舰船的浮态将产生重大的影响,最显著的是潜艇。

远程潜艇的燃油贮量常占其排水量的 10%以上,如果采用一般燃油管系,当燃油大量消耗之后,船体将大量上浮或发生倾斜。所以必须在燃油消耗的同时自动将海水引入贮藏柜,以海水重量抵偿消耗掉的燃油重量,这种管系称为补重式燃油管系或置换管系。相应地,其在贮藏、调拨和计量方法上也具有独特之处。补重式燃油管系实际上是一种自动式的压载管系。补重式燃油管系中贮存油舱的组合型式通常为三种组合:独立式、串联式、分组式。分组式是最常用的一种油柜使用方法,它外部用独立式,内部用串联式,是混合消耗形式。图 1-3 是燃油补重管原理图,其中共计 9 个油舱,其中 1 号燃油舱在耐压壳体内,其余均在耐压壳体和非耐压壳体之间。4′、7′、8′号燃油压载水舱,一般只有在远程航行时才作油舱使用,共分成 4 组,燃油消耗次序如下:先由 8′、7′、4′号燃油压载水舱,经 4′号燃油压载水舱消耗。然而由 2、3、4号油舱,经 4 号燃油舱消耗。其次由 6、5 号燃油舱,经 5 号油舱消耗。最后由 1 号油舱消耗。

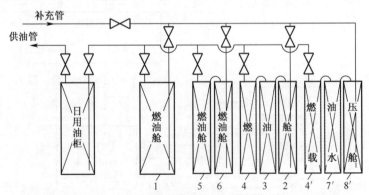

图 1-3   燃油补重管系原理图

在消耗燃油时,用补重水输入燃油舱将燃油压至日用油柜。

按顺序消耗过程中,要经常注意油舱油量消耗情况,如发现检查管内有水出现时,应立即停止使用并转换油舱。

每一油舱上的附属设备管路如图 1-4 所示。

两根检查管分别用来测量油舱是否已经装满和用完,打开该管的阀,在漏斗处,检查流出的是油或水,以此来判别。

充气阀在必要时向油舱内送入压缩空气,借以排除舱内的油或水。放气阀仅在新艇下水第一次装入燃油或修船时,油舱的油和水被排空,竣工后又重新装船的情况下才使用,此时舱内全是空气,装油时打开放气阀,让舱内空气全部排出舱外,装油完毕后,在正常使用中,放气阀始终关闭。

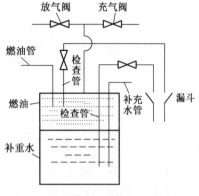

图 1-4　油舱上的附属设备管路图

三、燃油贮存量及设备的估算

各种舰船燃油贮存量计算有所不同,主要是因为航行工况等有所不同,但其基本原理是一样的。

(1) 燃油贮存量计算:

$$Q^R = Q^z + Q^f + Q^g \tag{1-1}$$

式中　Q^R——燃油储备量(t);

　　　Q^z——主机总耗油量(t);

　　　Q^f——辅机在航行工况、停泊工况、装卸货工况下(军用舰艇为满足续航力和自给力情况下)总耗油量(t);

　　　Q^g——辅锅炉总耗油量(t)。

(2) 主机耗油量计算:

$$Q^z = g_e^z \times N_e^z \times T \times 10^{-3} \tag{1-2}$$

式中　g_e^z——主机每马力小时的耗油率(g/hp·h);注:1 马力≈0.735 千瓦。

　　　N_e^z——主机长期持续运转的最大输出功率(hp);

　　　T——续航力(h)。

在计算舰艇的燃油贮存量时,N_e^z 以特定巡航速度下所需的发动机功率进行计算。

(3) 辅机耗油量计算:

$$Q^f = g_e^f \times N_e^f \times T \times 10^{-3} = g_e^f \times (N_{e_1}^f \times T_1 + N_{e_2}^f \times T_2 + N_{e_3}^f \times T_3) \times 10^{-3} \tag{1-3}$$

式中　g_e^f——辅机每马力小时的耗油率(假定在各种工况下取同一值)(g/hp·h);

　　　N_e^f——辅机功率(hp);

$N_{e1}^f, N_{e2}^f, N_{e3}^f$——柴油发电机组在航行工况、停泊工况、装卸货工况的功率(hp);

T_1, T_2, T_3——三种工况下相应的时间(h)。

(4) 辅锅炉耗油量计算:

$$Q^g = \frac{D(i_1 - i_2)}{Q_H^P \times \eta_g} \times (t_1 + t_2) \times t \times 10^{-3} \tag{1-4}$$

式中　D——辅锅炉蒸发量(kg/h);

　　　i_1——蒸汽热焓(kcal/kg);

　　　i_2——辅锅炉给水热焓(kcal/kg);

　　　Q_H^P——燃油低发热值(kcal/kg);

　　　η_g——辅锅炉效率;

　　　t_1——在规定航速续航力下辅锅炉使用的时间(d);

t_2 ——停泊时使用辅锅炉的时间(d);

t ——每天辅锅炉使用的时间(h)。

(5) 燃油贮油舱容积计算:

燃油贮油舱的总容积是根据燃油储备量而定的。

油舱容积计算:

$$V = Q^R \times \frac{1}{\gamma} \times K \times C \times \eta_V \tag{1-5}$$

式中 V ——油舱容积(m^3);

γ ——燃油密度(t/m^3);

K ——风浪系数,海船一般取 $1.15 \sim 1.2$;

C ——储备系数,一般取 1.1;

η_V ——容积系数,一般取 1.15。

注:若主机采用重油或燃料油,则油舱总贮藏量中应有 20% 为轻柴油,作为主机进出港起动及停车之用,并作为加热和净化设备发生故障时的应急用油。

(6) 主机日用油柜容积计算:

$$V_r = g_e^z \times N_e^z \times \frac{1}{\gamma} \times \frac{1}{C_r} \times T_r \times 10^{-6} \tag{1-6}$$

式中 C_r ——容积系数,轻柴油采用 0.9,重柴油或燃料油采用 0.8;

T_r ——供给时间(军用舰艇日用燃油舱柜的容量只要满足主、辅机在持续功率下运行 4h 的耗油量);

V_r ——油舱容积(m^3)。

注:日用油柜数量根据计算容积,通常燃料油或重油可设置两个,轮流使用,轻柴油一般可取用一个,如容积过大时,最好隔开。

(7) 辅机日用油柜容积计算(以 V_f 表示):

计算同主机日用油柜容积。

(8) 辅锅炉日用油柜容积计算(以 V_g 表示):

计算同主机日用油柜容积。

(9) 燃油沉淀柜容积计算:

使用含杂质和水分较多的燃油,可采用沉淀柜来澄清,燃油在沉淀柜中一般要沉淀 24h 以上,具体时间视油的品质以及温度等条件而定。沉淀柜的容积计算如下:

$$V_c = g_e^z \times N_e^z \times T_c \times \frac{1}{\gamma} \times C_c \times 10^{-6} \tag{1-7}$$

式中 T_c ——计算时间,一般取 $24 \sim 48h$;

V_c ——沉淀柜容积(m^3);

C_c ——容积系数,一般取 0.8。

(10) 油渣柜容积计算:

油渣柜用来存放离心分油器中分离出来的水分、杂质和油渣,容量可根据使用燃油的性质及主机总耗量来决定,一般取用的容积计算为

$$V_z = g_e^z \times N_e^z \times T_z \times \frac{1}{\gamma} \times \frac{1}{C_z} \times 10^{-6} \tag{1-8}$$

式中　T_z——计算时间,一般取 3h;

　　　C_z——容积系数,一般取 0.9;

　　　V_z——油渣柜容积(m^3)。

（11）燃油输送泵计算:

① 排量:

$$Q = \frac{V_r + V_f + V_g + \cdots}{T} \tag{1-9}$$

式中　T——注油时间,一般取 0.5~1h;

　　　Q——输送泵的排量(m^3/h)。

② 压头:一般采用 20~35mH_2O。

③ 选型及轴功率计算:根据计算所得能量及压头,选择现成系列产品,一般采用电动齿轮泵,大型船舶采用螺杆泵,轴功率计算如下:

$$N_r = \frac{Q \times H \times \gamma \times 10^3}{3600 \times 75 \times \eta_1 \times \eta_2} \tag{1-10}$$

式中　Q——油泵排量(m^3/h);

　　　H——油泵使用压头(mH_2O);

　　　γ——油密度(t/m^3);

　　　N_r——油泵轴功率(hp);

　　　η_1——油泵效率,齿轮泵取 0.4~0.60;

　　　η_2——油类黏度对油泵功率的影响,由下式计算:

$$\eta_2 = \frac{1}{1 + \dfrac{°E_{50} \times v}{24.2 \times P}} \tag{1-11}$$

式中　$°E_{50}$——液体的恩氏黏度(温度在 50℃时);

　　　v——油泵齿轮的圆周速度(m/s);

　　　P——油泵压头(mH_2O)。

（12）离心分油机流量的决定,一般以 8h 以内能分离主机工作 24h 所需的用油量计算。由下式计算:

$$Q_e = K \times g_e^z \times N_e^z \times \frac{24}{8} \times \frac{1}{\gamma} \times 10^{-3} \tag{1-12}$$

式中　Q_e——离心分油机的流量(L/h);

　　　K——考虑油类黏度影响的系数,燃料油取 2~25,重柴油取 1.2~1.5。

分油机的能量可以根据经验数据来决定,见表 1-1。

表 1-1　分油器能量

主机功率/hp	200~400	400~700	700~1200	1200~1800	1800~3500	3500 以上
分油机流量/(L/h)	75~275	175~650	300~1200	800~3000	1200~4500	2500~8000

（13）分油加热器。分油加热器的加热温度和燃油黏度与分油器的性能有关,一般说,燃油黏度越大则加热温度要求越高。轻柴油在分离前可以不必加热。燃料油为保证分油器性能一般可加热至 75~90℃,如加热温度不足时可以降低分离燃油量以相适应。加热器一般与分

油器成套供应。

(14) 油舱及油柜加热计算。

使用重柴油及燃料油需要加热,以便于输送和滤清,加热温度由燃油的黏度决定。一般情况下,燃料油舱加热温度为 20~32℃ 保证燃油的可泵性,但最高不超过 40℃;沉淀柜加热温度为 40~60℃,日用油柜保温 60℃,重柴油可稍低。加热所需的热量大致分为以下四部分:

① 将燃油自最初温度加热到设计要求温度的实际吸收热量。

② 经油舱(柜)壁与外界空气相接触的散热损失。

③ 经油舱壁与外界海水或江水相接触的散热损失。

④ 经油舱壁与相邻油舱或舱室所散失的热量。

上述四部分的热量都可以用理论方法进行计算:

① 燃油加热所需的热量:

$$Q_1 = \frac{G[\,C_2 \times (t_2 - t_1)\,]}{T} \times 1000 \tag{1-13}$$

式中 G——燃油量(t);

t_2——燃油加热终了时的温度(℃);

t_1——燃油加热开始时的温度(℃);

T——燃油加热时间(h);

C_2——燃油比热(kcal/kg·℃),其值为

$$C_2 = (0.345 + 0.0009t_H) \times (2.1 - \gamma)$$

t_H——加热平均温度,$t_H = \frac{2}{3}t_2 + \frac{1}{3}t_1$;

γ——燃油密度(t/m³)。

② 由船底、船舷、舱壁散热损失的热量:

$$Q_2 = U \times A \times (t_H - t_c) \tag{1-14}$$

式中 A——与海水或空气接触的传热面面积(m²);

t_c——外界物质温度(海水或舱内舱外的空气)(℃);

U——与海水或空气接触面的传热系数(kcal/m²·h·℃);

与海水接触时,则 $U \approx 25~40$(当海水温度为 0℃时),在内河船上,U 值可参考表 1-2 的平均数值。

表 1-2 U 值数

与传热面接触的外界物质	外界温度/t_c/℃	U/kcal/m²·h·℃
河水(船底及船舷)	+3	6.0
外界空气(船舷及甲板)	-5	3.0
空气,在隔离舱及邻舱(舱壁)	+5~+15	1~3.5
空气,在燃油表面上	+15	0.5

③ 燃油加热所需总热量:

$$Q = Q_1 + Q_2 \tag{1-15}$$

④ 燃油加热所需蒸发汽量:

$$D = \frac{Q}{(i - i_1) \times 0.95} \tag{1-16}$$

式中　i——蒸汽热焓（kcal/kg）；

　　　i_1——凝结水热焓（kcal/kg）；

　　0.95——蒸汽流动时的热量损失剩余率。

⑤ 加热时所需的加热面积：

$$F = \frac{Q}{K(t_n - t_H)} \tag{1-17}$$

式中　t_n——加热蒸汽的平均温度，$t_n = \dfrac{t_3 + t_4}{2}$（℃）；

　　　t_3——蒸汽温度（℃）；

　　　t_4——凝水温度（℃）；

　　　K——加热器的传热系数（kcal/m^2 · h · ℃），钢管制成的加热盘管的传热系数按下式
计算：

$$K = 1.57 \sqrt[4]{\frac{t_n - t_H}{\gamma d} \times 10^4} \tag{1-18}$$

其中：ν——运动黏度（cm^2/s）；

　　　d——加热盘管外径（m）。

⑥ 加热管外径计算：

$$d = \sqrt{\frac{4D}{11300\gamma_n \cdot Z \cdot V}} \tag{1-19}$$

式中　γ_n——蒸汽的密度（kg/m^3）；

　　　Z——并联加热盘管的数目（无并联者 $Z = 1$）；

　　　V——蒸汽的理想流速，取 10~30m/s。

⑦ 需要加热的长度：

$$L = \frac{F}{\pi d} \tag{1-20}$$

第二节　滑 油 管 系

一、滑油管系的任务及组成

滑油管系的基本任务是保证供应主、辅机，压缩机，传动设备及轴系等各运动部件一定压力和温度的滑油进行润滑和冷却。其目的是在两个接触机件间以液体摩擦防止发生干摩擦，从而减低摩擦功的消耗，减少磨损，以及带走机件中因摩擦而产生的金属屑和炭渣等有害物质。

滑油与燃油不同，除因部分滑油烧掉或变质而需要更换部分滑油外，其余极大部分经重新处理后可再行利用。故滑油的消耗量比燃油要小得多，柴油机的滑油消耗率一般仅为 2~7g/hp · h，蒸汽轮机与燃汽轮机（包括减速齿轮箱）的滑油消耗率为 1g/hp · h 左右。

为了延长滑油的使用期，对大中型舰船的滑油管系设置滑油分离机。分离机及其管系布

置应保证机组在停机或运行过程中,能分离滑油中渗入的水分和杂质。

滑油管系仍包括注入、贮藏、输送、净化、供应及计量等六个部。

二、滑油管系的设计一般要求

钢质海船的滑油管系的设计要求见有关规定,而军用舰艇滑油管系的设计与布置应满足如下要求。

(1) 每台主、辅机组,应有各自独立的滑油系统。

(2) 标准排水量在1000t以上的舰船,每台主机应设两台滑油泵,其中至少有一台为独立动力的备用泵。每台泵的容量应能满足主机最大功率工作时所需的油量。

(3) 主、辅柴油机的滑油泵如为柴油机本身带动,一般均需设置预注油泵,小型柴油机除外,管系中的其他滑油泵,在压头和容量满足下,亦可作为预注油泵。预注油泵一般应满足下列要求:

① 作为发电机组的柴油机,其电动预注油泵的电源应来自蓄电池,否则还需设置应急手动预注油泵;

② 电动预注油泵的连续工作时间应能满足柴油机的起动要求,一般应不少于1min。

(4) 可直接换向且自带滑油泵的柴油主机,若未设置独立的备用泵,应设有供主机换向时润滑的油泵。

(5) 辅汽轮机的滑油泵应由本身带动,并设有满足起动和停机时润滑的辅助油泵。

(6) 废汽涡轮增压器的滑油若由柴油机自带泵供给时,应有备用泵或其他措施,当柴油机停车后,应能自动接入增压器滑油管系工作。

(7) 滑油管系中应设有抽除各油舱中沉渣的手动泵。

(8) 柴油机滑油泵的吸入管路应装设磁性过滤器。输出管路应装设精滤器。

(9) 主机滑油管系的滤器应为双联式。功率大于300hp的柴油机滑油管系应设有滑油高温、低温报警装置,一般还应设有滑油低压自动停车装置。

(10) 主汽轮机组的滑油总管应与主机保护装置相连,在总管油压降低至极限值时,主机应迅速停车,并发出灯光和声响报警信号。

(11) 柴油机组滑油管系应设置能自动调温的恒温器。该恒温器还应设有手控装置。

(12) 滑油输送泵的管系应和主机滑油管相连接。

(13) 主汽轮机组备用滑油泵的动力源,应不受主动力源故障的影响。备用泵应设有自动设备,当滑油总管油压降低到规定值时,备用泵应能立即自动起动,并发出灯光和声响报警信号。

(14) 主汽轮机的轴承及减速齿轮箱各滑油管上应装设调压阀,其开启位置应加以固定。

(15) 主汽轮机组滑油泵的压出管路应装设截止止回阀。

(16) 滑油管安装后应有防锈油封措施。滑油管系必须经滑油压力循环清洗合格后,方可向机组供油。

(17) 大中型舰船的滑油管系应设置滑油分离器,分离器及其管系布置应保证机组在停机或运转过程中,能分离滑中渗入的水分和杂质。

(18) 主汽轮组滑油管系应设置滑油加热器。加热器能量应保证在30min内将系统中全部滑油从8℃加热到30℃。

(19) 主汽轮机组的滑油冷却器应采用二级冷却。机组在最大功率工作时,滑油冷却器一级出口油温应不大于42℃。二级出口油温不大于37℃。

（20）滑油循环舱柜的容量应能容纳循环于主机滑油管系中全部滑油量。循环舱柜的滑油进出口应尽可能远离。循环舱柜的透气管应引到机舱外,并高出破舱水线。

主汽轮机组的滑油循环次数一般为不大于15次/h。主汽轮机组的滑油循环油舱一般应装设低油位警报器。

（21）所有的舰船应设有滑油贮存舱柜,其容量应不小于循环滑油舱柜。贮存舱柜的布置一般应高于循环滑油舱柜,油柜上应装设油位提示器和溢流管。

（22）污油舱柜的容量应能贮存循环于主、辅机滑油管系中的全部滑油。

三、日用滑油管系

日用滑油管系的任务是保证供应一定压力和温度的滑油,其相应设备为日用滑油泵、滑油冷却器以及滤器等。

保证滑油在摩擦件上的压力有两种方式:第一种是利用日用滑油泵直接把滑油压入发动机内滑油压力总管而到达各摩擦面;第二种是日用滑油泵将滑油输送至高于发动机的重力油箱中,由重力油箱用管接至发动机的压力总管,利用重力油箱内的油的静压头来保证摩擦面上的滑油压力。第二种方式具有以下一系列优点:

① 滑油压力均衡不变。

② 日用滑油泵发生突然故障,不能输油时,由于高位油箱中有存油,可以维持发动机正常工作几分钟,使轮机员有时间采取应急措施,避免发动机由于滑油供应中断而损坏。

③ 如日用滑油泵是由发动机带动,则发动机在起动之前,润滑系统中就可以有压力,以利起动。在发动机停车之后,则可以仍用润滑系统送油,以排除轴承等处的热量。但重力油箱的使用受一定条件的限制,尤其在机舱高度有限的船上,高位油箱便无适当位置。

日用滑油泵的驱动也有两种方式:第一种由发动机本身驱动,第二种由电动机独立驱动。发动机驱动法的主要优点是机舱设备可以简单些,它多用在轻型发动机上。独立驱动法可以体现高位油箱的①和③两项优点,如果使用了滑油备用泵自动起动设备,则高位油箱的第②优点也具备了,并排除了它要求一定高度的缺点。

油压显示有足够的滑油送到润滑机件的摩擦面上去,以维持机件的正常润滑和正常的工作温度。因此保持滑油的供应压力,是发动机安全运转最重要的一个保证条件。除了上述高位油箱和滑油备用泵的应急起动等安全设施之外,通常都设有滑油低压报警装置。

四、滑油的净化处理

滑油被日用滑油泵送入发动机的滑油系统中,完成润滑冷却作用之后,起了两方面的变化。一方面是滑油接受了机械摩擦功所转化的热量而提高了温度;另一方面是由于在润滑冷却循环过程中,滑油的质量逐渐下降,其变质的主要原因是随着温度升高引起黏度变化,与空气的作用发生氧化,使滑油中有胶状氧化物出现,特别是循环系统的滑油兼作汽缸润滑的时候,滑油的氧化更剧烈,并且还会把活塞环槽处的积炭和燃烧物中的硫酸带到循环油舱、柜中去,燃烧产物中的水蒸气也会凝结成水,混于滑油中,从而进一步降低滑油黏度,这些现象都加快了滑油质量的下降,虽然采取了许多措施来改进,例如在滑油中增加抗氧化添加剂、抗腐蚀的添加剂等,但都只能起减轻的作用,所以滑油的质量总是要下降的。

为了使滑油在管系不断循环工作,在每次循环中,必须把滑油的温度重新降为原来进入发动机时的温度,这一部分将在冷却系统中论述,本节主要讨论如何保持滑油的质量在一定范围内,这样不仅可以延长滑油的使用时间,更重要的是可以减少机件的摩擦消耗。

对于发动机使用中质量下降了的污油,一般有两种净化处理方法:①平行净化处理;②更换净化处理。

平行净化处理是日用滑油在工作时,有专门设备,如离心式分离机、磁性滤器等将循环中的一部分滑油中的杂质加以清除。单位时间内,杂物自滑油中的清除量等于杂物在滑油中的生成量,则在理论上可以保持滑油的质量不变。其工作原理如图1-5和图1-6所示。

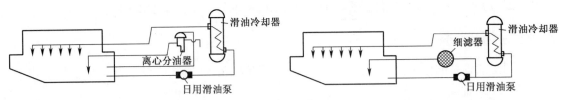

图1-5 用离心分油机平行净化处理工作原理   图1-6 用过滤器平行净化处理工作原理

利用离心分油机平行净化处理常用于大型发动机上,用过滤器平行净化处理常用于小型发动机上。

平行净化处理用于航程较长的舰船的滑油管系,因为在航线较长的情况下,航行中不可能按更换净化处理方式把主机停下来更换滑油。另外,平行净化处理法能保持滑油质量稳定,对机件磨损来说也比较有利。

更换净化处理是让滑油在循环系统中连续工作,直至其质量降低到下限时将其全部取出,更换新油。将污油存放在滑油分离舱内单独进行杂物清除,使滑油质量达到使用要求。

常用的润滑油牌号如下:

压缩机油——HS-13,HS-19;

汽轮机油——HU-22,HU-30,HU-46,HU-57;

柴油机润滑油——HC-8,HC-11,HC-14。

五、滑油管系的类型

内燃机滑油管系可分为湿底和干底两种。

1. 湿底管系

滑油系统的滑油存放在内燃机的底壳中,正常运转时由本身附带的油泵抽吸底壳中滑油,泵至各润滑部分进行润滑,借重力流回底壳中,成为独立的润滑系统。这种系统一般用于小型发动机,在动力装置中不需另添设备,只需在经过一定的运转时间后进行补充或更新滑油。内燃机湿底滑油管系线图如图1-7所示。

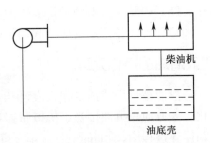

图1-7 内燃机湿底滑油管系线图

2. 干底管系

滑油管系的滑油,由另设的油舱存入,这种系统在大、中型发动机中普遍采用,一般有两种形式。

(1)船体结构在发动机底壳下设置循环滑油舱时,可以采用一只油泵,这只油泵可以由发动机本身带动或另设,抽吸循环滑油舱中的滑油,泵至滑油冷却器后再至发动机各运动部分进行润滑,然后借重力流至发动机底部集中,又流回到循环滑油舱中,组成一个完整的日用滑油管系。这种管系的滑油循环舱安装位置必须低于发动机的底壳,如图1-8所示。

（2）采用两台油泵,这两台油泵可以由发动机本身带动或另设,一台抽吸泵抽吸发动机底壳的滑油,泵至滑油循环柜;另一台压入泵,将循环柜中滑油泵经滑油冷却器,再至发动机各运动部分进行润滑后流至发动机底壳。这种系统不受发动机和循环柜安装位置所限制,冷却器也可装在抽吸泵和循环柜之间,如图1-9所示。

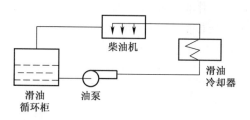

图1-8 内燃机干底单泵滑油管系线图　　　图1-9 内燃机干底双泵滑油管系线图

内燃机干底滑油管系的优点是曲柄箱的容积和高度较小,适用于发动机座矮浅的舰船;另外滑油积集于单独的循环油柜中,有较好条件以便于放出其中的气泡;而且易于对滑油质量进行检查和处理。特别是进行发动机修理时,工作人员便于进入曲柄箱内工作,并且修理时落于曲柄箱处的污物、棉纱等不致将滑油弄脏。

六、滑油系统估算

1. 主机滑油消耗量

一般可按下式计算:

$$M^z = g_h^z \times N_e^z \times T \times 10^{-6} \tag{1-21}$$

式中　　M^z——主机滑油消耗量(t);

　　　　g_h^z——主机单位马力小时的消耗率(g/hp·h);

　　　　N_e^z——主机长期持续运转的最大输出功率(hp);

　　　　T——续航力(h)。

注:若主机采用两种滑油方式,则分别计算。

2. 辅机滑油耗量

一般可按下式计算:

$$M^f = g_h^f \times N_e^f \times T \times 10^{-6} \tag{1-22}$$

式中　　M^f——辅机滑油消耗量(t);

　　　　g_h^f——辅机单位马力小时的消耗率(g/hp·h)。

注:对舰艇应另加停泊(自持力时间内)时滑油的耗量。

3. 滑油贮藏量

滑油贮藏量一方面要考虑在汽缸中消耗掉的滑油,包括漏油的补充,另一方面要考虑准备循环滑油的更换。

滑油的消耗与发动机的类型和结构有关,一般在2~7g/hp·h的范围内,低速机取低值,高速机取高值。

循环滑油的更换因素较复杂,如滑油本身的质量、发动机的技术状态、滑油净化处理能力等,因此一般贮藏量不少于全部滑油更换一次所需的量。另外,循环滑油变质还有意外原因,最常见的是由于燃油在发动机内混入滑油中发生了稀释,冲稀了的滑油,因黏度大为降低以致失去润滑能力,故必须更换。滑油贮藏量可按式(1-23)计算:

$$V = (M^z + M^f + M_H^z + M_H^f) \times C_v \times \frac{1}{\gamma} \times \frac{1}{C} \tag{1-23}$$

式中　V——滑油舱(柜)容积(m^3);

　　　M_H^z——主机换油量(一般在主机内循环的滑油每一航次中都应考虑更换一次,小型船舶可不更换,远洋船则应视续航力要求而定)(t);

　　　M_H^f——辅机换油量(同主机,但更换次数应视续航力而定)(t);

　　　C_v——储备系数,可取 1.15~1.2;

　　　γ_H——滑油密度(t/m^3);

　　　C——容积系数,一般取 0.8~0.9。

另外也可用式估算:

$$V = 24K_v \cdot D \cdot V_z \tag{1-24}$$

式中　K_v——估算系数,一般取 1.2~1.5;

　　　D——航海时间(d);

　　　V_z——主辅机长期持续运转的最大输出功率时每小时的滑油耗量(m^3/h)。

通常滑油贮藏舱(柜)可采用 1~2 个。

4. 主机滑油循环柜容积

一般可按下式计算:

$$V_x = \frac{S_x}{Z} \times 1.2 \tag{1-25}$$

式中　V_x——滑油循环柜容积(m^3);

　　　S_x——滑油循环泵的能量(m^3/h);

　　　Z——主机滑油每小时的循环次数(一般取 12~18 次/h);

　　　1.2——油柜容积系数。

主机滑油循环次数取得高,系统的滑油量可减少,但滑油的使用寿命将会缩短,反之,取次数较低时,循环滑油能沉淀的时间可以延长,使滑油的寿命延长,但滑油贮存量将增加。

5. 主机滑油泵

由于滑油系统的重要性,在中小型船舶上,为了防止发动机的滑油泵损坏或检修时不致使发动机停车,另设有备用滑油泵,该油泵的能量及压头等,依照原滑油泵之规格选用相近的产品。大型发动机本身不附带滑油泵时,则可根据下列计算来确定。中小型船舶大多采用电动螺杆油泵,大型舰船则通常采用排量较大的电动齿轮泵或螺杆泵。

1) 排量的决定

(1) 滑油带走的热量,一般以发动机燃油的消耗热值来计算,为总耗油热值的 5%~8%,计算如下:

$$q_H = (0.05 \sim 0.08) \times g_e^z \times N_e^z \times Q_H^p$$

式中　q_H——滑油带走的热量(kcal/h);

　　　Q_H^p——燃油低发热值(kcal/kg)。

(2) 实用上,总是按滑油所带走的热量来计算滑油泵的排量:

$$Q_H = \frac{q_H}{C_H(t_{1油} - t_{2油}) \times 10^3} \times \frac{1}{\gamma_H} \times K \qquad (1-26)$$

式中 Q_H——泵排量(m^3/h);

C_H——滑油比热(kcal/kg·℃);

t_1——滑油出主机温度(℃);

t_2——滑油进主机温度(℃);

K——考虑到泵的磨损后漏泄量增大的裕量系数,一般取 1.2~1.3;

γ_H——滑油的密度,一般取 0.92t/m^3。

2)压头的决定

滑油泵的压头,一般均以最后一个主轴承前的滑油压力不低于 0.8~1.2kgf/cm^2 作为依据,再加上管路阻力损失,滑油进入发动机的压力,通常为 3~4kgf/cm^2(不包括活塞冷却)、4~5kgf/cm^2(包括活塞冷却),小型发动机可略低些,高速强载发动机则高达 7kgf/cm^2,注:1kgf/cm^2≈0.1MPa。

6. 滑油输送泵

在大中型的船舶上,各种油柜间的输送转运及驳至舷外等工作,一般采用独立的电动泵来完成,有时兼作主辅机的备用滑油泵,在能量及压头方面没有详细的要求,一般说来,如电力负荷允许,能量大些可以缩短操作时间。兼作备用泵的规格则应与替代的泵规格相似。

7. 废气涡轮用滑油泵

1)排量决定

$$Q_{FT} = \frac{N_{FT} \times f_{FT}}{\gamma_H \cdot C_H(t_{1油} - t_{2油}) \times 10^3} \times K \qquad (1-27)$$

式中 Q_{FT}——废气涡轮用滑油泵的排量(m^3/h);

N_{FT}——废气涡轮的功率,一般为主机功率的 10%;

f_{FT}——废气涡轮轴承所产生的热量,一般采用 4.50(kcal/hp·h)。

$t_{1油}$——滑油出废气涡轮温度(℃);

$t_{2油}$——滑油进废气涡轮温度(℃)。

2)压头决定

滑油泵的压头与废气涡轮形式结构及大小有关,一般采用 15~25mH_2O,大型发动机采用上限。

8. 发动机喷油嘴冷却泵

重型低速柴油机上,喷油嘴冷却泵所带走的热量为主机耗油量总热值的 0.2%左右,泵的排量计算如下:

$$Q_p = \frac{0.002 \times Q_H^p \times Q^Z}{C_H(t_{1油} - t_{2油}) \times 10^3 \times \gamma_H} \qquad (1-28)$$

式中 Q_p——喷油嘴冷却泵的排量(m^3/h);

Q^Z——主机总耗油量(t)。

泵的压头,一般取为 20~30mH_2O。

9. 滑油沉淀柜

滑油沉淀柜用于贮存清洁的滑油,可以分设主、辅机滑油沉淀柜,主机滑油沉淀柜的总容积可略大于循环柜容积。如用同品种滑油也可以设一个主、辅机滑油系统的一次换油量。在舰艇及小型船舶上为了简化设备可以不设沉淀柜,而以总的贮藏舱(柜)代替。

10. 污油柜

主、辅机滑油使用一定时间后,滑油内增加杂质和含水量以及氧化沉淀物等,润滑性能变坏,应当调换新油,而将发动机滑油系统中的污滑油排出,为贮存排出的污滑油应设有污油柜。一般选用能容纳各个循环油柜总容量的1.2倍左右的污油柜,布置在双层底内。

11. 油渣柜

设有离心分油器的船舶,为存放离心分油器所分离出来的油渣和水分,设有专用的油渣柜。柜的容积随分油器的容量而定,较小的船上可与燃油油渣柜合并。

12. 滑油系统的加热设备

在冬天或寒冷航区航行的船舶,滑油系必须预热,以便于主机的起动和运转,以及滑油的转运及清理。

一般采用蒸汽加热,现将有关的油柜加热温度及时间简述如下:

(1) 滑油贮存舱(柜)及沉淀柜的一般加热时间约为24h,加热温度至20℃左右,以便于泵输送为宜。每立方米的油舱容积加热管的表面面积为 $0.1\sim0.15m^2$。

(2) 滑油循环柜的加热时间一般在一小时以内。可加热至发动机运转所需的温度一般为35℃左右。加热管面积为 $0.4\sim0.5m^2/m^3$。

(3) 滑油污油柜的加热时间一般没有明确要求,加热面积一般采用 $0.1\sim0.155m^2/m^3$。

第三节　冷却管系

一、冷却管系的任务及组成

内燃动力装置中有许多机械设备,在正常运行过程中不断地散发出热量,这些热量如不及时散发,机械设备的温度就不断上升以至超过容许界限而不能继续工作,造成严重事故,冷却系统的主要使命就是要解决这些机械设备的散热问题,从而保证各种机械设备正常工作。

在舰船上需要散热的机械设备有:

(1) 主、辅柴油机,包括汽缸盖、汽缸壁、活塞、增压器等。

(2) 主、辅机的滑油冷却器、淡水冷却器及增压空气中间冷却器等热交换器。

(3) 轴系的轴承、尾轴管和传动设备。

(4) 空气压缩机等。

另外,压缩机等排出的气体以及废汽和凝结水等也都需要给予冷却,以适应工作过程的需要。

在上述机械设备中,以主机散发的热量为最多,冷却管路规模也最大。

为了保证汽缸工作容积壁部不受高温的影响,并保持汽缸工作表面上润滑油膜,需要在其受热的壁部施行有效的冷却。此外,由于运动部件摩擦所产生的热量,必须从它的产生处,直接地与间接地通过润滑油将热量传递到冷却剂中,否则这些部分将大量积聚热量而引起损坏。发动机的单位功率提得越高,冷却则越重要。

不良的冷却将使汽缸与燃料室的壁部有过高的温度,其后果将造成润滑油炭化,活塞环胶结,活塞过度磨蚀与咬合和排气阀过热等害处。

二、冷却管系设计的一般要求

钢质海船的冷却管系的设计要求见有关规定及本书有关章节介绍,而军用舰艇冷却管系的设计与布置应满足如下要求。

（1）每台主机应有独立的冷却管系及循环水管系。

（2）辅机一般应有独立的冷却水管系。若几台辅机共用一台海水冷却泵,应设有备用泵或代用泵。

（3）采用自流式冷却及循环水管系,除应满足主机各种正车工况外,还必须满足主机空车和倒车工况的要求。

（4）登陆舰艇应考虑登滩前后一段时间内的主、辅机海水冷却。若采用压载水舱作为海水冷却循环水舱,该舱的容量应满足上述时间内的主、辅机的冷却需要,并应有和舷外海水的转换装置。

（5）滑油冷却器中的冷却水压力应低于滑油压力。

（6）采用自流式循环水系统的主汽轮机组,必须设有一台循环水泵以满足主汽轮组最大倒车功率及舰船备航和低速航行时的需要。

（7）采用泵流式循环水系统的主汽轮机组,其主循环水泵应有代用泵,代用泵的排量应满足巡航功率时的需要。若主循环水泵系由两台独立动力泵组成,则可免设代用泵。

（8）循环水管路进、排水管与主机冷凝器的连接应有膨胀接头。

（9）循环水管路一般应设有可调节海水流量的挡板装置。

（10）辅冷凝器应有独立的循环水管系。管系中应有一台独立的循环水泵,并应有代用泵。

（11）主汽轮机组滑油冷却器所需的冷却水一般应由主循环系统供给。若采用独立的海水泵供给,则应设有备用泵或应急补水管路。

（12）柴油机应采用闭式冷却水管系。

（13）标准排水量在 1000t 以上的柴油机舰船,每一主机舱中至少应设有主机备用冷却的电动海、淡水泵各一台,其排量应满足一台主机最大功率时的需要。

（14）柴油机的淡水冷却管系应设置能自动调节淡水进机温度的恒温器,并应设有手控装置。

（15）柴油机的淡水冷却管系一般应设置高温警报装置。

（16）柴油机的淡水冷却管系应有单独的淡水膨胀箱。采用封闭压力式的淡水膨胀箱应装设安全阀。

（17）柴油机的淡水冷却管系中采用乳化防锈油作为淡水添加剂时,淡水管系内的橡胶件应采用耐油橡胶。

（18）主柴油机的淡水冷却管系应备有海水应急接管,且有避免平时淡、海水相混的可靠措施。

三、冷却管系的冷却方式

由于所用冷却剂的不同而有不同的冷却方式,在舰船内燃动力装置中主、辅机最常用的冷却方式,大致有水冷却和油冷却两种。采用水作为冷却剂,在内燃机上占很大比重,一般有开式冷却与闭式冷却两种。

1) 开式冷却方式

采用舷外水直接进行冷却,这种形式比较简单,海水泵自海底门经过通海阀,滤器吸入海水,其原理图如图 1-10 所示。

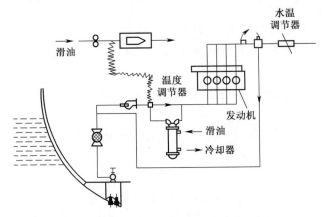

图 1-10   开式冷却管系原理图

从海水泵排出的海水则经过滑油冷却器,吸收滑油从柴油机带来的热量,然后进入发动机,经过汽缸水套及汽缸盖、排气管后,带走了它们的热量,最后汇集于总管推开单向阀而排至舷外去。水温调节阀根据离开发动机的海水温度自动调节回流管的热水流量,以保持发动机不致过热或过冷。油温调节阀则根据油温度的变化,自动调节流过滑油冷却水流量,以保持滑油温度基本不变。

这种冷却方式所需设备最简单,一般应用于小功率的舰船上。但这种海水直接冷却有很大的缺点:从舷外引进的海水中所含有的盐等杂质将增加机件的腐蚀。沉积污垢后更降低传热功能,影响发动机运转。污垢的沉积与冷却水温度的提高有关,当海水温度高过 50℃后,盐垢的沉积将迅速增长。由于季节或航区变化等原因,过分降低海水温度时,缸壁等处内外温差大且不利于发动机的燃烧和润滑,将大大降低柴油机的经济性。

当海水温度高达 50～55℃时,水垢就大量析出而积附在高温的传热表面上,比如,汽缸盖、汽缸套的冷却壁面上,而在局部死角、转弯等处也易形成积垢,这种积垢是不良热导体,妨碍了热量向海水的传导,工作时间越长,积垢就越厚,传热阻力就越大,引起局部过热,以致使汽缸套壁内表面温度过高而发生破裂,因而开式冷却的海水温度被限制在 55℃以下。

对于中、大功率柴油机,要求汽缸套等高温部件本身温度分布均匀,即温差要小,以保持高负荷时部件工作的安全可靠以及能有较高的热效率。所以通常都不采用这种开式冷却方式,只有在一些冷却温度较低的部件,如轴承、空压机等采用此种方法。

2) 闭式冷却方式

由淡水去冷却发动机的高温部件后带走热量,然后再由海水去冷却淡水,这就是由舷外水冷却发动机的闭式淡水循环冷却系统。其原理图如图 1-11 所示。

闭式冷却的优点是:

(1) 循环在主机内的水是清洁的淡水,因此不易产生水垢而发生管道堵塞的现象。

(2) 淡水不会产生积盐现象,因而能保证良好的传热效果,同时冷却水温可以不受盐分自海水中析出的温度限制,可以达到 65～85℃,甚至在某些船上可高达 95～110℃,这样高温件热表面与冷却水之间温差减小,被冷却水带走热量就会减少,有利于提高热效率和热负荷。

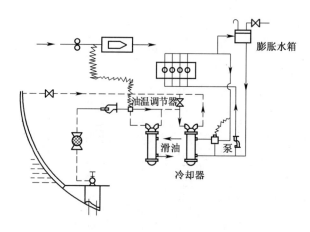

图 1-11　闭式冷却管系原理图

（3）暖机时关上舷外水，便能很快用淡水加热循环滑油。

闭式冷却系统的缺点就在于设备和管路比开式冷却系统复杂多了。

闭式冷却系统是由两套独立的管路组成：海水管理和淡水管路。

（1）海水管路。海水泵自舷外经过海底门吸入海水后先经过滑油冷却器，再经过淡水冷却器后排出舷外。

（2）淡水管路。淡水泵把淡水送入柴油机吸收热量后进入淡水冷却器，又把热量传给海水，降低了温度后的淡水又由淡水泵送入柴油机，从而在淡水管中不断循环。淡水温度调节器则根据柴油机淡水出口温度的高低来调节流过淡水冷却器的流量，从而实现调节进入柴油机的淡水温度。

在淡水管路中设置了一个膨胀水箱，它的作用是：淡水在封闭管路中循环，它的体积会随着温度的变化而热胀冷缩，当淡水在管路中受热膨胀时，体积增加，管路中多出的淡水则贮存在膨胀水箱中。当淡水在管路中受冷收缩时，体积减小，膨胀水箱中的水补入管路。

淡水受热温度升高时，其中有气体分离出来，这些气体必须及时从管路中排出，否则会影响管路的正常工作，因此，为了排出这些气体，在进出发动机的淡水管路最高点引出管子与膨胀水箱上部相通，这样气体可通过膨胀水箱而逸入大气。

膨胀水箱与淡水泵的入口有管路相通，运转中管路中损失的淡水可经此管补充，而膨胀水箱中淡水一般由淡水舱进行补充。同时，由于淡水温度较高，为了使淡水泵吸入口维持一定的压力，防止吸入时水产生汽化现象，以保证水泵的正常工作，膨胀水箱应设在柴油机汽缸头以上高度，如布置有困难时可充入低压空气以使在整个管路中保持较高的水压，而避免产生汽化现象。

有时为了缩短暖机时间，膨胀水箱内接入蒸汽管，供起动时用。

四、冷却水带走热量的一般估计

柴油机的冷却，其冷却水所带走的热量范围较大，各种不同类型的发动机的冷却水带走的热量，占发动机油耗总热值的百分数见表 1-3。

表 1-3　冷却水带走的热量 　　　　　　　　　　　　　　（%）

型　式			无　气　喷　射				排气管冷却时所需加的数值
			直接喷射式		预燃式		
单作用式四冲程	活塞不冷却		25~36		25~40		四冲程发动机：6~8
	活塞冷却	汽缸及汽缸盖	18~22	25~31	19~24	26~33	
		活塞	7~9		7~9		
单作用式二冲程	活塞不冷却		24~30		28~33		
	活塞冷却	汽缸及汽缸盖	15~18	19.5~26	17~22	20~29	
		活塞	4.5~8		5~7		
双作用式二冲程	活塞冷却	汽缸及汽缸盖	16~18	23~26			二冲程发动机：5~6.5
		活塞	7~8				
单作用式四冲程增压	活塞不冷却		20~25				
	活塞冷却	汽缸及汽缸盖	15~18	21~28			
		活塞	6~8				

从表 1-3 中可以得到柴油发动机装置中计算冷却水热量大致的百分数。根据这些带走的热量值来看,小型发动机往往较大,因为它比同类大型发动机的传热表面积与冲程容积的比率大。高速发动机的冷却水带走热量亦往往低于低速发动机;长行程发动机则低于短行程发动机。

船用发动机转速变化中,通常在转速增高时传给冷却水的热量减少,但也有例外,特别是在具有分割式燃烧容积的发动机上,由于燃烧的恶化,或由于燃烧容积中气流速度的增高,得到相反的情况。

小型发动机的传热情况优于大型发动机,故小型发动机容许较高的冷却水流出温度,大型发动机要求较多的冷却水量与较低的冷却水温度。

1. 冷却管系的设备估算

1) 淡水泵排量

一般可按下式计算:

$$D_t = R_t \times Q_H^p \times g \times N_e \times K / (t_2 - t_1) \times \gamma \times C \qquad (1-29)$$

式中　R_t——冷却水带走热量的百分率;

　　　Q_H^p——燃料低发热值(kcal/kg);

　　　g——单位马力燃料消耗率(kg/hp·h);

　　　N_e——发动机有效功率(hp);

　　　t_2——冷却水出发动机温度(℃);

　　　t_1——冷却水进发动机温度(℃);

　　　γ——淡水密度(kg/m³);

　　　C——淡水比热(kcal/kg·℃);

　　　K——裕度系数,一般取 1.2~1.3。

冷却水进出主机的温度选择,一般情况下取发动机说明书中要求即可。通常情况下,温度越高则发动机的汽缸磨蚀越小,汽缸的热应力也越小,发动机的耗油率越低。若采用过度的冷却,将使汽缸壁温度大为降低,汽缸壁与活塞环由于腐蚀而增加磨蚀程度。同时使燃烧物中所含的水蒸气凝积于冷的汽缸壁上,由于冷凝水吸收燃烧中的有机和无机的酸,故腐蚀更增强,在活塞环的上止点位置附近处尤甚。

柴油机采用舷外水直接冷却时,由于海水温度超过55℃后将使水套内盐分的析出和积垢的增加更加迅速,而影响冷却面的导热率,故一般取50℃以下。

当柴油机采用封闭式淡水冷却时,其冷却温度可提高到90℃,因一般冷却水泵的压头为1.2~1.3kgf/cm²(注:1kgf/cm²≈0.1MPa),其相应的饱和蒸汽温度为104~107℃。若继续提高冷却水温度,就将产生汽化现象,使汽缸壁的传热效率显著降低而影响发动机的正常运转。

柴油发动机中,冷却水进出温度差一般采用10~15℃,不应超过17℃。温度差采用过大,对汽缸壁冷却不均匀有影响,产生热应力较大。但温度差采用过小,则必须增加冷却水量和发动机的冷却通道,故目前国内柴油机采用10~15℃的温差比较多。

压头的大小按照发动机内及管路内的流阻来决定,根据现有设计资料一般采用20~30mH₂O。

2）海水泵排量。

一般可按下式计算:

$$D_h = R_h \times Q_H^p \times g \times N_e \times K / (t_2 - t_1) \times \gamma_h \times C_h \qquad (1-30)$$

式中　R_h——海水带走的热量(其中包括淡水及滑油两个部分);

t_1——海水进滑油冷却器的温度(当滑油冷却器置于淡水冷却器的前面时)(℃);

t_2——海水出淡水冷却器的温度(℃);

γ_h——海水密度(kg/m³);

C_h——海水比热(kcal/kg·℃);

K——裕度系数,一般取1.2~1.3;

压头一般取15~25mH₂O。

3）淡水膨胀箱

淡水膨胀箱是用来避免淡水受热膨胀时使水管破裂的一种保护装置。当循环淡水温度太高,它的体积膨胀,这增加的过剩体积,就推进膨胀水箱中;而当它的温度降低或管路漏泄时,膨胀水箱里的水就随时补充到系统中去。

在膨胀水箱的顶部设有空气管和溢流管,以便把系统中的空气、蒸汽、过多的冷却水排出,这样可以保证冷却系统中的压力稳定,有利于正常有效地进行工作。膨胀水箱上接有淡水补给管,当系统中无水或因蒸发、泄漏等原因减少时,由补给管向膨胀水箱补充淡水。

系统中的水与大气接触的自由液面有水汽损失,水汽损失的数量和自由液面面积及水的温度有关。为了减少膨胀水箱的水汽损失,需要减少自由液面面积,并使水箱内的水温较低。

另外,水与空气接触时,在一定的温度和压力条件下,空气中的氧有一定量溶解于水,温度低,压力大,则溶解于水中的氧就多,溶解于水中的氧对系统的金属有腐蚀作用,为减少膨胀水箱中氧的溶解量,也要减少膨胀水箱内的自由液面面积或适当提高箱内的水温。

因此,从减少蒸发损失和减少氧的溶解量出发,膨胀水箱的容积应在满足系统要求的情况下尽可能小。

膨胀水箱的容积根据各种发动机的不同要求决定,目前可采用下列方法估算:

$$V_p = 0.10 \times D_p \times \eta_p \quad (m^3) \qquad (1-31)$$

式中　D_p——发动机淡水循环系统内的淡水容量(m³);

η_p——膨胀水箱的有效容积系数,一般取 1.1~1.2。

2. 冷却器

1)壳管式冷却器的用途及说明

4231Q44-50 型冷却器适用于冷却油和水,冷却器系壳管式,冷却水(海水或江水)在管内作两次回流,吸取管外被冷却介质传递过来的热量后把它排出冷却器外,被冷却介质在管外侧空间横掠管束若干次,而后被排出冷却器外。

冷却器由壳体、端盖、管组以及其他零附件等组成,壳体由钢板滚成圆筒形后焊接而成,其上焊有法兰,被冷却介质进、出口接管及接头座等。

装配于壳体内的管组由管板、冷却管、隔板、支杆及滑道等组成。冷却管两端焊接于管板上,固定管板借环节螺栓及普通螺栓与端盖与壳体法兰相连,活动管板可以在两个垫料圈、疏水环、压盖等组成的填料涵内自由移动。以补偿整个管组的胀缩,冷却管组由几块隔板分成若干个空间,以保证被冷却介质在其间作若干次横流的叉流流动而得到充分冷却,隔板则借套在支杆上的套管来定距固定。

两端盖是铸铁的,其中一个端盖铸就冷却水进、出口接管各一个,盖中间有一横向隔板,借此将腔空分成两个空间,另一端盖则使冷却水在此作 180° 回转,在端盖内壁附有防蚀锌棒(块),以减轻海水对零部件的电化腐蚀。

2)10m² 冷却器(4231Q44-53-00)

(1)10m² 冷却器的外形及安装尺寸如图 1-12 所示。

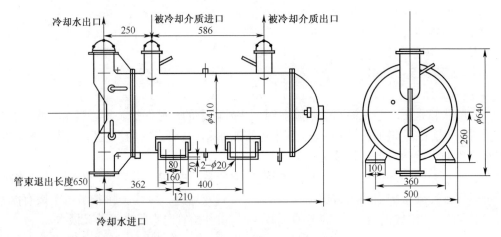

图 1-12　10m² 冷却器的外形及安装尺寸

(2)10m² 冷却器接管法兰尺寸见表 1-4。

表 1-4　10m² 冷却器接管法兰尺寸　　　　　　　　　　　　　（mm）

序号	名称	公称通径	外径	螺栓孔中心节圆直径	密封面外径	厚度	螺栓孔直径	螺栓	
								数量/个	直径
1	被冷却介质进出口	65	155	123	104	14	15	6	M14
2	冷却水进出口	80	170	138	118	14	15	8	M14

3)20m² 冷却器(4231Q44-54-00)

(1)20m² 冷却器的外形及安装尺寸如图 1-13 所示。

(2)20m² 冷却器接管法兰尺寸见表 1-5。

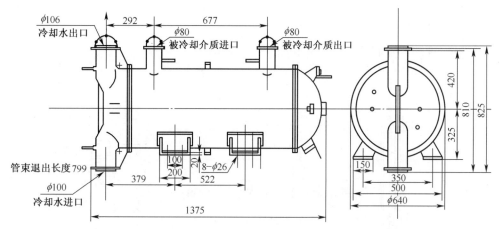

图 1-13 20m² 冷却器的外形及安装尺寸

表 1-5 冷却器接管法兰尺寸表 （mm）

序号	名称	公称通径	外径	螺栓孔中心节圆直径	密封面外径	厚度	螺栓孔直径	数量/个	螺栓直径
1	被冷却介质进出口	80	170	138	118	14	15	8	M14
2	冷却水进出口	100	190	158	138	15	15	8	M14

（3）**重量**:620.5kg。

4）30m²冷却器(4231Q44-55-00)

（1）30m²冷却器的外形及安装尺寸如图1-14所示。

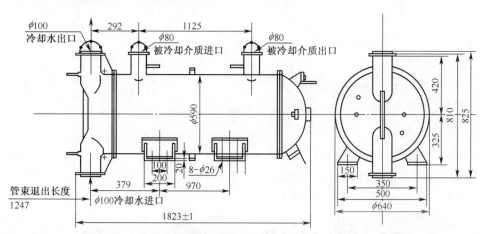

图 1-14 30m² 冷却器的外形及安装尺寸

（2）30m² 冷却器接管法兰尺寸见表1-6。

表 1-6 冷却器接管法兰尺寸表 （mm）

序号	名称	公称通径	外径	螺栓孔中心节圆直径	密封面外径	厚度	螺栓孔直径	数量/个	螺栓直径
1	被冷却介质进出口	80	170	138	118	14	15	8	M14
2	冷却水进出口	100	190	158	138	15	15	8	M14

（3）重量：734.4kg。

5）50m²冷却器（4231Q44-56-00）

（1）50m²冷却器外形及安装尺寸如图 1-15 所示。

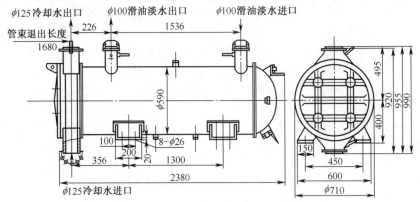

图 1-15　50m²冷却器外形及安装尺寸

（2）重量：1181.5kg。

6）80m²冷却器（4231Q44-57-00）

（1）80m²冷却器外形及安装尺寸如图 1-16 所示。

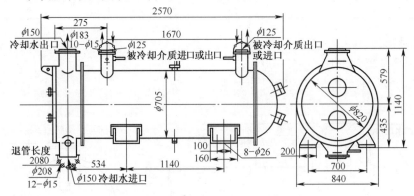

图 1-16　80m²冷却器外形及安装尺寸

（2）重量：1656kg。

7）100m²冷却器（4231Q44-58-00）

（1）100m²冷却器外形及安装尺寸如图 1-17 所示。

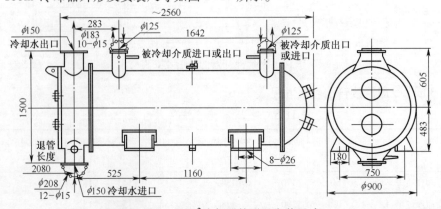

图 1-17　100m²冷却器外形及安装尺寸

（2）重量：1882kg。

8）滑油、淡水扁管冷却器筒型选型

滑油、淡水扁管冷却器筒型选型表详见表1-7。

表1-7　滑油、淡水扁管冷却器筒型选型表

序号	冷却器型号	散热面积/m²	扁管根数	传热量/kcal/h	海水		滑油		淡水		净重/kg	配柴油机型号
					流量/(t/h)	压力/(kgf/cm²)	流量/(m³/h)	压力/(kgf/cm²)	流量/(t/h)	压力/(kgf/cm²)		
滑油冷却器：												
1	HL1-22	22	1150	450000	50	3	40	6			322.9	6E390C 6E390DC
2	HL2-4	4	203	75000	30	3	6	6			60	12V180
3	HL3-8	8	408	300000	120	3	14.6	6			109	42-160（M503）重 12V180
4	HL4-16	16	816	300000	70	2	25	6			2*04	12V230ZC
5	HL5-22	22	1150	360000	104	8	76	6			339.5	6E390ZC（即1Z39型）
淡水冷却器：												
1	DL1-10	10	276	1000000	70	3			55	2.5	120	6E390C、6E390DC2 V230ZC、重 12V180
2	DL2-5	5	140	658500	33.8	3			35.4		55	12V180
3	DL3-13	12.5	364	1800000	120	3			132		151.3	42-160（即M503）
4	DL4-13	12.5	364	1200000	104	8			120	3	157.8	6E390ZC（即1Z39）

注：1. 型号的顺序（HL1，HL2……）系保留原图纸采用的编号，因此，它并不与散热面积的递增顺序相适应；

　　2. 滑油扁管的尺寸均为 27.4×45×350mm；淡水扁管的尺寸均为 50×4.5×350mm

第四节　压缩空气管系

一、压缩空气管系的组成及作用

压缩空气管系由空气压缩机、减压阀、分离器、空气瓶及各种阀件和管系组成，它利用空气压缩机将大气压缩至所需的压力，贮存于空气瓶中，以备使用。当空气被压缩至一定压力后即成为有做功能力的工质，鉴于它具备独特的技术性能，舰船中许多机械设备采用压缩空气作为能源，例如用它来起动发动机，吹除通海阀、油渣柜和用作气笛、风动工具、鱼雷发射、潜艇下潜上浮的能源，还可作为自动控制和自动调节等的能源以及海上航行补给系统中燃油补给后吹除残油等。

压缩空气用于不同的场合，它的使用压力范围也是不同的。各种类型柴油机起动空气压力范围可见表1-8，其他用途的压缩空气使用压力范围见表1-9。

表1-8　各种类型柴油机起动空气压力范围

压力范围 名称	最高起动空气压力/(kgf/cm²)	最低起动空气压力/(kgf/cm²)
大型低速柴油机	25~30	7~10
中速柴油机	45~60	20~25
高速柴油机	90~150	60~75

表1-9　其他用途的压缩空气使用压力范围

压力范围 名称	使用压力范围/(kgf/cm²)	压力范围 名称	使用压力范围/(kgf/cm²)
通海阀、油渣柜吹除	2~3	气笛	10~20
海、淡水压力柜充气	3~4	自动控制、自动调节器	10~15
风动机械等	6~10	武器发射等	150~235

由于使用的空气压力相差悬殊,因此通常在舰艇上将压缩空气分成以下三组:

高压组:一般在 100kgf/cm² 以上;

中压组:一般在 16~100kgf/cm²;

低压组:一般在 16kgf/cm² 以下。

压缩空气来源是多种的,可以由主机自带空气压缩机,也可以由柴油机驱动的空气压缩机,或者由电动机驱动的空气压缩机,有些舰艇上还使用自由活塞式压气机装置,另外有些舰艇,特别是潜艇,还在一定程度上依靠停泊时在基地充灌的空气瓶。

根据压缩空气的用途可知,压缩空气无论在停泊时或航行时都不是经常耗用的,因此空气压缩机在正常的舰船运动情况下,大部分时间是停歇不工作的,平时少量的消耗由空气瓶供应。

二、压缩空气管系的设计要求

(1)船上发动机采用压缩空气起动时,为了保证舰船的生命力,一般配置独立的电动空压机和柴油空压机,如果充气设备由主机带动,则必须另设一套,采用独立的机动或电动充气设备。这些充气设备的总排量,应能从 7kgf/cm² 开始,在一小时内达到所规定的容量。在空气瓶上最好装有压力自动控制设备,或者在管路上装置自动充气设备,当瓶内压力达到规定的最高值时,压缩机自动停止充气,以保持空气瓶内具有主机起动所需要的压力。

(2)在空气压缩机充气给空气瓶的管路上,必须装有分离油和水的分离器,以防压缩机汽缸油混入空气瓶,产生油气,遇到高温爆炸,如果水滴混入空气瓶内会造成锈蚀。进入空气瓶的压缩空气极限温度不应超过 60℃,否则应在压缩机出口加装冷却器。所有的空气压缩机、空气瓶、空冷器及减压阀后面的管路上都必须装置压力表和安全阀,安全阀的开启压力为最高工作压力的 1.1 倍。

(3)船上装有两台以上的主发动机时,空气瓶至主机的起动空气管径必须保证至少两台主机同时起动,管路上应装有放气阀,供发动机起动后卸去管内压力用。空气压缩机至空气瓶的充气管路上也应装设放气阀。

(4)供主机起动用的空气瓶至少须有两个,对于本身可反转的主发动机,并与推进器轴直联时,起动空气瓶的总容量在不补充气体的条件下,能保证可使所有主机连续由冷机起动及倒转不少于12次。主机采用可反转的离合器时,空气瓶的总容量应满足主机连续起动不少于6次。

供辅机起动用的空气瓶的容量,应在不补充气体的情况下,能冷机连续起动功率最大的一台辅机不少于6次。

空气瓶在舰船上通常是直立安放的(在潜艇上通常是卧式安放的)。民船上的压缩空气瓶(柜)通常是卧式布置,应在瓶上装置泄水设备。

(5) 供主机起动用的压缩空气瓶,除减压后可供气笛用外,不能作其他用途。对于小型船舶,考虑到辅机起动所需压缩空气储藏量的情况,可以由主发动机起动空气瓶供辅机起动用。从主机起动空气瓶供给气笛用时,主机的起动空气瓶中最大容量的一个空气瓶,必须在供气笛用的管路中装置隔离阀,以防止两个空气瓶同时供气。气笛用的压缩空气,其工作压力不应小于10atm,注:1atm=0.1MPa。

三、压缩空气管系的设备估算

1. 发动机起动空气瓶的容量估算

一般按下式计算发动机汽缸总容积:

$$V = i \frac{\pi D^2}{4} \cdot S \cdot 10^{-3} \tag{1-32}$$

式中　i——发动机汽缸数;

　　D——发动机汽缸直径(cm);

　　S——发动机汽缸行程(cm)。

发动机起动 Z 次需要自由空气量为

$$V_f = [q_1 + (Z - 1)q_2]V \tag{1-33}$$

式中　Z——发动机连续起动次数;

　　q_1——冷起动时空气消耗量与汽缸容积之比;

　　q_2——热起动时空气消耗量与汽缸容积之比。

发动机起动空气瓶容积为

$$V_y = \frac{V_f}{P_1 - P_2} \tag{1-34}$$

式中　P_1——最高起动空气压力(kgf/cm^2);

　　P_2——最低起动空气压力(kgf/cm^2)。

发动机起动空气瓶容量,也可用下列经验公式进行估算:

$$V_y = 0.36Z \times C \frac{\left(i + \frac{1}{i}\right) \cdot D^2 \cdot S \cdot n^{1/3}}{P_1 - P_2} \tag{1-35}$$

式中　Z——发动机连续起动次数;

　　C——系数,四冲程、二冲程筒形活塞,二冲程十字头单作用柴油机,一般 C 取1,二冲程十字头双作用柴油机,一般 C 取1.3;

　　i——发动机汽缸数;

　　D——发动机汽缸直径(m);

　　n——发动机额定转速(r/min);

P_1——最高起动空气压力（kgf/cm^2）；

P_2——最低起动空气压力（kgf/cm^2）。

2. 空气压缩机的容量估算

一般按下式计算：

$$V_q = \frac{V_y(P_1 - P_3)}{T} \times 10^{-3} \tag{1-36}$$

式中　V_y——起动空气瓶的容积（L）；

　　　T——充满所有空气瓶所需时间（h），《钢质海船入级与建造规范》为 1h 内充满；

　　　P_1——最高起动空气压力（kgf/cm^2）；

　　　P_3——空气瓶最小充气压力（kgf/cm^2）。

第五节　排气系统

一、组成

　　船上排气系统的作用是将柴油机和锅炉的废气顺利地排出船外。此外，排气系统还可以起到降低排气噪声的作用。对于装运和拖运易燃、易爆等危险品货物的船舶，例如油船、工作船等，排气系统还要能够熄灭废气中的火星。对于军用舰艇，考虑到隐蔽性也需要减少废气的可见度。

　　排气系统的组成随船舶的类型和大小而有差异，但一般有排气管、膨胀接头（补偿管）、废气锅炉、消声器和换向调节阀等附件。在废气涡轮后装有废气锅炉的柴油机上，一般都不再装消声器。

　　机舱中的排气管必须包扎绝热层，其厚度要保证其表面温度不超过 60℃，这不仅是为了防止烫伤工作人员，同时也是为了减少废气热量传到机舱里而使机舱环境温度升高。几台发动机的排气管不能相互连接起来，否则会影响它们的正常工作。在无法避免时，各排气管之间必须装设隔离设备，以防止运转发动机的废气倒灌进不工作的发动机中去。排气系统布置形成如图 1-18 所示。

二、计算

1. 排气量

柴油机的排气量，一般在柴油机的技术规格书中列出，一般估算：

$$q_{mg} = \alpha \cdot L_o \cdot \beta + \beta$$

式中　q_{mg}——柴油机排气量（kg/s）；

　　　L_o——燃料 1kg 燃油所需要理论空气量，一般为 14kg/kg；

　　　β——燃油耗量（kg/s）；

　　　α——空气裕度系数，二冲程低速机为 3.5~3.7，四冲程中速机为 2.1~2.6。

废气体积流量：$q_{vg} = \dfrac{\text{tgm}}{\gamma}$

式中　γ——废气平均密度（kg/m^3）；

$$\gamma = \gamma_o \cdot \frac{273P}{0.098(t_{gm} + 273)}$$

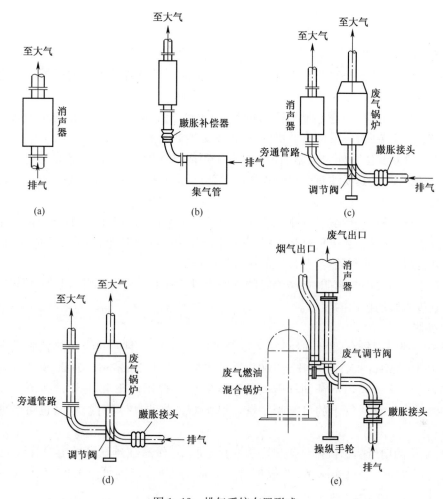

图 1-18　排气系统布置形式

t_{mg}——排气管中废气平均温度(℃),由下式计算:

$$t_{gm} = \frac{1}{2}(t_{g1} + t_{g2})$$

t_{g1}——进排气管废气温度(℃);

t_{g2}——出排气管废气温度(℃);

γ_o——273K 时废气密度,可取 1.3kg/m³;

ρ——排气系统中废气平均压力(MPa)。

2. 流速

排气管中烟气流速如下:

二冲柴油机:25~35m/s;

四冲柴油机:40~50m/s;

主锅炉:7~10m/s;

辅锅炉:15~20m/s。

按废气排量和选定流速可以确定排气管管径,但最后尚需计算排气系统的阻力是否在柴油机允许的背压范围内,如果高于柴油机允许背压,则会对柴油机的输出功率有影响。

三、布置

1. 一般要求

（1）排气管的布置应和烟囱、废气锅炉（或经济器）、消声器及火星熄灭器的位置通盘考虑，使排气管长度最短、弯头最少、固定容易并安装方便。

（2）排气管上方（应考虑船舶摇摆的角度）应避免布置油管及油柜，以避免油滴泄漏至排气管上。当不可避免时，应采取有效措施，确保不发生油滴落在排气管上。

（3）排气管及其法兰处应与燃油柜有一安全距离，建议不小于1m。燃油管与排气管之间也应有一定的距离，尤其要注意燃油管连接法兰部位，应有措施防止法兰处可能因损坏而将燃油喷至排气管上。

（4）每台柴油机、每台锅炉的排气管应是独立的。两台或两台以上的柴油机的排气通向共同的消声器、废气锅炉或废气经济器时，每根排气管应装设烟气隔离装置。除了燃油/废气组合锅炉外，锅炉排烟管不能与柴油机的排气管相连通。

（5）对于一些较小的船舶，如柴油机的排气管拟在载重水线附近引出舷外，应设有防止海水从排气管进入柴油机内的装置。

2. 热膨胀

由于排气管温度较高，设计时必须注意管子的热膨胀。钢管的线性热膨胀系数一般取为 $\alpha = 11.7 \times 10^{-6}$ m/m·K，故每升高100K管子将伸长约1.2mm/m。为此，必须在排气管系中装设膨胀节。一般采用不锈钢材质的波形膨胀节。选用波形膨胀节时必须使该膨胀节的允许伸缩量大于该段管子的可能膨胀量。根据膨胀节的具体特性，有时也可考虑一定的预压缩量。

一般，主机的增压涡轮机排气出口需装一只膨胀节，然后在排气管向上的管段上，每一个水平段及垂直段均装一只膨胀节，并根据管子膨胀的方向，设置管子的固定点，如图1-19、图1-20、图1-21、图1-22所示。

3. 其他

（1）每台柴油机的排气管上必须设有消声器。消声量一般要求为25dB（A），但挂德国旗船舶则要求35dB（A）。国外部分国家船舶噪声标准（机舱和集控室）见表1-10。

（2）对油船、液化气船和化学品船，以及需在油区码头、港口或装卸站运行的船舶，则柴油机的排气管及锅炉的排烟管，应装有火星熄灭器。见表1-10。

表1-10   国外部分国家船舶噪声标准（机舱和集控室）

国别	IMO	英国	美国	日本	德国	挪威	瑞典	丹麦	荷兰	波兰
机舱	110	110	110	—	110	105	100	110	110	—
集控室	75	75	75	75	75	75	65	75	80	75
无控制室机舱	90	90	90	90	90	90	—	90	90	90

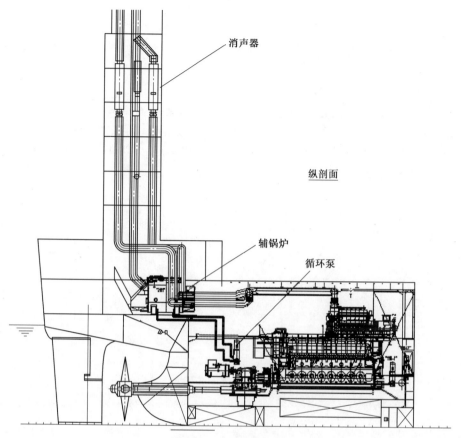

图 1-19　排气管示意图

（主机+消声器、辅助炉+循环泵）

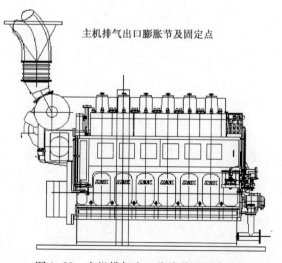

图 1-20　主机排气出口膨胀节及固定点

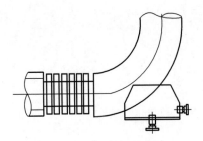

图 1-21 水平管段膨胀节及
固定点(弹簧托架)

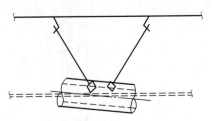

图 1-22 水平管段固定点(弹簧吊架)

第二章 蒸 汽 系 统

第一节 蒸汽系统的一般规定

蒸汽系统的一般规定如下。

（1）蒸汽、凝水系统是需要送审的系统。有时可将舱柜加热系统单独绘设，该加热系统也要送审。加热管的固定形式要反映上去。

（2）大于 0.7MPa 蒸汽系统选用Ⅱ级管；蒸汽压力超过 1.63MPa，DNV 超过 1.6MPa 或温度超过 300℃时，应选用Ⅰ级管。在管子材料表中要注明。

（3）所有大于 0.7MPa 工作压力的阀件及附件应有船级社证书，应在零件表上标明。

（4）锅炉安全阀泄压管与安全阀之间应有膨胀节（按制造厂要求）。

（5）安全阀的泄压管大小应该厂家推荐，向上引至烟囱的管段弯头也不宜多，否则影响安全阀起跳后的关闭性能。

（6）炉体上的泄水管有：安全阀本身设有的泄水管，安全阀泄压管设置的放水管，炉顶放气阀管，水位表下面的冲洗阀管，上述放水管总共 4×2 共 8 条，应集中至炉边下部一个安全位置的漏斗上，在原理图上应反映出来。

（7）多余蒸汽泄放阀前后连接阀的大小应按照厂家推荐使用，例如：多余蒸汽泄放阀口径为 DN32，而阀前要求连接 DN65 截止阀，阀后要求连接 DN80 的截止阀，异径接头应在图中标示，旁通阀可根据进入管径大小来定。

（8）多余蒸汽泄放阀组厂家建议放在大气冷凝器附近，但实船该泄放设在锅炉旁未发现有大的问题，主机在 100%负荷时，关闭主蒸汽阀出口，多余蒸汽阀自动起跳，15min 内，炉顶安全阀不起跳，证明多余蒸汽阀的布置位置没有问题。但如确实需要按厂家布置在大气冷凝器附近，即应在图上说明，以免引起误工。

（9）集气分配筒的个数和尺寸大小视机舱用汽支气管数量的情况而定。集管可用 $\phi100$的管做成，其上除出气管外，还应设置 $\phi100$ 表径的压力表（带根部阀）、泄放阀、通岸接头支管阀，蒸汽伴行用总管阀和备用支管阀。

（10）蒸汽压力根据规格书要求，一般是 0.7MPa 及 0.4MPa，前者用于油柜加热及伴行，后者用于生活杂用或伴行，有蒸汽透平机械的船，还有大一些的蒸汽压力，如 1.8MPa，在蒸汽集气分配筒上分别设置减压站。

（11）蒸汽减压阀应有滤器，滤器应有放水阀。

（12）减压阀后应有安全阀，并注明起跳压力。

（13）减压阀前后应配压力表及其根部阀。

（14）减压阀应带旁通阀。

（15）有加热盘管的箱柜应在该箱柜上方设蒸汽冲洗管。冲洗管用眼镜法兰隔开。

（16）到油舱柜加热的加热盘管，应根据规格书上的加热面积（m²/m³），计算出各舱柜的加热盘管长度(面积),以表格的形式专门列出(读者也可在油舱柜加热盘管图上列出)。

(17)到各燃油舱柜加热的蒸汽进汽管,应设置调温阀,前后阀和旁通阀凝水排出管应设凝水疏水阀、前后阀及旁通阀。随设备带来的油柜(如焚烧炉污油柜)其阀件要根据厂家的图纸绘设。

(18)蒸汽调节阀前应有 Y 型滤器,Y 型滤器要带放水阀。

(19)为了减少图面的件号,箱柜加热调温阀、旁通阀组(包括调温阀前、后各一个截止阀)可以只编一个件号;同理疏水阀、旁通阀组(包括疏水阀前一个截止阀,阀后一个截止止回阀)可以只编一个件号。但这些被省略的阀件要作适当的说明。要在零件表上统计出数量,以免漏订货。阀手轮上的铭牌也可相应省略,只编一个。这种画法将减少很大的工作量。

(20)如下油舱柜不设蒸汽调温阀:双层底下的燃油舱(如溢流舱、舱底水舱)、滑油柜(如滑油循环柜等),间断使用的非重要油柜(如燃油,滑油油渣柜)等,不设调温阀,疏水阀组也可以省去旁通阀及疏水阀后的截止阀。因为停止供蒸汽检查疏水阀很方便,不影响设备运行。

(21)连续不断运行的设备(如分油机、热水柜、预热器等)重要的滑油柜(如滑油日用,沉淀、分油柜)应保持完整的疏水阀组。

(22)疏水阀是一种较精细、要求较高的热工元件,其内部泄漏将造成蒸汽的浪费,而一般疏水阀无法检测本身的泄漏,故其质量问题颇被关注。由于过去国产疏水器质量不过关,故多数是采用进口件。疏水阀价格较贵,选用时不必选取大尺寸的,要根据设备的蒸汽耗量(凝水的多少)来选取,或可以两个小柜共用一个疏水阀(分油机建议设置独立的疏水阀组)。

(23)蒸汽伴行的蒸汽阀在相应位置应列表说明(可在蒸汽伴行管图上反映)。

(24)如下处蒸汽管容易被遗留:主机蒸汽灭火(多数用 CO_2 灭火);油水分离器蒸汽加热(有时用电加热);燃油滤器蒸汽加热腔;锅炉燃油加热器(有时用电加热);锅炉蒸汽吹灰器(多数不设吹灰器);焚烧炉蒸汽伴烧(有时用空气);焚烧炉油柜蒸汽捣拌(多数用捣拌器捣拌)。

(25)设有蒸汽透平货油泵时,设定安全阀的起跳压力时,要谨慎考虑,这关系到 I 级管或 II 级管的使用。我们要知道货油泵需要的蒸汽工作压力,管路有沿程损失,还要考虑到货油泵常用工作台数耗汽量与锅炉蒸汽产量是否匹配。如果锅炉产量过大,而耗汽量太少,在停炉到点火时,造成透平转速下降的现象,这时我们要提高停炉的蒸汽压力,点火压力也相应提高,使点火升压过程中,透平转速不致波动太大。

例如某油轮透平工作压力为 1.45MPa,考虑管路损失,将停炉压力选在 1.55MPa,安全阀设定在 1.62MPa,由于该船选用 25t 锅炉,而平时 4 台透平油泵只开两台,耗气量较少,停炉次数相应增加,在点火升压的几分钟时间内,透平转速从额定 1700 转/分下降至 1500~900 转/分,不得不将停炉压力提高至 1.7MPa,点火压力提高至 1.5MPa,才解决转速不稳的情况,由于超过了 1.63MPa 的规定,蒸汽管必须选用 I 级管,结果造成返工。

(26)蒸汽温度较高、压力较大、管子较粗较长时,应设置合适的膨胀结构或膨胀接头。

(27)大的蒸汽阀(如超过 DN200),为避免热应力和操作安全可靠,应有暖阀蒸汽管。

(28)透平乏气出口管应设膨胀接头,使透平不受热应力的影响。

(29)扫舱泵的蒸汽凝水,谨防挥发,易燃的油分带入机舱热井内,应在进入机舱前进行油份检测。为此,需在机舱前壁后加一个隔离阀及蒸汽-油的分离器观察热井,或油分监测器。

(30)透平乏气排出阀的阀杆应为凝水密封型的,以保证其后的冷凝器内有高质量的真空度,应在零件表上注明。

（31）抽真空用的空气喷射器吸入阀的阀杆也应为凝水密封型的,保证真空喷射器的工作能力。根据订货的情况,注意在原理图中反映此密封水的管路(由冷凝水泵出口管引出)。

（32）真空喷射器的凝水建议直接排向热井,而不要引去带有真空的辅冷凝器。辅冷凝器与喷射器之间的抽真空管本来要求越短越好,现在变得长了,故应为套管连接,保证不漏真空。在图纸上要说明。

第二节 箱柜蒸汽加热管系的一般规定

箱柜蒸汽加热管系一般规定如下:

（1）0.7MPa 蒸汽加热管应注明为Ⅱ级管。

（2）管子连接采用套筒。

（3）层底以上的油舱柜选用的玻璃水银温度计容易在施工中损坏,为了便于更换,建议使用层金属保护套,更换温度计,不需清油舱。

（4）有加热管的双层底以下的油舱,选用遥测温度计,注明该遥测计是顶装式还是侧装式,零件表中应标温度计安装座板的件号和图号。

（5）高温报警探头与温度计建议安装在同一高度上,距加热管上方最少为 250mm,否则容易引起高温报警。

（6）推荐的加热管外径与壁厚见表 2-1。柜内加热管径一般应大于柜外蒸汽进入管的管径。

表 2-1 推荐加热管外径与壁厚

序号	名称	加热管外径/壁厚/mm
1	燃料油深舱和储藏舱	$\phi60\times4.5$（DN50）
2	重柴油储藏舱	$\phi60\times4.5$（DN50）
3	燃料油和重柴油澄清舱	$\phi48\times4.5$（DN40）
4	燃料油和重柴油日用舱	$\phi48\times4.5$（DN40）
5	溢油舱、污油舱、油渣舱等	$\phi48\times4.5$（DN40）
6	$2m^3$ 以下的油柜	$\phi34\times4.5$（DN25）

（7）油舱加热面积比。根据船舶航行区域和被加热油的品种,适当选用油舱柜加热面积比,计算油舱柜加热管长度。不同黏度燃料油舱(柜)推荐加热面积比见表 2-2。

表 2-2 不同黏度燃料油舱(柜)推荐加热面积比

序号	名 称	加热面积比 /（mm^2/mm^2）（600SRWI/100°F）	加热面积比 /（mm^2/mm^2）（1500SRWI/100°F）	加热面积比 /（mm^2/mm^2）（3500SRWI/100°F）	备注
1	燃料油深舱(柜)		0.12	0.15	冲洗
2	燃料油储藏舱(柜)(双层底)		0.13	0.18	冲洗
3	燃料油澄清舱(柜)	0.1	0.15	0.2	冲洗
4	燃料油日用舱(柜)	0.1	0.15	0.2	冲洗
5	燃油溢油舱(柜)		0.15	0.2	
6	燃油污油舱(柜)		0.13	0.2	冲洗
7	燃油油渣舱(柜)		0.2	0.25	冲洗

（8）黏度较高的燃油柜,应设置蒸汽冲洗管,冲洗管设在油箱柜最高处,入口阀处用眼镜法兰封住。

（9）双层底、双层底燃油注入管亦应考虑蒸汽冲洗接头。

（10）油舱柜内加热管的管码应防振动,每 2~3m 一个;弯曲处适当多配,管卡不设垫片。

（11）通过甲板或水密舱壁时,建议选用 CB/T 3480—92 通舱管件。

（12）加热管长度应标示在各舱柜内。

第三节　蒸汽伴行及锅炉给水系统的一般规定

一、蒸汽伴行管系

蒸汽伴行管系一般规定如下。

（1）该系统一般不要求送审,因为在燃油各系统中已经基本反映了要伴行的燃油管。

（2）伴行管伴行的路线基本上以设备的使用系统为单位,如 3 台燃重油的辅机,其燃油系统包括供油单元及柴油日用柜出油管、回油管,可组成一个完整的伴行回路。又如辅锅炉燃油日用柜出油管,经锅炉燃油系统再到焚烧炉燃油系及焚烧炉污油柜处完成一个回路。这些设备及系统位置相近,比较集中,伴行比较简单。

（3）主燃油系统范围较大,包括日用燃油柜、供油单元和重燃油分油系统（包括主机燃油沉淀柜吸油管）,该组伴行管虽然较长,但分油系统本身已有加热,主机回油亦为热油,故该组伴行效果仍然很好。

（4）管隧内重燃油舱油管比较长,有 80~100m,建议单独伴行,并且在每隔 40m 处加一个放泄阀,确保使用时迅速加热伴行。蒸汽入口建议设在管弄机舱前壁处。

（5）甲板重燃油注入至机舱管隧入口处管路还是很长的,如果与管隧伴行管串在一起,虽然使用方便,但加热效果较差,温升往往上不去,因此建议单独设一回路。

（6）燃油输送的吸入与排出管可作为独立回路。

（7）根据 LR 意见,燃油油渣柜与滑油油渣柜吸出管要有蒸汽伴行,可并入就近的输送系统伴行。

（8）伴行回路由蒸汽进口阀和凝水疏水阀组构成。疏水阀的前和后应分别为截止阀和截止止回阀,旁通阀可为截止阀,建议为截止止回阀,以便在使用旁通阀时防止其他管路的凝水倒灌,疏水阀应带有泄放阀。

（9）伴行管较短,且伴行的管路不是重要设备。其凝水疏水阀组可合并到其他疏水阀组。

（10）疏水器是热功仪器。较精密,价格也较贵,特别是进口疏水器,千元以上一只,故不必多设置,同时也不要选过大尺寸的,按伴行管尺寸选取就足够了。

（11）伴行管尺寸一般为 DN10 或 DN8。

（12）超过 100mm 口径的燃油管,应双线伴行。单线伴行时,伴行管在下方;双线伴行时,可左右伴行。但跨过法兰或阀件时,为避免积水,应成水平管跨越,不要上下凹凸跨越。

（13）伴行管包扎绝缘后,外表温度应少于 50℃,包扎厚度和材料可按规格书或按管子原则工艺。

（14）伴行管进气阀和凝水出口疏水阀组应有单独的铭牌（不是安装在阀手轮上）,现场挂在合适位置,该铭牌可简要注明主要的伴行设备或路线,利于使用。疏水器前后阀手轮上的铭牌只写表示流向的进或出即够了,旁通阀铭牌可写"常闭"。

(15) 建议多设一张表格,上面列出全部伴行蒸汽阀和疏水阀组,留有填写该阀组的安装位置和实际位置的空格,待放样后补填写,船上实际位置现场再更正,该表为现场报验和使用提供方便,因为凝水阀较小,且布置在较低位置,现场较难查找,因此设置此表是必要的。

二、锅炉给水系统

锅炉给水系统一般规定如下。

(1) 锅炉给水系统一般是双泵、双线,互为备用,故给水泵出口阀均为截止止回阀。

(2) 热井附件应包括浮子阀、低位报警、水温计、泄放阀,这些附件要在系统图上标示。凝水观察柜一般设置在热井箱上,组成一体。油分监测器是否需要,按规格书而定。

(3) 热井内的凝水一般为 $50 \sim 90 \,°C$,太低了对锅炉不利,太高了热损太大,对机舱工作环境温度不利。在这个温度范围内,不需冷却盘管,但有的船东考虑应急需要,提出热井也要加冷却管。

(4) 盐度计根据不同情况,可放在以下不同位置:

① 可以放在锅炉上;

② 对于用海水冷却大气冷凝器的开式冷却系统,为了及时监测是否有海水漏入,盐度计设在冷凝器凝水出口管上;

③ 对于中心冷却系统,盐度计设在给水泵入口,可同时监测在各港口加入淡水是否超过盐度含量要求。

(5) 对于易挥发、易燃、有害油类舱柜的加热的凝水,在热井观察柜设置油分监测器,或将凝水排入机舱外隔离舱室的另一个热井中,以保护机舱安全,两个热井可用连通管加阀相连。

(6) 热井观察柜底部应设放泄阀,以便及时放走带油的凝水,保护锅炉。

(7) 设有制淡水舱的情况,应使制淡水舱与热井连通,连通管与向热井加水的淡水管并联布设。

第四节　蒸汽取暖系统

一、蒸汽取暖系统的形式和组成

蒸汽取暖系统供船上住舱、卫生舱和部分工作舱的冬季采暖。在大中型船舶上蒸汽取暖系统和日用蒸汽系统均单独设置。

蒸汽取暖系统的工作原理是将蒸汽输入散热器,蒸汽在散热器中冷凝,将汽化潜热传给周围的空气。蒸汽取暖系统采用压力为 $2 \sim 3 \,kgf/cm^2$ 的低压干饱和蒸汽。蒸汽由船上主锅炉或辅锅炉供应,并能从岸上或者其他船上接入。

按散热器的新汽输送管和凝水排出管数量不同,蒸汽取暖系统可分为单线系统和双线系统。单线蒸汽取暖系统只敷一根管道。散热器串联在此管路中。蒸汽和冷凝水沿同一个管路通过。单线管路重量轻,但效率低。在系统末端的散热器往往不热。双线系统的新汽管路和凝水管路是分开敷设的。散热器并联在新汽和凝水管路之间。蒸汽取暖系统均按分组线路设计。分组数取决于舰种和取暖舱室的多少。在一般舰艇上可分成首、尾两组。每一组均有单独的配汽站和管道。为了便于每一组内的不同舱室的取暖,又划分成若干小分组。在分配集管处用截止阀进行操纵。

图 2-1 所示为双线蒸汽取暖系统线路图。舰上设有艏艉部两个配汽站 A 和 B,其中一个配汽站供首部舱室取暖,另一个供尾部舱室使用。新汽由锅炉经过辅蒸汽总管 1 及支管 2 供到配汽站。首先进入汽水分离器 3,然后经减压阀 4,使蒸汽减压到 $2\sim3\text{kgf/cm}^2$。减压后蒸汽进入分配集管 5。为了防止集管内蒸汽压力过高,在集管上装有安全阀 6。开启集管上的截止阀 7,蒸汽便沿新汽管 8 输送到各舱室的散热器 9。在散热器内蒸汽被冷凝并放出热量。冷凝水沿管路 10 通过阻汽排水器 11 进入凝水总管 12,然后流入热阱 13。当阻汽排水器被隔断时,凝水可沿管路 14 排出。为了提高系统的可靠性,两个配汽站之间用桥管 15 相互接通。当由岸上或者其他船上供给蒸汽时,则用输汽软管通过上甲板的甲板套筒 16 输入。此时冷凝水可以排到舰上热阱内或沿管路 17 和软管返回到岸上暖气设备。散热器用截止阀并联在新汽管和凝水管之间。用截止阀可以调节散热器的加热量。

双线系统按蒸汽进入散热器和冷凝水从散热器排出的流动方向分为顺向线路和逆向线路。顺向线路时新汽和冷凝水是按同一方向流动的。图 2-1 中的上甲板舱室取暖系统为顺向线路。逆向线路时新汽和冷凝水是按相反方向流动的。图 2-1 中的下甲板舱室取暖系统为逆向线路。

当由一个总管供汽给较多数量散热器时,建议用顺向线路,这样能保证全部散热器均匀加热。特别是末端的散热器亦能可靠地加热。顺向线路所需的管子比逆向线路多。蒸汽取暖系统管路应按蒸汽和凝水的流动方向倾斜敷设。为了补偿管路的热膨胀,在新汽和凝水管路上应设有膨胀补偿接头。新汽和凝水管路的管子采用无缝钢管或铜管。新汽和凝水管路须用石棉绳或石棉布绝热。

蒸汽取暖系统中主要附件有散热器、阻汽排水器、汽水分离器、减压阀和安全阀。舰上采用焊接肋片式散热器。肋片式散热器按管子排数分为单列和多列两种,而按其安装形式分为卧式和立式。

焊接肋片式散热器传热良好,结构简单和重量轻。但在肋片间易积聚灰尘。灰尘烧焦时,舱内会产生焦味。

为了防止灼伤和影响舱内装潢,蒸汽散热器装有外罩。罩子用钢板或铝板制成。在罩子上开有纵向孔口,以便空气绕散热器自由环流。装有外罩的散热器的传热系数比无罩的传热系数约小 15%。

阻汽排水器用来排放散热器中的冷凝水,并防止蒸汽散热器中的新汽排出。阻汽排水器安装在一组散热器之后,如图 2-1 所示,或者安装在每个散热器后。按后一种装法,蒸汽取暖系统效率高,但这种系统的造价和重量均增加。

二、蒸汽取暖系统计算

蒸汽取暖系统计算按舱室的热平衡方程式:

$$Q = Fk(t_s - t_n) \tag{2-1}$$

式中　　Q——取暖舱室的各项热损失(kcal/h),$Q = \sum Q_i$;

F——散热器的面积(m^2);

k——散热器传热系数($\text{kcal/m}^2 \cdot \text{h} \cdot ℃$);

t_s——蒸汽温度(℃);

t_n——舱室温度(℃)。

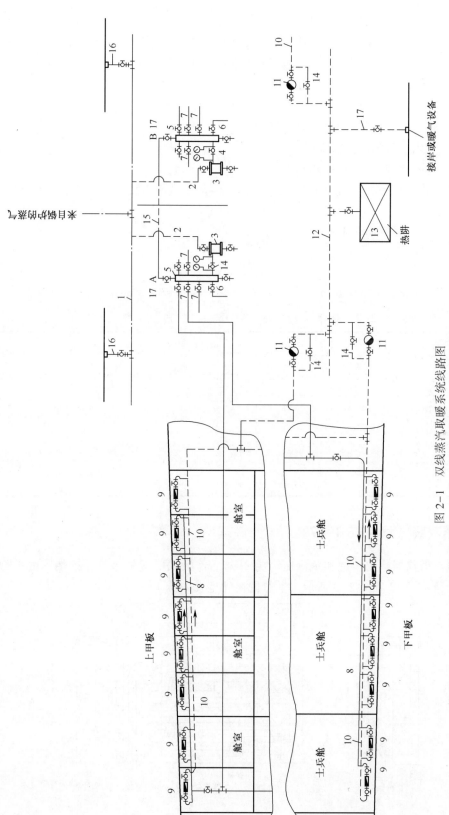

图 2-1 双线蒸汽取暖系统线路图

1—辅蒸汽总管；2—支管；3—汽水分离器；4—减压阀；5—分配集管；6—安全阀；7—截止阀；8—新汽管；9—散热器；10—管路；11—阻汽排水器；12—凝水总管；13—热阱；14—热阱套管；15—桥管；16—甲板套筒；17—管路配气站 A、B

热量 Q 主要是舱室的温差渗出热、输入外部新鲜空气时的热损失。其余的舱内发热量在采暖计算时一般均不计入，而作为取暖设备的储备量。舱室因内外温差通过围壁的热损失为

$$Q_1 = \sum k_i F_i(t_n - t_w) \tag{2-2}$$

引入外部新鲜空气时的热损失为

$$Q_2 = G(I_n - I_w) \tag{2-3}$$

式中　G——输入的外部新鲜空气的重量（kg/h）；

　　　I_n——舱内空气的熔值（kcal/kg）；

　　　I_w——舱外空气的熔值（kcal/kg）。

由于门和舷窗的开启引起的热损失，这个数值一般可取舱室总热量损失的 10%。热量为

$$Q = 1.1(Q_1 + Q_2) \tag{2-4}$$

舱室所需的散热器的面积为

$$F = \frac{Q}{k(t_s - t_n)} \tag{2-5}$$

式中　k——散热器的传热系数（kcal/m² · h · ℃），按散热器的类型可由表 2-3 选取。

表 2-3　钢肋片散热器（带外罩的）的传热系数 K 值

散热器类型		散热面积/（m²）					
		0.3	0.5	0.8	1.0	1.2	1.5
		k/（kcal/m² · h · ℃）					
卧式	单列	10.0	8.0	6.5	6.3	6.0	5.7
	双列	8.5	7.0	5.5	5.3	5.0	4.5
	四列	—	—	5.0	4.7	4.5	—
	六列	—	—	—	—	—	4.0
立式		9.0	7.0	5.0	4.7	4.5	4.0

三、钢质蒸汽散热器（CB611-67）

钢质蒸汽散热器适用于饱和蒸汽压力为 3kgf/cm² 的船舶暖气系统。散热器的类型分为 A 型、B 型。如图 2-2 和图 2-3 所示。散热器尺寸见表 2-4。

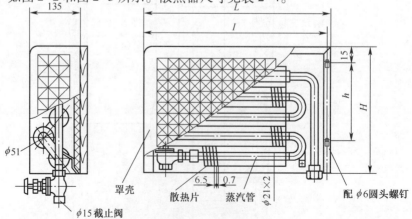

图 2-2　A 型散热器

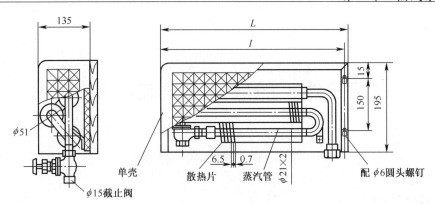

图 2-3 B 型散热器

表 2-4 散 热 器 尺 寸 （mm）

散热面积/m²	A 型						B 型			
	L	H	h	l	散热体数目	重量/kg	L	l	散热体数目	重量/kg
0.5	—	—	—	—	—	—	445	423	3	6.46
0.8	445	270	185	423	5	8.92	575	553	3	8.03
1.2	445	355	270	423	7	11.78	775	753	3	10.56
1.5	530	355	270	508	7	13.76	955	933	3	12.70
2.0	530	440	360	508	9	17.1	1225	1203	3	16.27
注:以 5kgf/m² 的水压作密封试验										

散热器安装时,其下缘离地面高度不得低于 200mm。

标记示例:散热器 A0.8　CB611-67。

第三章 舱底排水及疏水系统

第一节 排 水 系 统

一、排水系统的用途

舰船上的排水系统是当舰船水下部分战斗破损时或航行破损时,用来排出进入舰船内部大量海水的必要设施和保证舰船不沉性的有力工具。

当舰船由于与其他船舶碰撞或搁浅以及在战斗时被炮弹击中,或受到鱼雷、水雷的爆炸等原因,舰只的水下部分遭到破损,从这些破孔中就会进入大量海水。

为了估计舰船排水工具的性能,需确定在一定舷外水压力下,通过破孔进入舱内的水量 Q,可以利用下述近似公式计算:

$$Q = 3600\mu F\sqrt{2gH} \qquad (3-1)$$

式中 μ——耗量系数,$\mu=0.6$;

F——破孔面积(m^2);

H——水线下破孔中心深度(m);

g——重力加速度,$9.81(m/s^2)$。

经破孔进入舱内的水量见表 3-1。

表 3-1 经破孔进入舱内的水量

破孔面积 F /m^2	破孔直径 d /m	经破孔进入的水量 $Q/(m^3/h)$			
		$H=1m$	$H=2m$	$H=5m$	$H=10m$
0.1	0.355	960	1360	2150	3030
0.5	0.800	4800	6800	10750	15150
1.0	1.13	9600	13600	21500	30300
5.0	2.52	48000	68000	107500	151500

表 3-1 可见,尽管当破孔直径为 1.13m、处于 $H=5m$ 这样浅的深度时,已经进入大量的水($Q=21500m^3/h$),以致无法用舰艇排水工具防止其涌入舱内。所以要保证舰船的不沉性,并不能完全依靠舰船排水工具。计算表明,当舰船有破孔时,若不把破孔暂时堵塞,要将浸水舱中的水排出到有效水线实际上是不可能的,为此,全船应按实际需要以及保证生命力的前提下,划分水密隔舱。

尽管这样,舰船上的排水系统作为保证不沉性的整套工具,其战斗使用不是在减少,而是在增加。因为在现代条件下,船体水下部分损坏的或然率大大地增长。紧急排水系统的任务就是要将大量的水从船上各舱室中排出。因此在设计排水能力时,应保证在 1.5~2h 内,能将进入舱内的海水完全排出。

根据各类舰船上排水系统战斗使命的特点可知,排水系统具有以下作用:

（1）破孔堵塞后排出浸水舱中大量的水。

（2）排出由于隔舱四壁水密性破损而渗入舱内的水。

（3）弹药舱、横倾平衡隔舱和纵倾平衡隔舱排水。

（4）利用排水工具供弹药舱、纵倾平衡隔舱和横倾平衡隔舱灌注。

二、一般布置原则

排水系统可以按照单独、分组或集中控制的原理来敷设。究竟采用哪种排水方式应该根据船舶等级和此系统本身及所要排水的舱室对于船舶生命力的意义来决定。

在大型舰艇，如航空母舰、巡洋舰和舰队驱逐舰上，排水系统设计成独立系统。

在小型水面舰艇，如扫雷舰、护卫舰上，有时为了减轻重量，排水系统与疏水系统并在一起。在潜艇上大多采用集中控制的原理，商船一般遵循独立或分组原则。

在现代水面舰艇上，排水系统按独立分段原则设计，而在独立分段范围内，排水系统通常按独立线路或分组线路设计。此时，排水系统可设计成：

（1）在所有独立分段范围内按独立线路或分组线路设计；

（2）舰艇中部主要的独立分段的排水系统按独立线路设计，而艏艉两端的独立分段按分组线路设计。

排水系统设计成独立线路，主要是用于舰船上用排水喷射泵作为排水工具的场合。由于排水喷射泵流量限制在 $300m^3/h$，因而这种排水系统的独立线路只能用在巡洋舰以下的轻型舰艇上。图 3-1 所示为轻型舰艇上一个隔舱内的排水系统原理图。在每一个隔舱安装流量为 $250\sim300m^3/h$ 的水喷射泵作为排水工具，排水喷射泵 1 通过吸入接管 2，吸入隔舱内的水，并且沿排水接管 3 排至舷外，在排水接管上安装两个阀，一个是船底闸阀 4（即截止闸阀或工作闸阀），另一个是止回阀 5，用以防止水从舷外进入隔舱。为了更彻底除去舱中的水，有时将喷射泵的吸入接管放在大尺寸的集水井 6 内，来自消防总管 7 的工作水通过截止阀 8 进入喷射泵。截止阀和底部闸阀从装甲甲板处，用双联甲板套筒 9 和小轴传动装置 10 同时操纵。

舰队驱逐舰、护卫舰、扫雷舰及其他轻型舰艇的隔舱内独立排水系统图如图 3-2 所示，与上述的线路仅是排水接管出口端不同。图 3-2 排水接管及其舷边孔在设计水线以上。这样在航行时可以修理舷侧附件。同时排水接管上不要安装第二个阀，而仅用图上所示的一个截止止回阀 5 就可以了。

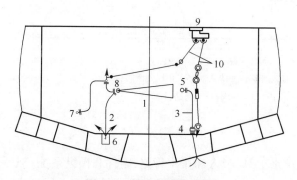

图 3-1　排水系统原理图

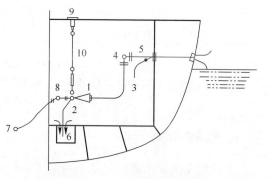

图 3-2　独立排水系统图

1—排水喷射泵；2—吸入接管；3—排水接管；4—闸阀；

5—止回阀；6—集水井；7—消防总管；8—截止阀；

9—双联甲板套筒；10—小轴传动装置。

从排水系统工作效率方面来看,在水线上面的排水管不比水线下面排水接管优越。无论何种情况,排水接管从泵到舷部的线路应该是最短的,以使排水接管的损耗压头为最小。

上述排水系统独立线路具有一系列严重缺点。排水系统的能力,受到流量不超过250~300m³/h的排水喷射泵限制,这样的流量,对现代舰艇是不够的。排水喷射泵的工作依靠水消防系统是不适当的,由于隔舱只有一个喷射泵,因此当其损坏时,隔舱失去排水工具。此外,在实际情况中,排水喷射泵的工作在很多情况下效率十分低,消除这些缺点的方法是,将水喷射泵更换为具有很大流量的离心式电动泵和按分组线路来设计排水系统。

通常,当离心式电动泵作为排水工具使用时,排水系统按分组线路设计。图3-3所示为舰队驱逐舰上排水系统分组线路,在舰船上安装3台流量各为300m³/h的电动离心式排水泵1作为排水工具。此外,为了排水,在汽轮舱采用流量各为600m³/h的循环泵2,整条舰船分成两个独立分段,其中第一个独立分段对排水系统分组设计而言,是比较典型的。

为了提高系统的生命力,吸入管路3设计成使被主横隔壁隔开的每一个大的隔舱,可以用两台泵同时排水。因此,若其中一台泵损坏,则隔舱不会失去排水工具,可以用另一台泵排水。

在系统管路上安装由上甲板操纵的吸入闸阀。此外,在泵前面吸入管路上安装止回阀(舌阀)5。有这两种阀就可以避免水从舷外通过泵进入隔舱。在排出接管上各安装两个闸阀;一个船底阀6,是常开的,另一个截止阀7,处于关闭位置,并在舰船上甲板操纵。

艉舷隔舱的泵同样可用来灌注弹药舱。为此附加有一个舷边吸入孔8和两个闸阀9和10。泵可以通过这些舷边吸入孔,从舷外吸水,并将水送入管路11,供弹药舱灌水。用阀12可将水从一个舱室移注到另一个舱室。

在实际设计过程中,根据具体情况可采用排水喷射泵和电动离心式排水泵组合的形式。

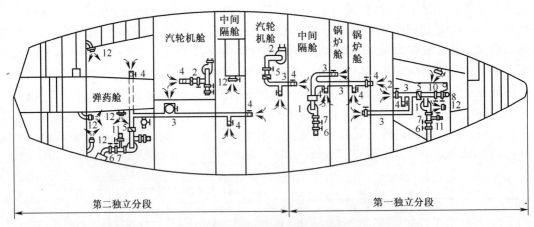

图3-3　排水系统分组线路图
1—电动离心式排水泵;2—循环泵;3—吸入管路;4—吸入阀;5—止回阀活阀;
6—船底阀;7—截止阀;8—舷边吸入孔;9,10—闸阀;11—管路;12—阀。

三、排水系统组成元件

各种舰船的排水系统包括下列组成元件:排水工具,吸入和排水管路,附件和操纵系统。

1. 排水工具

舰船上采用排水喷射泵和离心式电动泵作为排水工具。

排水喷射泵如图3-4所示,是由两个锥形管子,以其狭窄截面相互连接而成。来自消防系统的高压工作水沿与法兰 1 连接的管路流入喷射泵。

当工作水从喷管 2 的小孔中流出时,获得了很大的速度,通过喷射泵的狭窄截面(喉部)3时,在混合室 4 内形成真空。由于混合室真空从吸入接管 5 吸水。水与工作水搅拌在一起后,继续流到扩散管 6,在扩散管内水流的动能,由于运动速度减小,重新形成压力。在压力作用下,水进入压力接管。舰船所采用的排水喷射泵由相应的标准规定,见 CB 633-67。

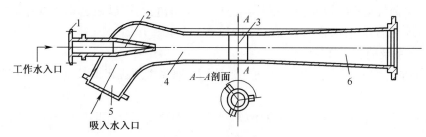

图 3-4　排水喷射泵

1—法兰;2—喷管;3—喉部;4—混合室;5—吸入接管;6—扩散管。

由于喷射泵工作水耗量随着消防压力总管压力减小而急剧增加,当压力为 $7kgf/cm^2$ 时,工作水耗量占喷射泵流量的 70%~80%。因而本装置的效率是很低的。由于排水喷射泵吸入高度低,故排水喷射泵不能用于排水系统有分支的分组线路。虽然喷射泵具有某些良好特性(重量轻、外形尺寸小、结构简单等),但是采用喷射泵作为排水系统仅对小型舰船是适合的。对于大型舰船,如航空母舰、巡洋舰、大型商船等,采用离心式电动泵作为排水工具,是比较适合的。离心式电动泵类型见表 3-2。

表 3-2　离心式电动泵类型

泵的类型	流量 $Q/(m^3/h)$	压力接管的压力 P/mH_2O	吸入高度 H/mH_2O
喷射泵	300	20	5
电动泵	600	15	3

从表 3-2 中可以看出,电动泵具有较大的流量,能产生较大的压力和有较大的吸入高度,因此可以用于弹药舱灌注系统,以及用于排水系统有分支的分组线路。

为了使泵有可能在浸水舱的水下工作,将泵的电动机安装在水密耐压壳体中,工作时电动机用水冷却。

所有不自吸的排水离心泵,只有在工作轮浸水情况下才能工作。因此泵应该布置得尽可能低些。

除上述排水工具外,在机舱内经常采用透平装置主冷凝器循环泵,或柴油机装置冷却泵作为备用排水工具。

2. 系统管路

系统的吸入管路和排出管路应该尽量短。当不可避免较长的管路时,则在通过水密隔壁的地方安装闸阀,以使能够隔断损坏的管路,管路应安装得不可能形成气垫。而在管路最低的地方安装放水塞。系统吸入接管最好敷设在隔舱的最低地方,或装在污水阱内,以便将水完全排除。

吸入管路和排出管路的直径由计算决定,通常是采用排水泵的压力接管和吸入接管的直径。

排水系统采用由相应标准规定的标准附件和操纵传动装置,为了减小管路内局部阻力的损耗压头,建议采用闸阀作为排水系统的截止附件。由于管路的直径很大,闸阀的尺寸通常是较大的,排水系统的附件由青铜和铸钢制成,吸入接管布置在高出双层底 200~250mm 的地方,并用格栅遮盖或直接采用吸入滤网,以防止杂物掉入。格栅面积应该为吸入接管截面面积的 2.5 倍。

排水泵、喷射泵以及相应的截止起动附件由操纵部位进行操纵,操纵件最简单的形式是小轴传动装置,目前气动操纵以及液压操纵均已广泛采用,它们可以在远距离进行操纵,能够迅速、正确、安全、可靠开启阀件。

3. 对排水系统的技术要求

对各种舰船排水系统的设计,在于更完善地满足对系统所提出的技术要求,可归结为下列各项。

（1）舰船排水系统应该按独立分段的原理设计,而在独立分段的范围内,则按独立线路或分组线路设计。

（2）系统应该具有很强的生命力。

（3）浸水舱中水的排放时间（破孔堵塞后）应该不超过 2h。

（4）轻型舰船的机舱,允许采用主冷凝器循环泵或柴油机冷却水泵作为备用排水工具。

（5）排水泵应尽可能布置在水密围壁内。

（6）排出舱中的水应该可以用两台泵进行。

（7）电动排水泵应能用来灌注和排出弹药舱、横倾平衡隔舱和纵倾平衡隔舱中的水。

（8）泵的结构要能在浸水舱的水下工作。

（9）为了作战时的损管需要,自动操纵附件应考虑集中控制,要简便可靠。

四、排水系统计算

排水系统计算的内容包括舰船排水工具的流量和数量的计算,以及系统管路直径的计算。

为了确定泵的参数和系统管路特性之间的关系,下面探讨一下舱内水的排出过程。排出系统计算图如图 3-5 所示。此时,舱内水排出时,引起舰船吃水的改变忽略不计。

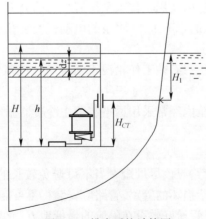

图 3-5　排水系统计算图

根据舱内水位降低的程序,排水过程在变动压头下进行。在某一时间 t 内,舱内水位离水线距离 Z,而单位时间内舱内排出的水量 $Q = Q_H$。此时算式可写成:

$$H_H + (H - Z) = H_S + H_1 + H_{CT} \tag{3-2}$$

式中　H_H——排水泵压头(mH_2O)；

　　　H_1——排水孔离水线的深度(m)。

如图 3-5 所见，$H = H_{CT} + H_1$，因此，当代入式(3-2)和相应变换后的方程式为

$$H_H - Z = \frac{v_t^2}{2g}\left(\lambda\,\frac{1}{d} + \Sigma\xi\right) \tag{3-3}$$

管路内流体运动速度 v_t 为

$$v_t = \frac{Q_t}{F} \tag{3-4}$$

式中　F——排水管路截面面积(m^2)。

当方程式代入 v_t 值后，得出：

$$H_H - Z = \frac{Q_t^2}{2gF^2}\xi_s \tag{3-5}$$

则

$$Q_t = F\sqrt{\frac{2g}{\xi_s}}\left(\sqrt{H_H - Z}\right) \tag{3-6}$$

式中　ξ_s——系统管路总阻力系数，$\xi_s = \lambda\,\dfrac{1}{d} + \Sigma\xi$。 $\tag{3-7}$

无限小的排水时间的间隔 $\mathrm{d}t$ 内，舱内水位降低 $\mathrm{d}Z$ 值，即

$$Q_t\mathrm{d}t = \Omega\mathrm{d}Z \tag{3-8}$$

式中　Ω——隔舱内水面面积(m^2)，$\Omega = \kappa A$；

　　　A——隔舱水平截面面积(m^2)；

　　　κ——隔舱渗透系数 $\kappa = 0.6 \sim 0.8$。

由此得

$$\mathrm{d}t = \frac{\Omega\mathrm{d}Z}{Q_t}$$

代入 Q_t 值后得

$$\mathrm{d}t = \frac{\Omega\mathrm{d}Z}{F\sqrt{\dfrac{2g}{\xi_s}}\sqrt{H_H - Z}} \tag{3-9}$$

将式(3-9)的左面在 t 从 0 到 T 的变化范围内积分，右面在 Z 从 $H - h$ 到 H 的变化范围内积分，得

$$\int_0^T \mathrm{d}t = \int_{H-h}^{H} \frac{\Omega\mathrm{d}Z}{F\sqrt{\dfrac{2g}{\xi_s}}\sqrt{H_H - Z}} \tag{3-10}$$

或

$$T = \frac{kA}{F\sqrt{\dfrac{2g}{\xi}}}\int_{H-h}^{H} \frac{\mathrm{d}Z}{\sqrt{H_H - Z}} = \frac{kA}{F\sqrt{\dfrac{2g}{\xi_s}}}\left[-2\sqrt{H_H - Z}\right]_{H-h}^{H} \tag{3-11}$$

代入上述边界值后，得出排水泵排出舱内水的排放时间方程式(穿孔堵塞不进水的情况下)：

$$T = \frac{2kA}{F\sqrt{\frac{2g}{\xi_s}}} \left[\sqrt{H_H(H-h)} - \sqrt{H_H - H} \right] \tag{3-12}$$

或

$$T = \frac{2kAH_H}{F\sqrt{\frac{2gH_H}{\xi_s}}} \left(\sqrt{1 - \frac{H-h}{H_H}} - \sqrt{1 - \frac{H}{H_H}} \right) \tag{3-13}$$

在式(3-13)中 $F\sqrt{\frac{2gH_H}{\xi_s}}$ 值是开始时刻 $t=0$ 的情况下,即舱内水位没有背压和灌注压头时,系统排水管路中水的秒耗量,显然,本耗量等于泵的额定流量,即

$$3600F\sqrt{\frac{2gH_H}{\xi_s}} = Q_H \tag{3-14}$$

代入式(3-10)后,求得公式的最后形式,用于确定排水泵排出舱中的水所需时间:

$$T = \frac{2kAH_H}{Q_H} \left(\sqrt{1 - \frac{H-h}{H_H}} - \sqrt{1 - \frac{H}{H_H}} \right) \tag{3-15}$$

式中 Q_H ——泵的流量(m^3/h)。

若隔舱浸到水线,则 $h=H$。此时式(3-12)列成如下形式:

$$T = \frac{2kAH_H}{Q_H} \left(1 - \sqrt{1 - \frac{H}{H_H}} \right) \tag{3-16}$$

若泵的压头仅等于海水压力 $H_H = H$ 时,则舱内排水时间为

$$T = \frac{2kAH}{Q_H} \tag{3-17}$$

即排水时间等于水通过面积 F 的排水管路自由流出时舱室疏水的时间。此时,泵的作用仅在于克服海水压力,而水在舱内水位压力作用下通过管路自由排出舷外。

从求得的式(3-13),可以得出下述结论。

(1)舱中排水时间与 H_{CT} 和 H_1 值无关,即与水线下的排水孔布置无关。

(2)排水时间与系统管路阻力总系数 ξ_s 有密切关系。

因此,为了减少舱中水的排出时间,必须使系数 ξ_s 为最小值。为此,排水管路必须以最短路程引至舷外,以及取用局部阻力系数小的管路附件。

所求得的式(3-13)属于用一台泵排水。当舱内装置 m 台泵时,对每一台泵单独进行计算。此时,在一台泵上的工作面面积等于 $\frac{kA}{m}$。

实际上为了确定舱中水的排出时间,排水系统的计算广泛采用简单公式:

$$T = \frac{kV}{mQ_H} \tag{3-18}$$

式中 V ——浸水舱容积(m^3);

  k ——隔舱渗透系数 $k = 0.6 \sim 0.8$;

  m ——隔舱内泵数;

  Q_H ——泵流量(m^3/h)。

　　排水系统通常在舰船正常排水量时进行计算,不考虑舱内水排出时舰船吃水的改变。同时,泵的类型及其参数在大多数情况下,可以按需要预先确定。

　　进水隔舱的排水时间 T,根据《舰船建造规范》不应超过两小时。排水系统吸入管路和排出管路的直径,一般采用等于压力接管和吸入接管的直径,排出管路截面的最小面积根据式(3-14)计算如下:

$$F = \dfrac{Q_H}{3600\sqrt{\dfrac{2gH_H}{\xi_s}}} \qquad (3-19)$$

由此,排出管路截面的直径为

$$d = \sqrt{\dfrac{4F}{\pi}} \qquad (3-20)$$

第二节　移注系统

　　如上所述,舰船排水系统仅在主水密隔舱内设有吸入阀,由此可以将水直接排至舷外,在所有次要小的隔舱内,排水系统的布置是不可能的,因为这将使得系统更加复杂和笨重。

　　没有独立排水工具舱室的水是用移注系统排出,即移注到有排水工具的相邻舱室。有大量小隔舱的舰船艏艉两端,广泛采用移注系统。移注系统如图3-6所示,由移注阀(闸阀)1和移注管2组成。移注管保证将水从该区域内的某些隔舱中,移注到排水泵4的吸入阀。移注阀由小轴传动装置操纵。

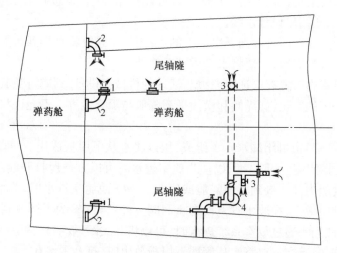

图 3-6　移注系统
1—闸阀;2—移注管;3—吸入阀;4—排水泵。

　　若要求水通过不灌注的舱室移注时,将用移注管。移注阀和管子尽量安装得低些,以保证舱中的水完全排出。最适宜采用移注闸阀作为移注附件。与普通闸阀的区别,移注闸阀仅有一个法兰,用以与隔壁连接,另一面没有法兰,以减轻重量。

　　移注系统的线路以及其分支和附件装备情况,首先取决于舰船种类和使用舱室数量。

　　当水通过移注闸阀自由流出时,舱室中水的流出时间按下式计算:

$$T = \frac{2kV}{3600F\sqrt{\dfrac{2gH}{H\xi_s}}} \tag{3-21}$$

式中　V ——进水舱容积(m^3);

　　　k ——隔舱渗透系数,$k=0.6\sim0.8$;

　　　F ——移注闸阀孔截面面积(m^2);

　　　H ——舱中水的初压头($\mathrm{mH_2O}$);

　　　ξ_s ——移注系统总阻力系数。

　　由此,移注闸阀(管子)的直径 d 为

$$d = \sqrt{\frac{8Vk}{3600\pi T\sqrt{\dfrac{2gH}{H\xi_s}}}} \tag{3-22}$$

第三节　放 水 系 统

一、放水系统的布置形式

　　由于干舷受到战斗损坏,或由于水密隔壁失去密闭性,以及灭火时,大量的水进入布置在甲板上的舱室内,通常都会急剧降低舰船的稳定性,为此,大量进入舰艇甲板上的水应该立即排至舷外。甲板或平台上面舱室中的水用放水系统放出。

　　布置在设计水线附近,甲板上的隔舱很有可能浸水,这种甲板在各舰船上(轻型舰艇除外),通常为下甲板,稍高出设计水线。

　　由于战斗或应急损坏而进入到下甲板上的水,用放水系统将水排到布置在下面的隔舱,或直接排到有排水工具的底舱,以便将水最后排至舷外。

　　如果下面的舱室内布置有保证舰船战斗活动的机械和设备,则应避免其进水,水应该尽可能从下甲板流到密闭的空舱,如纵倾和横倾平衡隔舱与隔离舱等。不允许将水放入机舱、锅炉舱和发电站。

　　放水系统(图3-7)由可闭漏水孔 1 组成,用以将水从下甲板放出。可闭漏水孔由传动杆 2 操纵,传动杆引到离甲板一定高度,以便当舱室进水时可以方便地打开漏水孔。放水管 3 将漏水孔下端通过舰船内部连接到下面隔舱或底舱。当下面舱室进水时,为了避免水通过放水系统从下面进入到甲板上,在放水管上设有止回阀——舌阀 4。为了同一目的,漏水孔的结构做成可闭式的,以便当水通过放水系统进入时,可以将其关闭,舰船日常活动期间,放水漏水孔经常处于关闭状态,只有在需要将水从舰船下甲板放出时,打开漏水孔。

　　用放水系统同样可以使水从平台和中间甲板处的舱中流出来。放水系统特别是在舰船艏艉两端处的舱室中广泛采用。这些舱室在大多数情况下,用作纵倾平衡隔舱,其疏水和浸水通常是通过直接安装在这些隔舱甲板上的放水阀进行。

　　放水阀(图3-8)由阀体 1 做成,阀体里面装有阀盘 2 和橡皮或金属密封装置 3,由操纵部位的阀门传动标旋转螺旋阀杆,可打开和关闭盘形阀。阀用法兰 4 固定到甲板铺板上,上面遮上网 5,以防止损坏和阻塞。

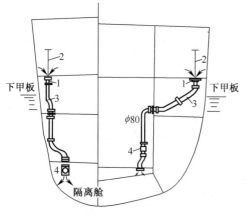

图 3-7　放水系统
1—漏水孔;2—传动杆;
3—放水管;4—舌阀。

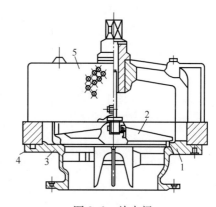

图 3-8　放水阀
1—阀体;2—阀盘;
3—金属密封装置;4—法兰;5—网。

放水阀的直径按下式计算:

$$d = \sqrt{\frac{8kV}{3600\pi T\sqrt{\dfrac{2gH}{H\xi_s}}}} \tag{3-23}$$

式中　T——舱内放水时间(h);

　　　　kV——浸水舱计算容积(m^3);

　　　　H——舱内水位高度(m)。

二、实例

舰船排水系统一般均按独立分段原则设计,排水系统设计成独立线路,主要用于舰船上用排水喷射泵作为排水工具的场合。由于排水喷射泵流量限制在300m^3/h 以内,因而这种排水系统的独立线路只能用在巡洋舰以下的轻型舰艇上,采用排水喷射泵的突出优点是简易可靠。只要具有一定压力的水,采用排水喷射泵是有效的。在巡洋舰以上大型舰船上,排水系统以电动排水泵为主,或以排水泵和喷射混合形式,因为电动泵具有较大的流量,能产生较大的压力和有较大的吸入高度。

图 3-9 所示为某护卫舰上的排水系统,按独立线路设计,此系统采用水喷射泵作为排水工具,共设置了 3 台100m^3/h 的排水喷射泵,分别布置在前辅机舱、机舱和后辅机舱。线路上每一个排水喷射泵仅供一个主横隔壁之间的隔舱使用,即只排除本隔舱中的水,通过小轴传动装置开启截止阀 1 和截止止回阀 2 后,喷射泵即开始工作。在机舱内,柴油机冷却水泵在必要时,可作为应急排水泵。此外,在舰船上甲板还布置安装 2 台 40t/h 移动式潜水泵和一台移动式汽油泵,在舰船破损时作应急排水使用。

图 3-10 为某驱逐舰的排水系统。它的布置也是按独立线路设计,也同样采用排水喷射泵作为排水工具。它在机舱设置了一台 200t/h 的排水喷射泵,在通过小轴传动装置开启截止阀 1 和截止止回阀 2 后,喷射泵即开始工作。在辅机舱设置了一台 100t/h 喷射泵,在通过小轴传动装置开启截止阀 3 和截止止回阀 4 后,喷射泵即开始工作。在主机舱内除 200t/h 喷射泵外,还可通过透平循环泵旁通吸入头作为应急排水用。除此之外还可通过布置在上甲板的

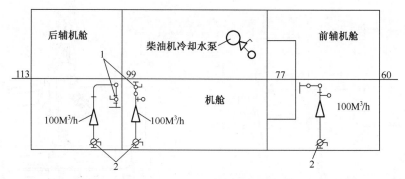

图 3-9 某护卫舰上的排水系统

1—截止阀；2—截止止回阀。

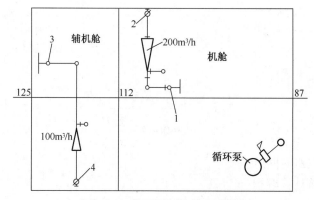

图 3-10 某驱逐舰的排水系统

1,3—截止阀；2,4—截止止回阀。

移动式燃气轮机消防泵和 40t/h 移动式潜水泵作为应急排水用。

图 3-11 为某巡洋舰的排水系统，它的布置也为独立线路设计，它的机舱和辅机舱内各设置了一台 600t/h 电动排水泵和一台 200t/h 的排水喷射泵。该系统所有阀件均采用液压操纵，小轴传动装置作为备用。采用液压操纵的优点是迅速、安全、可靠，能在最短的时间内，借液压操纵的遥控开关，开启各阀。在图 3-6 中当通过液压开关或小轴传动装置开启截止阀 1 和截止止回阀 2、3 后，喷射泵和电动泵即开始工作。除此之外，该系统还可通过布置在上甲板上的移动式燃气轮机消防泵和 40t/h 潜水泵作为应急排水用。

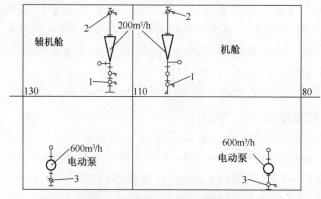

图 3-11 某巡洋舰的排水系统

1—截止阀；2,3—截止止回阀。

第四节　疏　水　系　统

一、疏水系统的用途

疏水系统是属于保证舰船正常运行的一类系统,与排水系统的区别仅在于它是用来排除舰船舱底少量积水的。

舰船在正常运行时,疏水系统有如下用途。

(1)排除机舱、锅炉舱和辅机舱的舱底积水。舱底积水的来源为机械设备的泄水、管路的漏泄、冲洗用水和经过船体不严密处渗水,以及从各种船体开口流入的雨水等。由于这些水流最终都将汇集于舱底,故统称为"舱底水"。当舱底水积存过多时,会影响机械装置的正常运行,甚至会影响舰船的稳性,危及航行安全。机舱或锅炉舱的舱底水积存太多可能会引起燃油火灾,因此必须定期把舱底水排除,以保持舱底干燥。

(2)排除各种没有专门用途的底部隔舱的积存水,以及锚链舱、球鼻首声纳舱、电罗经计程仪舱、轴隧、舵机舱的舱底疏水。

(3)纵倾和横倾平衡舱的疏水。

二、疏水系统原理线路图

在各种类型舰船上均设有疏水系统,由于疏水系统属于日常系统,因此其设计主要是满足于使用要求。疏水系统应能使全船从艏至艉的每一个隔舱和舱室均可以疏水,并应避免经过疏水吸口使隔舱和舱室进水。

疏水系统除了完成直接功能外,特别在小型舰船上还用作提高生命力的辅助工具。因而在很多类型的舰船上,疏水系统按独立分段原理设计,以提高舰船的抗沉性。在独立分段范围内,疏水系统可以按单线、分组或独立线路敷设。

图3-12所示是驱逐舰某隔舱的疏水系统线路图。它是按分组线路设计的。采用压头为$8mH_2O$时,排量为$30m^3/h$的水喷射泵1作为疏水工具。每一个水喷射泵用吸入接管2和截止止回阀3与吸入滤网4连接,通过集水阱格子板5吸入舱底水。来自水喷射泵的排水接管6和止回阀7与在水线以上舷边孔8连接。水喷射泵的工作水从消防系统总管通过起动阀9进入。冬季为了吹洗和加热,将来自日用蒸汽系统的蒸汽通过阀10加热舷边孔。在所有情况下,疏水系统的喷射泵和阀均就地操纵。

按分组线路设计的疏水系统,在舰船建造中是较广泛采用的。因为基本能满足对疏水系统所提出的全部要求。常用的疏水喷射泵排量为$10\sim30m^3/h$。由主横隔壁隔开的每一个隔舱通常均有疏水喷射泵,供本隔舱范围内的各舱室使用。整个舰船的疏水系统,是每一个隔舱内的疏水系统分组线路的总和。

由于机舱和辅机舱的舱底水含有大量油污,为了防止港口和近岸海域的污染,在机舱和辅机舱内装有油污水处理装置。舱底水先经过油污水处理装置分离污油后再行排出。图3-13所示为机舱及辅机舱的疏水系统线路图。这种设有油污水处理装置的疏水系统已广泛采用于现代新型舰船中。

图3-14所示是驱逐舰的疏水系统线路图,是按单线线路设计的。疏水总管1从艏到艉沿整条船敷设。三台自吸式电动离心泵2与总管接通。每台自吸式电动离心泵的排量为

$30m^3/h$,压出压头为 $15mH_2O$。

全部疏水系统用两个隔离闸阀 3 分成三个独立分段。隔离闸阀安装在独立分段的分界处,并总是处于关闭状态。在这些独立分段范围内,泵仅供本范围内舱室使用,但是当隔离闸阀打开时,也可供相邻独立分段使用。

泵通过泥箱 4 和截止阀 5 与总管接通。来自泵的排出接管上安装闸阀 6 和止回阀 11。舱底水从吸入滤网 7、集水阱吸入口 8 吸入,通过总管经吸入接管 9 由泵排出。在吸入接管上安装截止止回阀 10。在舰船艏艉两端的舱室和隔舱通过吸入阀箱 12 进行疏水。没有疏水设备的舱室,可通过可拆软管与胶管接头截止阀 13 连接后进行舱室疏水。

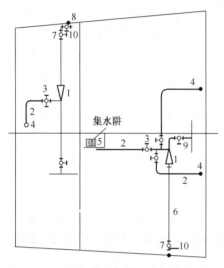

图 3-12　驱逐舰某隔舱的疏水系统线路图

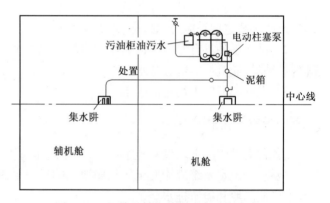

图 3-13　机舱及辅机舱的疏水系统线路图

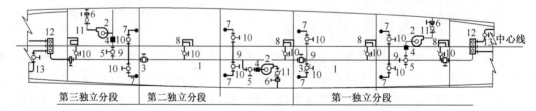

图 3-14　驱逐舰的疏水系统线路图

1—总管,2—离心泵;3,6—闸阀,4—泥箱;5,13—截止阀;
7—吸入滤网,8—吸口,9—吸入管;10—截止止回阀;11—止回阀;12—阀箱。

按单线线路设计的疏水系统,舰船上的疏水泵数量最少。因而在建造方面以及使用方面是比较经济的。单线线路疏水系统广泛采用在小型舰船和商船上。但是单线疏水系统也有其缺点,如系统管路较长,分支较多,这样使得克服系统管路阻力的损耗压头过大,往往会造成离心式疏水泵工作中断。由于系统是从艏到艉沿整条船敷设的,使得系统的操纵比较复杂。

三、疏水系统组成元件

各种舰船的疏水系统包括下列组成元件:疏水工具、油污水处理装置、疏水总管管路、吸入接管和排出接管以及系统附件。

1. 疏水工具

舰船上采用疏水喷射泵、电动往复和自吸式电动离心泵作为疏水工具。

1）疏水喷射泵

疏水喷射泵由喷嘴、混合室和扩压管三部分组成，它是用高压水作为动力的。从水消防系统中来的高压工作水，经过喷嘴后，以高速喷入混合室并与其中的空气发生动量交换，然后随之一同排出，从而使混合室中产生一定的真空进行吸水，经过混合以后，再进入扩压管中，速度逐渐下降，把部分速度能转变为压力能，以使水泵建立一相应的排出压头达到疏水之目的。

由于疏水喷射泵具有其他类型水泵所不及的优越性，因此被广泛用作水面舰船疏水系统的疏水工具。疏水喷射泵在疏水系统任何情况下，均能连续工作，具有干吸能力，构造简单，无运动部件，不易损坏。但喷射泵的效率很低和工作时要求高压工作水，这是疏水喷射泵的缺点。

目前为了降低水消防系统总管压力，采用工作压力一般不超过 $10kgf/cm^2$ 就能有效工作的疏水喷射泵作为疏水工具。

2）电动往复泵

往复泵工作特点是效率高，吸入高度高，具有干吸能力，不论系统吸入管路中空气的吸入情况如何，均可不间断工作。这些都是往复泵比较重要的特性。但是电动往复泵的重量和尺寸较大。因此，目前在水面舰船上很少采用电动往复泵作为疏水工具。我国建造的远洋船舶中，常用 2DSL-25/3 或 2DSL-63/4 型电动往复泵作为机舱辅助疏水泵，往复泵参数见表3-3。

表3-3　往复泵参数

序号	型号	排量/(m³/h)	压头/mH₂O	吸高/m	外形尺寸 长×宽×高/mm	泵组重量/kg
1	2DSL-25/3	25	30	5.5	920×550×1500	780
2	2DSL-40/4	40	40	5.5	950×650×1480	1000
3	2DSL-63/4	63	40	5	950×650×1480	1000

3）自吸式电动离心泵

离心泵目前比较广泛地用来作为水面舰船的疏水工具。这种泵与往复泵相比较，具有重量轻、尺寸小、结构简单的优点。离心泵的主要缺点是效率比往复泵低（但比疏水喷射泵的效率要高得多）。舰船上泵的安装尽可能要低，即直接布置在双层底铺板上。

水面舰船要求排量和压头不大的疏水工具，因此舰船上通常采用单级离心疏水泵，如CZL型立式单级自吸式离心泵。这种泵只有一个工作叶轮。

实践证明，离心疏水泵对管路连接不紧密是极其灵敏的，通过管路不紧密处，空气吸入致使泵停止工作。另外，水环引水泵的吸高和排量均比较小，因此在开始吸入时，特别当管路有较多分支的单线线路时，将需较长的时间，电动离心泵各型号参数见表3-4。

表3-4　电动离心泵各型号参数

序号	型号	工况	排量/(m³/h)	压头/mH₂O	允许吸高/m
1	2CZL-6	单级	19.8	31	6
2	2.5CZL-4A	单级	25	65	5
3	3CZL-9	单级	45	31	6
4	6CBLG-7	串联	45	110	5
		并联	150	30	5

2. 疏水系统管路

系数线路设计不同，疏水系统管路的长度和分支也不同。显然，采用单线线路时，疏水总管管路的长度最长,从艏到艉沿整条船敷设。采用分组线路时,管路仅布置在供这组舱室使用的范围内,或某一隔舱范围内。采用独立线路时,疏水管路仅包括吸入接管和排出接管。

疏水总管管路以及吸入、排出接管管路均由紫铜管制成。管路采用法兰连接,管路垫片材料采用厚2~3mm的橡皮或黑纸柏。管路应当尽量敷设在双层底铺板上,并应避免在管中形成气垫。在管路最低处应安装泄放旋塞,以便系统油封时放水。

疏水系统的管径通常按母型舰船选取,各种舰船的疏水系统总管管径平均尺寸如下。

(1)大型舰船为100~150mm。

(2)驱逐舰为80~100mm。

(3)小型舰船为65~80mm。

3. 疏水系统的附件

疏水系统中的所有阀件、阀箱和吸入滤网均按标准选用。泥箱、集水阱和格子板均为疏水系统的专用附件。

来自各种疏水舱室的全部吸入接管,都是由截止止回阀或阀箱通过疏水总管与疏水工具连接。

四、疏水系统技术要求

疏水系统的设计,在于更完善地满足对系统所提出的技术要求。其要求可以归结为下列各项。

(1)疏水系统在舰船上可以用单线线路或分组线路和独立线路按独立分段原理设计,但是分组线路是疏水系统设计最好的线路。

(2)与排水系统和移注系统组合在一起的疏水系统,应保证舰船上各舱室的疏水。

(3)系统结构应该不会使被疏水的隔舱发生倒灌而进水,其吸入口的阀件应为止回阀。

(4)集水阱的数量及其安装位置,应该保证舰船向任何一舷横倾5°时以及舰船航行和停泊纵倾时底舱能疏水。

(5)集水阱的容积,对于大型舰船一般为300~400L,对于小型舰船一般为150~250L。驱逐舰上集水阱容积一般为250~300L。

(6)吸入滤网和格子板上孔的面积要比吸水管径的截面积大2.5倍,而孔径为10mm。

(7)疏水系统的管路由紫铜管制成,采用青铜附件。

五、疏水系统计算

系统计算范围包括安装在舰船上疏水工具数量的计算和管路流体计算。

1. 舰船上的疏水工具数量

安装在舰船上的疏水工具数量,首先与舰船种类有关,其次与疏水系统线路和疏水工具本身类型有关。

如采用疏水喷射泵作为疏水工具时,疏水系统通常按分组线路设计,喷射泵的数量则按下列条件确定:

(1)中间部分、机炉舱区域以及在每一个水密隔舱至少要有一个疏水喷射泵,为了缩短管路长度以及便于操纵,大型舰船上每一个水密隔舱可安装两个喷射泵。

(2)艏艉端的疏水系统线路分支较多,为使艏艉端所使用的喷射泵数量缩减到最少,应根据具体情况整个艏艉端喷射泵数量通常取一至二个。

疏水工具排量的确定是根据各种不同类型舰船而定的。如舰船上采用离心泵作为疏水工具,疏水系统无论按什么线路来设计,安装在舰船上的泵数都是相同的,离心泵数量按下述条件确定:

(1)中间部分、机炉舱区域在大多数情况下,各种舰船要安装一台泵,供由水密隔壁隔开的两个隔舱用。在个别情况下,特别在大型舰船上,可以在每一个水密隔舱安装一台泵。

(2)各种舰船的艏艉端各安装一台泵,供布置在该区域的各隔舱使用。

2. 疏水系统流体计算

疏水系统流体计算,在大多数情况下是验算性质,以便确定系统在最不良条件下工作时管路内的流体运动参数,如图 3-15 所示。

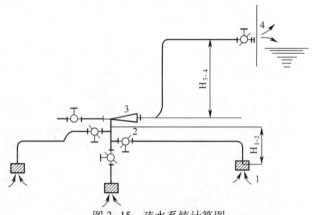

图 3-15　疏水系统计算图

1—吸入滤器;2—截止阀;3—喷射泵;4—排出阀。

分组线路疏水系统的计算方法,从图 3-16 中可以看出,当要从最远点 1 疏水时,系统是处

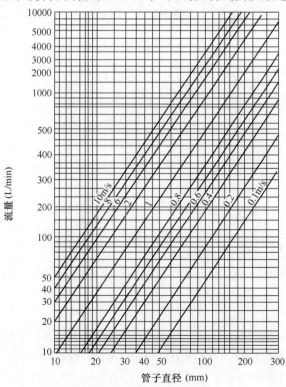

图 3-16　流量、速度、直径关系曲线

于最不利的条件下工作。下面即以从最远点 1 疏水时的情况,对系统管路流体进行计算。

摩擦损失。其值与管材有关,如图 3-17,图 3-18 所示。

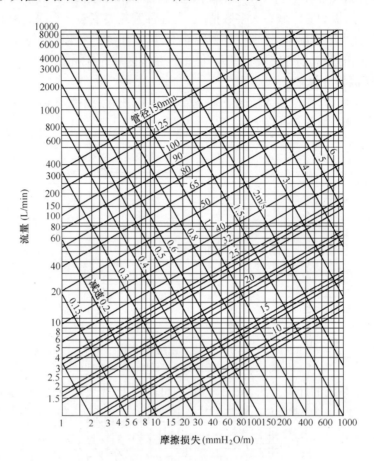

图 3-17　铜管摩擦损失计算图

确定管段 1-2 的流速为

$$V_{1-2} = \frac{4Q_p}{\pi d_{1-2}^2} \qquad (3-24)$$

管段 1-2 管路通径是预先规定的,而喷射泵的流量 Q_p 是按标准选定的。

点 2 的压头等于:

$$H_2 = \left(\lambda \frac{1}{d} + \Sigma \xi \right)_{1-2} \frac{V_{1-2}^2}{2g} + H_{1-2} \qquad (3-25)$$

式中　　H_{1-2} ——管段 1-2 的几何高度。

要使疏水系统正常运行,必须使喷射泵吸入高度 H_{px} 等于点 2 的压头或比点 2 的压头大,即

$$H_{px} \geqslant H_2 \qquad (3-26)$$

疏水喷射泵的吸入高度是比较小的,一般为 2~4mH₂O,因此为了改善疏水系统的工作,必须尽量使吸入管路的损耗减小以及减小管段 1-2 的几何高度。

确定管段 3-4 的流速为

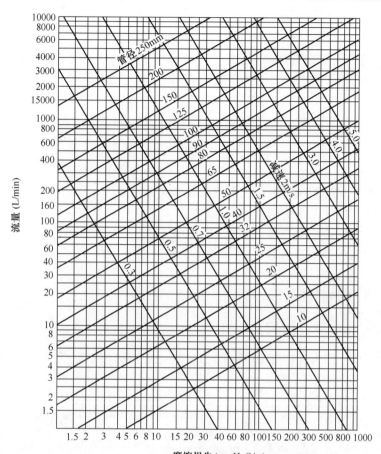

图 3-18 钢管摩擦损失计算图

$$V_{3-4} = \frac{4Q_{3-4}}{\pi d_{3-4}^2} \qquad (3-27)$$

式中 Q_{3-4} ——喷射泵排水接管的水量（m^3/s）$Q_{3-4}=Q_p+Q_{\text{工作水}}$；

$Q_{\text{工作水}}$ ——喷射泵的工作水耗量（m^3/s）。

点 3 的压头按下述公式计算：

$$H_3 = \left(\lambda \frac{1}{d} + \Sigma\xi\right)_{3-4} \frac{V_{3-4}^2}{2g} + H_{3-4} \qquad (3-28)$$

为了使喷射泵能将水排至舷外，必须使喷射泵排出压头大于或等于点 3 处压头，即

$$H_{py} \geq H_3 \qquad (3-29)$$

式中 H_{py} ——喷射泵排出压头（mH_2O）。

六、舱底管系的规范计算

（1）每一台舱底泵的排量，应按其内径由规范计算得到的舱底总管内排水速度不小于每秒 2m 计算，或按式（3-30）计算：

$$Q = 5.66d^2 \times 10^{-3} \qquad (3-30)$$

式中 d ——舱底总管内径（mm），按式（3-31）和式（3-32）计算；

Q ——泵的排量（m^3/h）。

每一台舱底泵的排量也可以按表 3-5 选取。

表 3-5　舱底水总管排量

舱底总管内径 d/mm	50	65	80	100	125	150	175	200
舱底泵排量 Q/(m³/h)	15	25	37	58	90	130	176	230

（2）舱底水总管和舱底水支管的内径,应不小于按下列各式计算值:

$$d_1 = 1.68\sqrt{L(B+H)} + 25 \tag{3-31}$$

$$d_2 = 2.15\sqrt{l(B+H)} + 25 \tag{3-32}$$

式中　d_1——舱底水总管及直通舱底泵的舱底水支管内径(mm);

　　　　d_2——分舱舱底水支管内径(mm);

　　　　B——船宽(m);

　　　　H——型深(m);

　　　　L——船长(m);

　　　　l——排水分舱的长度(m)。

七、水喷式喷射泵（CB633-67）

水喷式喷射泵可作为各种类型的舰船抽吸舱底水用的喷射泵,如图 3-19 所示。水喷式喷射泵主要性能见表 3-6。

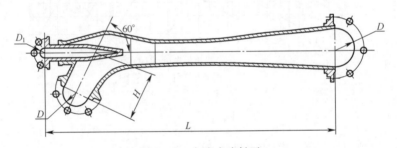

图 3-19　水喷式喷射泵

表 3-6　水喷式喷射泵主要性能

序　号	吸水量/(m³/h)	压头/mH₂O	吸高/m	工作水压力/(kgf/cm²)	工作水耗量/(m³/h)
1	10	8	3.5	14	5.5
		6	4	3	16
2	20	5	5	10	10.5
		6	4	5	14
3	30	8	4	10	18.5
		6	3	5	20
		5.5	3	3	40
4	50	5	2	12	17.5
		4	2	5	23
5	100	8	2	12	46
		6	2	7.5	47

（续）

序　号	吸水量/(m³/h)	压头/mH₂O	吸高/m	工作水压力 /(kgf/cm²)	工作水耗量 /(m³/h)
6	150	12	3.5	14	70
7	200	10	2	7	130
注:输送水温为 20~30℃,若水温增加,吸高有所降低					

标记示例:

吸水量 20m³/h 压头 5mH₂O 的水喷式喷射泵

喷射泵 PS20-5CB633-67(注:PS——喷射泵)

水喷式喷射泵主要尺寸见表3-7。

表 3-7　水喷式喷射泵主要尺寸　　　　　　　　　（mm）

型号	L	D	D₁	H
PS10-8	633	50	21	115
PS10-6				
PS20-5	800	70	362	128
PS20-6	800	70	32	128
PS30-8	805	70	32	127
PS30-6	805	70	32	127
PS30-5.5				
PS50-5	990	86	42	163
PS50-4	990	86	42	163
PS100-8	1290	125	50	200
PS100-6	1290	125	50	200

注:1. 上述水喷式喷射泵系铜材圆锥形薄壁结构;

2. 表3-7型号 1,3 中的工作水压力为 3kgf/cm² 的喷射泵供小型民用船舶用,其本体材料允许用铸铁;

3. 制成的喷射泵,以 3kgf/cm² 水压进行密封性试验

第五节　油污水处理装置

舰船油污水处理装置用来除去舰船的油性舱底水,使之符合规定的排放标准,以防止舰船对水域的油污梁。因此现今的舰船疏水系统中通常都装有油污水处理装置。机舱舱底水用的油水分离器是小型的,一般用得最多的是 0.5 ~2t/h 的油污水处理装置。

一、油污水处理装置的分类

目前使用的舰船油水分离器按其工作原理可以分成以下几种。

（1）重力分离(也称浮上分离),这是利用油和水的比重差,在一定时间内油(乳化油除外)能浮至污水表面而与水分离的一种方法。这是油污水物理处理最基本的方法。传统的油

水分离器其工作原理都是重力式的。

（2）聚合分离，这是在重力分离的基础上，使在一定时间内重力分离无法分离的细小油滴，在污水流过机械装置、斜板、波纹板、斜管或特制的聚合材料时，聚合成足以上浮分离的油滴而与水分离。

（3）过滤吸附，利用多孔性的过滤吸附材料，吸附油污水中的细小油滴。常用的过滤吸附材料有砂、焦炭、活性碳、各种高分子吸附剂或多孔性材料。一般是作为油污水的第二级或第三级处理。

（4）空气浮选，在油污水中通入空气，气泡成为油滴的聚合中心，依附于气泡上的油滴随气泡的上浮与水分离。

在上述各种油水分离法中，处理机舱舱底水的油水分离器，主要是采用利用比重差原理的重力分离法以及聚合分离法。

利用重力分离时，上浮速度根据油粒大小和比重而决定。油滴上浮速度取决于作用在油滴上的外力，即取决于油滴与同体积之水滴的重量差、油滴所受到的阻力、流动状态和液体的黏性。显然油滴在水中上浮速度越快，分离所需要的时间就越短，也即对同一设备它所能处理的含油污水量就越多。由此可见，为了提高油水分离器的性能必须采取种种措施，迅速有效地捕捉浮起的油滴。

现有的国外油水分离器，第一级利用平板原理的最多，其他还有利用滤器或兼用滤器和平行板的。下面介绍一种我国设计制造的采用金属网油滴聚合装置的 $0.5m^3/h$ 油污水处理装置。

$0.5m^3/h$ 油污水处理装置是一种组合式装置，如图 3-20 所示。设有共同基座，包括两个圆柱形筒体、一个电动柱塞泵及一个电气控制箱，其处理后的排出水含油量低于 10ppm，符合"IMO"关于近海排放标准（低于 15ppm），适用于各种远洋及内河航行的舰船。

二、油污水处理装置的工作原理

油水分离过程在两圆柱形筒体内进行，油污水从切向进入第一级粗分离筒筒体上部，产生旋流，依靠油和水之间比重差，使水中粗大油滴首先上浮与水分离，经粗分离后的水继续徐徐下降，进入具有特殊作用的金属网油滴聚合装置，使水中微细的油滴聚合成大油滴而与水分离。网状的油滴聚合装置是一个多孔性的圆柱筒，其内部有无数曲折细小的通径，油污水流过时，比聚合装置小孔直径大的油滴首先被截住而黏附于金属丝上，油滴一旦被捕捉，由于其黏度比水大而不易被水流带走。黏附住的首批油滴就成为更小油滴的聚合中心，为捕捉更小油滴打下基础。金属丝网所捕捉油滴的聚合过程是随着流程增加而不断加强的，随着油滴的不断聚合和被金属丝网所捕捉，在金属丝网上形成油膜，使金属丝网成为理想的亲油疏水的材料。微细的油滴被油膜捕捉形成粗大的油滴沿着金属丝向上浮，最后至端部逸出上浮。从第一个圆筒下部流出来的水进入第二个圆筒进行最后处理。第二级油滴聚合装置采用了比第一级更小目数的金属网，水自里外向外流，目的是要增强油滴聚合的能力，同时使聚合后油滴与水一起压出，再通过重力作用加以分离，经过两道的聚合处理，清水自第二级分离筒下部流出，出来的水含油量低于 10ppm。

装置自动排油，在分离筒内均装有上下两根电极式液位传讯器，当聚在分离筒上部的油层到达下电极时，电磁阀开启排油；当油水分界面上升到上电极时，电磁阀即关阀，排油停止。

考虑到大中型舰船的吃水较深，故第二级分离筒筒内压力保持在 $1.3kgf/cm^2$。

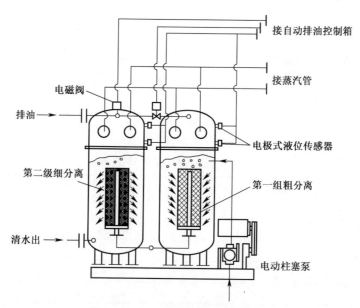

图 3-20　0.5m³/h 油污水处理装置

　　为了增加舱底水在分离筒内的分离效果,故在分离筒上部设有蒸汽加热盘管,舱底水在分离筒中宜加热至 40~60℃,因为当舱底水加热后,油与水的比重差加大,增加了油滴上浮速度,另外水的黏度也随着温度升高而降低,从而使油滴的上浮阻力减少。但是,加热温度也不应超过 70℃,否则油的黏度过分降低,易使在流动过程中的油滴被撞碎。

三、0.5m³/h 油污水处理装置的主要技术性能

　　0.5m³/h 油污水处理装置的主要技术性能如下:

　　处理能力:0.5m³/h

　　分离效果:低于 10ppm

　　使用泵:电动柱塞泵

　　排油方式:自动和手动

　　加热方式:蒸汽或电加热

　　工作压力:2kgf/cm²

　　出口压力:1.3kgf/cm²

　　进水管直径:25mm

　　出水管直径:25mm

　　抽油管直径:25mm

四、舱底水油水分离柜(分离器)估算

　　为减少排放污染,在一些船上均安装有舱底水油水分离器。机舱内的舱底水经分离后,其含油量浓度不大于 10~100ppm。

　　容量的确定:

（1）1000 总吨(Gt)以下的船舶：

$$W = 0.00044 \times Gt$$

（2）1000~4000 总吨的船舶：

$$W = 0.4 + 0.00004 \times Gt$$

（3）4000 总吨以上的船舶：

$$W = 2t/h$$

油水分离器参考数据见表3-8。

表3-8   油水分离器参考数据

船舶总吨位/Gt	油水分离器容量/(m³/h)	舱底水泵能量/(m³/h)	舱底水油储存舱/m³
<500	0.2	0.2	0.5
500~1000	0.5	0.5	1
1000~3000	1	1	3
3000~5000	2	2	5
5000~20000	3	3	6
20000~50000	5	5	10

注：1. 油水分离器内压力为 2~3kgf/cm²；

2. 机舱舱底水量,通常在 1~10m³/d 范围内；

3. 从舱底水中分出的油量,平均为 30L/d；

4. 在公海,允许为 100ppm,排出距率为 60L/n mile,在 12n mile 以内的沿海区域允许为 15ppm；

5. 机舱舱底水的含油浓度,实测为 100~50000ppm

第四章　生活水系统

第一节　饮水系统

饮水系统是保证供应船员所需的饮用和炊事用淡水。船上饮用淡水应符合卫生要求。饮用水应符合卫生部和建筑工业部颁发的生活饮水标准 TJ 20—76。为了防止饮水污染,饮水系统不准与其他系统连接。此外,对饮水系统的使用应严格遵照规定的使用要求和卫生要求,以保护舰上饮水免受污染和变质。

饮水系统用来将饮水接收到船上和贮存在饮水舱内,并将水输送给下列各用水处:厨房、配膳室、烧水壶、冷饮水器以及各取水器。

饮水系统包括淡水舱、日用总管、吸入管路、饮水泵、压力水柜和各取水器。船上的饮水来源于:①水舱贮存的岸供淡水,但一般不超过 7 天,因水长期存放会变质;②海水淡化装置制取的饮用淡水,以满足远航和应急情况下补充淡水。船上饮水通常贮存在两个或两个以上的淡水舱内。这样,当一个水舱受损时舰艇不会失去全部饮水储备量。此外,在清洗或修理一个淡水舱时,水仍可以从另外的淡水舱取用。

饮水系统按全舰原理设计,即同时供给舰上全部用水设备使用和在一个泵站操纵。小型舰艇上通常设置一个泵站,布置在舰艇中部或在某一个淡水舱区域内。大型舰艇上饮水耗量大,故设置两个泵站,通常布置在淡水舱区域内。日用总管沿全舰某一个中间甲板敷设。

图 4-1 所示为饮水系统原理图,它适用于舰队驱逐舰。饮水存放在两个淡水舱 1 和 2 内。电动泵 3 和 4 或手动泵 5 和 6 吸取水舱内的淡水,并将水输送到压力水柜 7 内。饮水在 $1.5 \sim 3.0 \mathrm{kgf/cm^2}$ (对于小型舰艇)和 $2.5 \sim 5.0 \mathrm{kgf/cm^2}$ (对于大型舰艇)的压力下输送到沿全舰从艏到艉敷设的日用总管 8。水泵的出水管应连接成可将水同时输送到总管和压力水柜,而当泵停车时截止止回阀 9 能防止水反向流至水舱。当用水量较小时,由压力水柜内的空气垫保持日用总管的压力,而水泵定期给压力水柜注水。水泵由安装在压力水柜上的压力继电器 10 自动起动和停车。当用水量很大时,电动泵可与压力水柜并联工作一起向日用总管输水。水舱的通气管 11 被引到内部甲板上。为了防止饮水被毒剂和放射性战剂污染,水舱通气能按警报转接到防毒器 12。通气管兼作测量管。测量标尺用挂链悬挂在甲板套筒 13 的盖上,以便测量水舱内的水位。水舱内的饮用水用软管从上甲板或首楼甲板通过可移式滤器 14 和注入管 15 注入。当停靠码头时,饮水从岸上通过 T 形三通旋塞 16 直接输送到日用总管。此时,三通旋塞应处于使注水管关闭和接通日用总管的位置。淡水可用氯气消毒水箱 17 进行氯化处理。当舰船远航时,淡水可由海水淡化装置补充。造好的淡水沿管路 18 输送到一个淡水舱内。饮用水从日用总管沿支管输送到医疗救护站 19、厨房 20、烧水壶、冷饮水器和冷水给水龙头 22。

图 4-1 所示饮水系统图是一种典型图,适用于各种舰船。大型舰船上的饮水系统与上述系统的区别,仅是系统设备的能量大小。大型舰船上的饮水贮存量很大,因此在这些舰船上通常设有两个泵站。

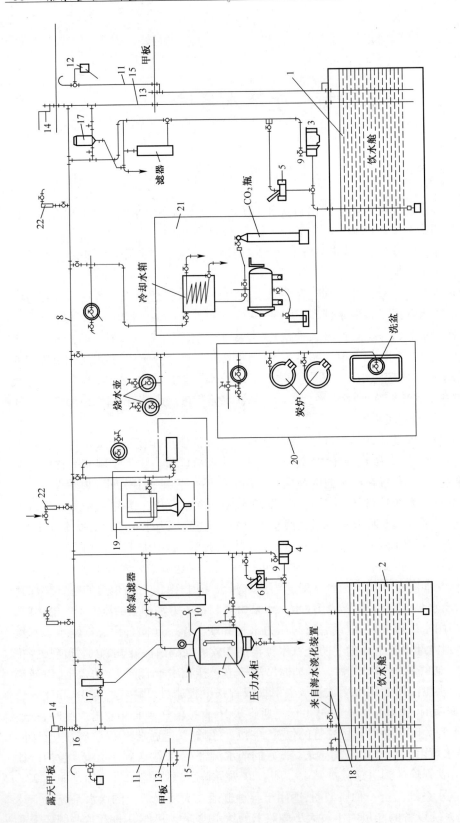

图 4-1　饮水系统原理图

1,2—淡水舱;3,4—电动泵;5,6—手动泵;7—压力柜;8—日用总管;9—截止回阀;

10—压力继电器;11—通气管;12—防毒塞;13—甲板套筒;14—可移式滤器;15—注入管;

16—T 形三通旋塞;17—滤器消毒水箱;18—管路;19—医疗救护站;20—厨房;21—冷饮水器;22—给水龙头。

饮水舱是一个密封隔舱,应布置在设计水线下。为了防止饮水污染,水舱不应该与燃油舱、滑油舱以及污水舱相邻接。为了不使水受热变质,不允许将水舱布置在热源附近。为了防止锈蚀和水变质,水舱的内壁涂水泥或专用涂层,涂层对饮水质量应无害。

饮水储备量根据每人每昼夜的饮水消耗定额、编制人数和自给力按下述公式确定:

$$Q = mq_0 T \frac{1}{1000} \tag{4-1}$$

式中　　m ——舰上编制人数;

　　　　T ——自给力(d);

　　　　q_0 ——每人每昼夜饮水消耗定额,取 10L/d。

日用总管和支管均采用镀锌水气钢管,管路连接件用镀锌套筒接头和螺纹管接头,日用总管管子直径为 50mm 左右,支管直径为 13~38mm,附件为青铜或黄铜的。

第二节　洗涤水系统

洗涤水系统用来将洗涤用淡水输送到士兵和军官的洗脸盆以及厨房、洗衣房和各处的洗涤槽。

洗涤水系统由洗涤水舱、管道、水泵、压力水柜和各种配水器组成。

洗涤水系统按全舰原理设计,总管按单线设计沿全舰从艏到艉敷设。

图 4-2 所示为设置一个泵站的洗涤水系统原理图。洗涤用淡水存放在洗涤水舱 1 内。来自岸上的淡水用软管通过可移式滤器 2 沿注水管 3 注入水舱内。通气管 4 从水舱引到中间甲板。通气管兼作测量管。舰上洗涤水舱的数量取决于洗涤水总储备量。小型舰艇上一般设置一个洗涤水舱。而在大型舰船上设有两个水舱,其中一个布置在艏部,另一个布置在艉部。

电动泵 5 或手动泵 6 吸取水舱内的水,并将水输送到压力水柜 7。洗涤水在压力作用下,从压力水柜输送到日用总管 8,再由支管输送到各用水设备处。

装有水泵、压力水柜等设备的舱室移为泵站。一般均把泵站布置在洗涤水舱附近的隔舱内。在大型舰船上一般设置两个泵站,当靠码头时,岸供淡水用吸入软管通过 T 形三通旋塞 13 直接输送到日用总管。当舰船远航时,可将锅炉水供洗涤用。为此,用可拆软管 9 与锅炉水输送管路连接。为了节约洗涤水,从总管到所有用水设备的支管上安装截止阀 10。截止阀装在专用锁箱内,这样能对用水进行限制。此外,当舰艇长期在海上航行或洗涤水不足时,规定可用可拆软管 11 与海水系统支管 12 接通,而将海水输送到浴室、士兵洗脸盆和洗衣房。这种连接方式可保证海水不进入洗涤水系统总管和水舱内。

为了节约洗涤水,通常在士兵洗脸盆附近安装备用水箱。水箱中的水按需要定期供给。

洗涤用热水可分散或集中加热。分散加热时,各莲蓬头和洗脸盆处设置单独的水加热器。常用的单独的水加热器有盘管型和直接混合型两种。

图 4-3 所示为莲蓬头水加热器系统图。图中(a)为蒸汽盘管型水加热器,(b)为蒸汽-水直接混合型加热器。

图 4-3(a)中冷水通过水加热器加热,热水和冷水通过混合器进入莲蓬头。混合器可更精确地调节水温。

图 4-3(b)中所示为蒸汽-水直接混合型加热器。蒸汽来自日用蒸汽管路,冷水来自洗涤水系统。这种直接混合的加热器重量轻、尺寸小,并能保证安全使用。

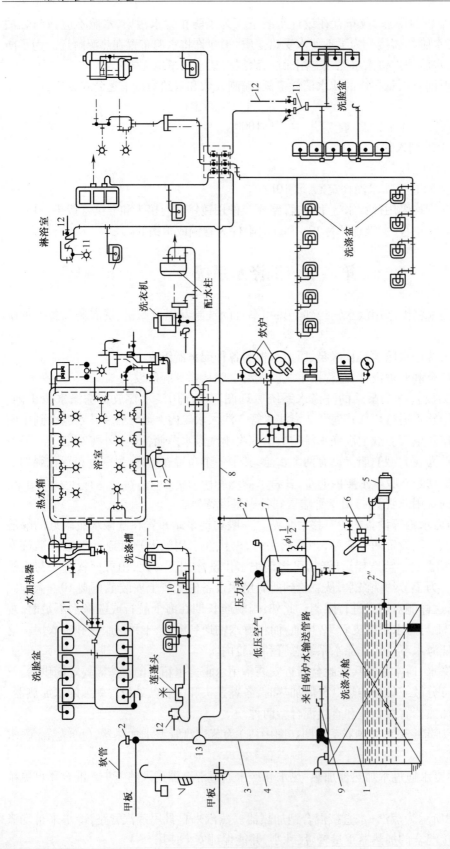

图 4-2 洗涤水系统原理图

1—洗涤水舱；2—滤器；3—软管；4—通气管；5—电动泵；6—手动泵；7—压力水柜；
8—日用总管；9—可拆软管；10—截止阀；11—可拆软管；12—海水系统支管。

对于热水用量大的士兵浴室和盥洗室,用集中加热方法供应热水(图4-4)。

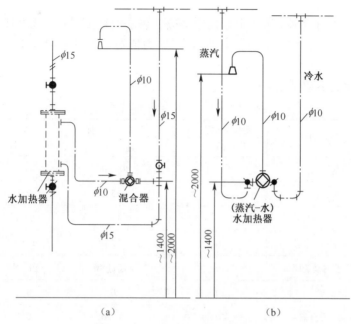

图 4-3　莲蓬头水加热器系统图

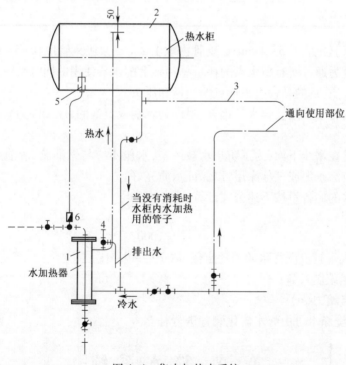

图 4-4　集中加热水系统

1—加热器;2—热水柜;3—管路;4—安全阀;5—温度传感器;6—调节阀。

冷水通过蒸汽加热器 1 进行加热后被输送到热水柜 2,再沿管路 3 输送到各用水设备。为了正常加热,这种线路的水加热器应布置在热水柜下面。安全阀 4 用来防止水柜内压力大于工作压力。由温度调节器保持水柜内水的加热温度为 $60 \sim 65 ℃$。温度调节器由温度传感器 5 和调节阀 6 组成。

大型舰船的洗涤用热水均采用全船集中供应。热水柜直接用蒸汽或电加热。

由压力水柜保持洗涤水日用总管内的压力，压力值对于小型舰船取 $1.5 \sim 3 kgf/cm^2$，对于大型舰船取 $2.5 \sim 5 kgf/cm^2$。

洗涤水系统相关参数见表 4-1。

表 4-1　洗涤水系统相关参数

序号	附件或管路名称	附件公称直径 /mm	供水管路公称 直径/mm	耗水量 /(L/s)	同时系数
1	日用总管	$40 \sim 70$	$40 \sim 70$	—	—
2	洗涤盆旋塞	15	15	0.2	0.8
3	洗脸盆旋转式旋塞	15	15	0.07	0.6
4	洗脸盆旋塞-混合器	10	10	0.06	0.6
5	士兵洗脸盆上的自动关闭旋塞	10	不超过40	0.05	0.6
6	浴池旋塞	20	20	0.3	0.6
7	浴室旋塞-混合器	20	$15 \sim 20$	0.3	0.5
8	淋浴器	$10 \sim 20$	$10 \sim 20$	0.13	1.0
9	泄水旋塞	20	20	0.10	0.3

总管内水计算流速取 $1.5 \sim 2.5 m/s$，支管内取 $1.2 m/s$，泵吸入管取 $0.75 \sim 1.5 m/s$。日用总管内的最大耗水量为通过所有配水点的耗量总和乘上配水器使用的同时系数。洗涤水系统的流体计算属验算性质，目的是检查最远点的耗量和压头。

洗涤水系统的管子采用镀锌水气钢管，附件为青铜或黄铜的，连接件为套筒接头或螺纹管接头。

洗涤水舱布置在水线下面，为了防止水被污染，水舱不应与燃油舱、滑油舱以及污水舱相邻接。水舱内壁应涂水泥或其他涂层，以保证水质完好。

舰艇上洗涤水的储备量按下述公式计算：

$$Q = mq_1 T \frac{1}{1000} \tag{4-2}$$

式中　q_1——每人每昼夜洗涤水的消耗定额，取 $20 \sim 50 L/d$；

　　　m——舰船编制人数；

　　　T——舰自给力(d)。

舰船远航时，洗涤水可由海水淡化装置进行补充。

第三节　淡　水　系　统

为了减轻重量，小型舰艇(护卫舰、扫雷舰等)上的饮水系统和洗涤水系统经常合并为一个系统，称为淡水系统。图 4-5 所示为淡水系统原理图。舰艇上设有两个淡水舱 1 和 2，两舱间用吸水管 3 连接。电动泵 4 或手动泵 5 可从任一个水舱内吸水。

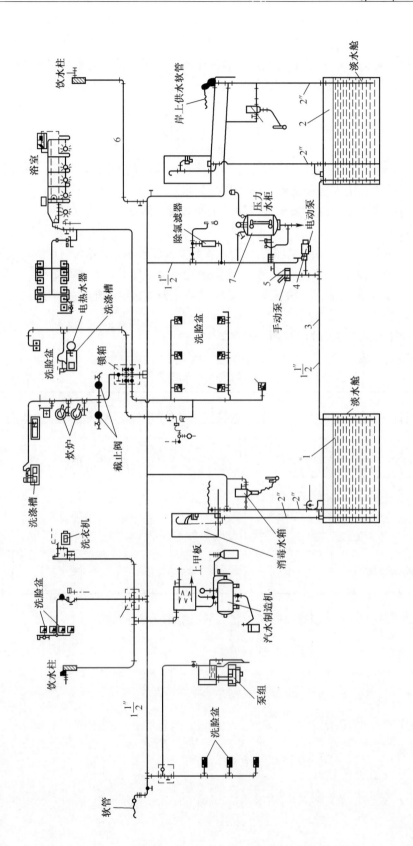

图 4-5　淡水系统原理图

1、2—淡水舱；3—吸水管；4—电动泵；5—手动泵；6—供水总管；7—压力水柜。

淡水系统按全舰原理设计。供水总管 6 按单线线路敷设。泵站的设备与前述两系统相似。来自总管的淡水进入 3 个配水锁箱,锁箱内设置截止阀,再由截止阀引出支管通往各淡水使用设备处。设置锁箱是为了限制淡水的使用以节约用水。本系统的设计应同时符合对饮水和洗涤水系统所提出的要求,还应注意不受污染。

第四节　海　水　系　统

海水系统的用途是输送海水,供冲洗便池,冷却仪器和机械以及其他用水设备。在特殊情况下,海水系统可作为浴室、洗衣房和洗脸盆的备用洗涤水。

海水系统按全舰原理设计。总管按单线线路沿全舰敷设。海水系统的水源由专用海水泵供给或来自水消防系统。

图 4-6 所示为护卫舰的海水系统原理图。电动泵 1 吸入舷外水,并将水输送到压力水柜 2。压力水柜内的海水在压力作用下进入总管 3,再输送到各用水处。此外,海水可经跨接管 4 从水消防系统输送到海水系统总管。跨接管上安装有截止阀 5、减压阀 6、安全阀 7 和旁通阀 8。

在大型舰艇上由于耗水量大,故设有两个泵站。

海水系统相关参数见表 4-2。

表 4-2　海水系统相关参数

序号	附件名称	附件公称直径/mm	供水管路公称直径/mm	耗水量/(L/s)	同时系数
1	小便池旋塞	15	15	0.03	1
2	长度为 1m 的冲洗槽式小便池的管子	20	20	0.05	1
3	厕所大便池的冲洗阀	25	25	1	0.5

海水管路采用紫铜管,连接件用螺纹接头或法兰连接,附件为青铜的。

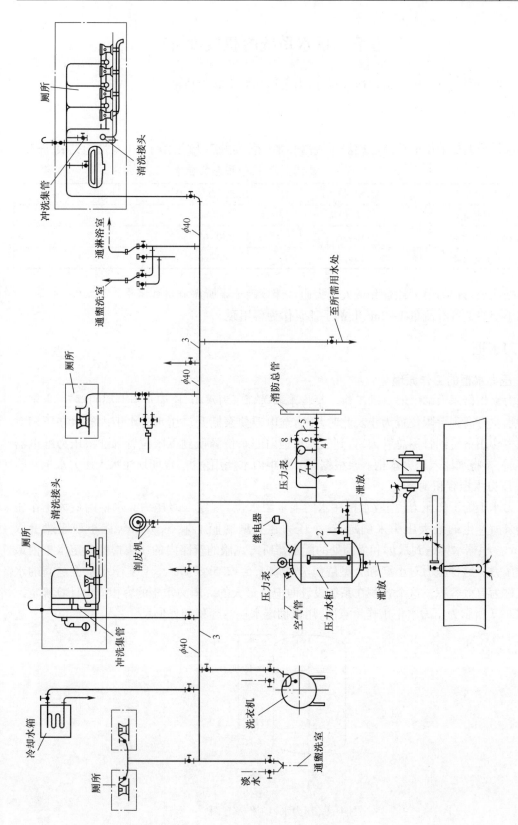

图 4-6　海水系统原理图

1—电动泵;2—压力水柜;3—总管;4—跨接管;5—截止阀;6—减压阀;7—安全阀;8—旁通阀。

第五节　供水系统的机械设备

供水系统的主要机械设备包括水泵、压力水柜和海水淡化装置等。

一、水泵

供水系统大都采用电动离心旋涡泵或离心泵。各类舰艇上应用的卫生泵性能见表4-3。

表4-3　各类舰艇上应用的卫生泵性能

系统和泵的名称	流量/(m³/h)	压出压力/mH₂O	吸入高度/m
饮水系统电动泵	6~10	30~60	5
洗涤水系统电动泵	10~25	40~60	5
海水系统电动泵	10~25	40~60	5

根据系统总管的最大耗量和最大压头通过计算确定泵所需流量和压头。

在小型船上备有流量$1 \sim 2 m^3/h$的手摇泵作为备用泵。

二、压力水柜

1. 压力水柜的工作原理

压力水柜借压力继电器自动工作。泵将水输送到压力水柜,压缩水柜上部的空气,直到水柜内的水位升高到上限位置为止。此时,压力继电器使泵断开。用水时水柜内的水在压缩空气的压力作用下流到日用总管内,直到压力水柜内的水位降低到下限位置,此时,压力继电器使泵接通,再将水注入压力水柜。泵根据压力水柜内水耗用情况,定期地注水入压力水柜。

2. 压力水柜容积确定

压力水柜的工作压力(相应水柜注水的上下限水位)规定二级压力。水柜的最大工作压力根据泵所产生的最大压头来确定,这个压力在大型舰船上取$5 kgf/cm^2$,在小型舰船上取$3 kgf/cm^2$。根据水输送到最远和最高处的配水器所需克服的管路内的压头损耗确定水柜内最小工作压力。这种压力对小型和大型舰艇分别取$1.5 \sim 2.5 kgf/cm^2$。上下注水水位之间的水柜容积称为有效容积。这个容积在系统设计时应是最大的。压力水柜的容积应由计算确定。

图4-7所示为压力水柜工作示意图,用以确定水柜的容积和外形尺寸。

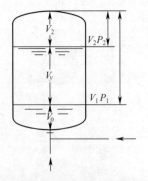

图4-7　压力水柜工作示意图

V_0—水柜开始注水时的水容积(m^3);V_y—水柜有效容积(m^3);V_2—上水位时水柜内空气容积(m^3);
V_1—下水位时水柜内空气容积(m^3);P_2—上水位时压缩空气的终压力(kgf/cm^2);P_1—下水位时压缩空气的初压力(kgf/cm^2)。

压力水柜的有效容积可根据舰艇上水的平均小时耗量按下述公式计算：

$$V_y = \frac{Q}{ni} \tag{4-3}$$

式中 Q ——舰艇上水的平均小时耗量（m³/h），$Q = \frac{q_0 m}{t}$；

　　　q_0 ——每人每昼夜的耗水量定额（m³/d）；

　　　m ——舰艇上的编制人数；

　　　t ——系统使用时间，在此时间内用完昼夜耗水量定额，取饮水系统 $t=8$h，洗涤水系统 $t=15$h；

　　　n ——同时工作的压力水柜数目；

　　　i ——1h 内压力水柜注水次数。

压力水柜内上水位上面空气空间的最后容积按下述方程式计算：
由于

$$V_2 P_2 = V_1 P_1 \tag{4-4}$$

将 $V_1 = V_y + V_2$ 代入式（4-4），则

$$V_2 = V_y \left(\frac{1}{\dfrac{P_2}{P_1} - 1} \right) = \mu V_y \tag{4-5}$$

式中

$$\mu = \frac{1}{\dfrac{P_2}{P_1} - 1} \tag{4-6}$$

最后空气垫的容积与系数 μ 成正比例。系数 μ 取决于比值 $\dfrac{P_2}{P_1}$。图 4-8 为 μ 与 $\dfrac{P_2}{P_1}$ 的变化曲线图。利用它可方便地求出的要求的最后空气垫的容积 V_2。

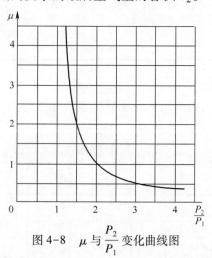

图 4-8 μ 与 $\dfrac{P_2}{P_1}$ 变化曲线图

从曲线图中可以看出，当比值 $\dfrac{P_2}{P_1} = 2$ 时，最后空气垫的容积和压力水柜尺寸最合适。$\dfrac{P_2}{P_1}$

值的减小会导致容积 V_2 和压力水柜的尺寸急增。$\dfrac{P_2}{P_1}$ 值从 2 到 3 范围内增大时,有可能减小空气垫容积 V_2,但这将使压力 P_2 升高。这种现象对供水系统是不允许的。在大多数情况下,比值 $\dfrac{P_2}{P_1}>3$ 是不适宜的。

为了在舰艇摇摆时不使空气进入供水管道中,在压力水柜的底部经常有一定数量的水。开始注水时的余水容积为 $0.125V_y$。

压力水柜总容积 V 为

$$V = V_0 + V_y + V_2$$

或

$$V = (1.125 + \mu)V_y = (1.125 + \mu)\frac{q_0 m}{nti} \tag{4-7}$$

当压力水柜直径已知时,按下式计算水柜的高度:

$$h = \frac{4V}{\pi D^2} \tag{4-8}$$

式中　D——压力水柜内径(m)。

当 $\dfrac{P_2}{P_1} = 2$ 时,$\mu = 1$,此时,压力水柜的容积为

$$V = 2.125V_y = 2.125\frac{q_0 m}{nti} \tag{4-9}$$

各种舰艇所采用的压力水柜容量见表 4-4。

表 4-4　各种舰艇所采用的压力水柜容量

舰种	压力水柜容量/m³	
	饮水系统	洗涤水系统
航空母舰	1.0~1.5	1.5~2.0
巡洋舰	0.5~0.8	0.8~1.0
舰队驱逐舰	0.3~0.5	0.5~0.8

3. 压力水柜(CB455-66)

(1) 压力水柜适用于生活用淡水系统和卫生水系统。

(2) 压力水柜如图 4-9 所示,其外形尺寸见表 4-5。

表 4-5　压力水柜外形尺寸　　　　　　　　　　　　(mm)

容积/m³	工作压力/(kgf/cm²)	A	B	D	d	H	重量/kg
0.3	4	740	675	600	40	1380	140
0.5	4	840	765	700	40	1650	200
1.0	4	1050	955	900	50	1950	280
1.5	4	1150	1055	1000	65	2200	350

标记示例:

容积为 0.3m³ 的压力水柜

压力水柜 0.3CB455-66

（3）压力水柜的本体和人孔盖材料用普通碳素钢。

（4）成套压力水柜应包括液位计、安全阀、空气截止阀、泄放阀、压力表和压力继电器等附件。安全阀应保证柜中最大压力不超过工作压力的 110%。压力表刻度盘上应在工作压力 4kgf/cm² 处标出红线。

（5）压力继电器动作范围为 2~4kgf/cm²。

（6）压力水柜应以二倍工作压力作液压强度试验。

三、蒸汽沸水器（CB424-77）

（1）蒸汽沸水器基本参数。

蒸汽沸水器主要性能见表 4-6。

表 4-6 蒸汽沸水器主要性能

容量/L	加热蒸汽压力/（kgf/cm²）	冷水煮沸时间/min	耗汽量/（kg/h）
25	3	12	25
50	3	12	50
100	3	15	80
200	3	15	160
300	3	20	220

（2）蒸汽沸水器的型式、基本尺寸。

蒸汽沸水器主要尺寸见表 4-7。

表 4-7 蒸汽沸水器主要尺寸 （mm）

容量/L	D	D_1	H	H_1	h_1	h_2	h_3	δ_1	δ_2	重量/kg
25	360	396	415	360	210	60	40	1	2	19
50	400	436	595	540	280	160	50	1	2	27
100	460	496	805	750	400	250	50	1.5	2	42
200	550	586	1055	1000	540	360	50	1.5	3	62
300	650	686	1155	1100	630	370	50	2	3	80

注：壳体、盖采用不锈钢材料时，厚度为 δ_1；壳体、盖采用铝质材料时，厚度为 δ_2

蒸汽沸水器如图 4-10 所示。图示是右式，左式与其对称。

蒸汽沸水器如图 4-10 所示。

标记示例：

容量 100L 的右式蒸汽沸水器

蒸汽沸水器 100Y CB424-77

容量 100L 的左式蒸汽沸水器

蒸汽沸水器 100Z CB424-77

（3）加热盘管应镀锡，镀层厚度不小于 20μm，镀层不允许剥落和气泡存在，锡的含砷量

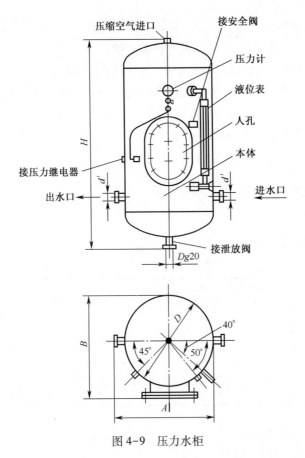

图 4-9 压力水柜

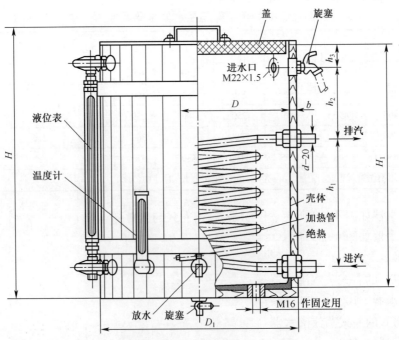

图 4-10 蒸汽沸水器

不超过 0.02%。

（4）加热盘管应以 $P_s = 4.5 \text{kgf/cm}^2$ 的液压进行强度试验,加热盘管装于壳体后应以 $P_m = 3.75 \text{kgf/cm}^2$ 液压进行密封性试验。

四、热水柜(CB456-66)

热水柜适用于生活用淡水系统中用蒸汽加热。

1. 热水柜的主要参数

热水柜的主要参数见表4-8。其外形尺寸见表4-9。

表 4-8　热水柜主要参数

容积/m³	进水温度　　15℃	
	出水温度　　65℃	
	蒸汽压力　　3kgf/cm²	
	被加热的水量/(kg/h)	蒸汽消耗量/(kg/h)
0.3	750	75
0.5	1200	120
1.0	3250	325

表 4-9　热水柜外形尺寸　　　　　　　(mm)

容量/m³	加热面/m²	工作压力/(kgf/cm²)	A	B	D	d	d₁	H	重量 kg
0.3	0.6	4	740	860	600	32	20	1420	170
0.5	1.0	4	840	960	700	40	25	1670	240
1.0	2.6	4	1040	1170	900	50	32	1970	345

热水柜如图4-11所示。

2. 热水柜的型式和基本尺寸

标记示例:

容积为 0.3m³ 的热水柜

热水柜 0.3CB 456-66

（1）热水柜应包括安全阀、自动温度调节器、泄放阀、温度计、压力表等附件。安全阀应能保证柜中最大压力不超过工作压力的110%。压力表刻度盘上应在工作压力为 4kgf/cm² 处标出红线。

（2）自动温度调节器工作范围为 60~70℃。

（3）热水柜应以二倍工作压力做液压强度试验。

（4）热水柜经液压试验合格后,其外表面涂红丹底漆和油漆,其内表面镀锡,并在安装于船上后,其外表敷设超细玻璃棉,外裹 $\delta = 0.7 \text{mm}$ 的白铁皮一层。

五、海水淡化装置(CB841-76)

本海水淡化装置以柴油机缸套水废热为热源,采用沸腾蒸馏法,将海水转化为淡水。

1. 海水淡化装置的基本参数

海水淡化装置基本参数见表4-10。

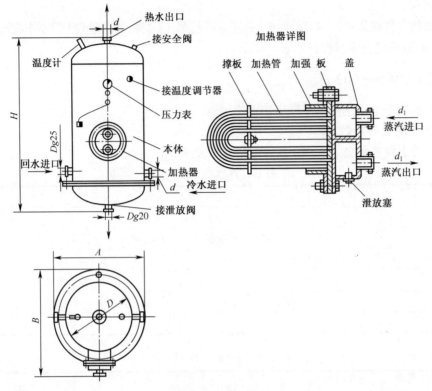

图 4-11 热水柜

表 4-10 基本参数

型号	淡水		加热水		冷却水		给水		蒸发温度 /℃	电源
	产量 /(t/d)	含盐度 /(mg/L)	水量 /(t/h)	温度 /℃	水量 /(t/h)	温度 /℃	水量 /(L/h)	含盐度 /(mg/L)		
ZFS1	1		4		4		167			直流:
ZFS2.5	2.5		10		10		418			110V
ZFS5	5		20	65	20		835		45	220Hz
ZFS10	10	10	40		40	30	1670	35000		交流:
ZFS15	15		75		82.5		2500			380V
ZFS20	20		100	55	110		3340		40	50Hz
ZFS30	30		150		165		5000			

注:Z—蒸馏淡化装置;F—沸腾蒸发;S—水加热

2. 海水淡化装置的配套设备

海水淡化装置的配套设备见表 4-11。

表 4-11 海水淡化装置的配套设备

型号		ZFS-1		ZFS-2.5		ZFS-5		ZFS-10	
系统		I	II	I	II	I	II	I	II
凝水泵	流量/(m³/h)	0.05		0.125		0.2		0.4	
	压头/mH₂O	15		15		15		15	

（续）

	型号	ZFS-1		ZFS-2.5		ZFS-5		ZFS-10	
	系统	I	II	I	II	I	II	I	II
凝水泵	转数/(r/min)	2900		2900		2900		2900	
	电机功率/kW	0.4		0.4		0.8		0.8	
	水泵型号								
海水泵	流量/(m³/h)	3	3~6	3~6	10	10	20	20	50
	压头/mH$_2$O	40	58~23	58~23	35	35	35	35	35
	转数/(r/min)	2900	1490	1490	2900	2900	2900	2900	2900
	电机功率/kW	2.2	3	3	4	4	5	5	10
	水泵型号								
射水抽气器	工作水量/(m³/h)	2		3		5		10	
	工作水压头/mH$_2$O	≥35							
	抽气量/(kg/h)	≈0.02		≈0.04		≈0.075		≈0.15	
	排水压头/mH$_2$O	8							
射水抽水器	工作水量/(m³/h)	0.25		0.628		1.26		2.5	
	工作水压头/mH$_2$O	≥35							
	抽气量/(kg/h)	125		314		628		1.256	
	排水压头/mH$_2$O	8							
	盐度计型号	DD100C							
	流量计型号	LZB-15		LZB-25		LZB-40		LZB-40	

	型号	ZFS-15	ZFS-20	ZFS-30
	系统	I	I	I
凝水泵	流量/(m³/h)	1~2	1~2	1~2
	压头/mH$_2$O	25	25	25
	转数/(r/min)	2900	2900	2900
	电机功率/kW	1.1	1.1	1.1
	水泵型号	NDW1-30	NDW1-30	NDW2-30
海水泵	流量/(m³/h)	20	20	25
	压头/mH$_2$O	50	50	50
	转数/(r/min)	3000	3000	2900
	电机功率/kW	7.5	7.5	11.5
	水泵型号	2.5CBA-5P	2.5CBA-5P	2.5CLZ-4A
射水抽气器	工作水量/(m³/h)	8.25	11	16.5
	工作水压头/mH$_2$O	50		
	抽气量/(kg/h)	≈0.18	≈0.24	≈0.3
	排水压头/mH$_2$O	10		

（续）

型号		ZFS-15	ZFS-20	ZFS-30
系统		I	I	I
射水抽水器	工作水量/（m³/h）	3.75	5	7.5
	工作水压头/mH₂O	50		
	抽气量/（kg/h）	1875	2500	3750
	排水压头/mH₂O	10		
	盐度计型号	DD10C		
	流量计型号	LZB-50	LZB-50	LZB-80

海水淡化装置的主要尺寸见表 4-12。

表 4-12　海水淡化装置的主要尺寸

型号	蒸发器 面积/m²	蒸发器 管长/mm	冷凝器 面积/m²	冷凝器 管长/mm	加热水进出口/mm	冷却水进出口/mm	给水进口/mm	盐水出口/mm	空气出口/mm	蒸馏水出口/mm
ZFS1	1	430	0.8	600	25	25	15	20	20	20
ZFS2.5	2.5	640	2	675	40	40	20	20	20	25
ZFS5	5	830	4	920	65	65	25	25	25	32
ZFS10	18	1070	8	1050	80	80	25	25	25	40
ZFS15	18	6	21	1450	100	125	25	50	50	50
ZFS20	24	600	28	1700	125	150	25	50	50	50
ZFS30	36	600	42	1750	150	175	25	50	50	50

海水淡化装置系统图如图 4-12 和图 4-13 所示。

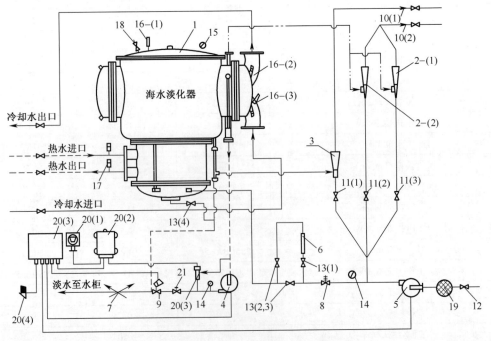

图 4-12　海水淡化装置系统图（Ⅰ）

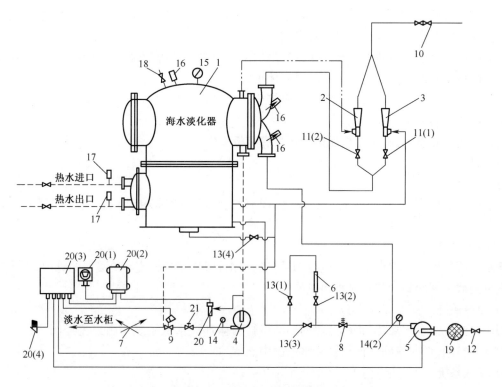

图 4-13　海水淡化装置系统图(Ⅱ)

1—海水淡化器;2,3—射水抽气器;4—凝水泵;5—高压海水泵;6—转子流量计;7—水表;
8—稳压止进阀;9—电磁气动阀;10—截止止回阀;11,12,13—直通截止阀;14—压力表;
15—真空表;16—温度表;17—温度表;18—真空调节阀;19—滤器;20—温度计及控制箱;21—负荷阀。

六、海水淡化装置简要说明

1. 原理

海水淡化装置利用柴油机缸套水废热为热源,通过蒸馏法将海水转化为淡水的设备,海水在其中经过蒸发,汽水分离和蒸汽冷凝等过程转化为淡水。

给水(海水)在蒸发器加热管内流动,加热水在加热管外流动与在管内流动的海水进行热交换,部分海水被加热达沸腾温度(38.5~40.5℃)而蒸发,其余部分形成浓缩盐水。蒸汽从管内逸出后经挡板使汽水初步分离进入上部不锈钢丝网分离器,在分离器中,蒸汽夹带的盐水滴进一步与蒸汽分开。净化之后的蒸汽进入冷凝器,在冷凝器内,蒸汽被流过管内的海水冷却凝结成水,凝水用凝水泵抽出。分离出来的盐水流下与浓缩盐水一起用射水抽水器抽除。

管路密封不严而漏入的空气及蒸汽中不凝结的气体用射水抽气器抽除。

其冷却水给水以及射水抽气器和射水抽水器的工作水均采用舷外海水,加热水为柴油机缸套循环水。

2. 结构

海水淡化装置主体有上、下壳体。冷凝器和汽水分离器布置在上壳体内,蒸发器布置在下壳体内。

上壳体中央的冷凝器壳体内设有凝汽管束,管子两端胀接于管板上,管、管板和壳体构成了不可拆卸的连接件、管板端与端盖及水箱端盖接合,盖内有隔板使冷却水在冷凝器内形成 4

次回流,盖上有放汽及泄水螺塞,水箱端盖上设有冷却水进出接管,冷凝器上方设有进汽口、空气抽除接管及凝水排出接管,上壳体下部设有盐水排出接管。

净化蒸汽的汽水分离器采用高效率低流阻的网状分离器,装在冷凝器两侧的构架上,作初分离用的挡板分离器则固定安装于冷凝器壳体下方。

下壳体为蒸发器,管束垂直安装,管子胀接于管板上。壳体设有加热水进出接管,内部设有隔板使加热水回流于管外。

上壳体连接支座,支座横座板连接凝水泵底座板。

3. 系统

1)给水系统

给水取自舷外海水,经通海阀、滤器、泵、调节阀、稳压止进阀和流量计进入底部的下端盖内。

2)冷却系统

冷凝器所使用的冷却水从柴油机冷却系统的海水管路中引来,流经冷凝器的管内,吸热提高温度再经截止阀回到冷却管路排出舷外。

3)加热系统

利用柴油机缸套水加热,将部分热的柴油机缸套循环淡水从系统中引出流经阀门进入蒸发器的管外空间,再回流到柴油机缸套水系统中。

4)排盐系统

盐水由壳体下部引出经止回阀和射水抽水器,与工作水一起排出舷外。

装置停止工作时,蒸发盘管内及下端盖的剩余积水(海水)也由本射水抽水器抽出。

不合格的蒸馏水通过电磁阀控制排入盐水接管后,也被射水抽水器抽出。

5)抽气系统

海水淡化器内的空气用射水抽气器抽除。空气从冷凝器经止回阀进入射水抽气器,通过其出口管排出舷外。

6)蒸馏水系统

在冷凝器中冷凝的淡水由蒸馏水泵抽出。在正常情况下,蒸馏水经弹簧负荷阀和蒸馏水流量计送至淡水柜。

淡水的含盐度由于某些原因(如汽水共腾现象)超出规定指标时,为不合格的淡水,此时经电磁阀、截止阀,流入射水抽水器的吸入管路内,由抽水器抽出。

4. 启用

启动前关闭下列各阀:

(1)热淡水到蒸发器的进入阀。

(2)海水冷却水进冷凝器的进入阀。

(3)海水到流量计和调节阀的进入阀。

(4)海水到射水抽水器及射水抽水器的进入阀。

(5)凝水泵的排出阀。

(6)射水抽气器及射水抽水器的排出阀。

按下列程序向海水淡化装置给水:

(1)打开泵吸入口前的阀口然后启动水泵。

(2)关闭真空破坏阀,开启射水抽气器前后的阀并启动抽气器。

（3）将柴油机缸套淡水接通至蒸发器进行加热。当真空度到规定值（93%约707mmHg）调节给水流量计后面的调节阀使蒸发器的给水量为蒸发量的3~4倍。为提高效率进入蒸发器的热水量不宜太快,需慢慢开启柴油机缸套淡水进入阀进行加热蒸发,否则易引起共腾,产生含盐度过大的淡水。

（4）经冷凝器冷凝的淡水由真空凝水泵抽出。使用凝水泵时,必须将泵内留存的空气排除,否则抽不出凝水。

凝水泵内气排除方法:冷凝器凝水充满凝水泵后开动此泵而抽不出凝水,此时应开启海水淡化装置上的真空破坏旋塞,待真空下降后,旋开水泵上端的空气泄放螺塞,排尽空气。

（5）由于在低温（38.5~41℃）、高真空（707mmHg）下运行,其蒸发管内表面上的碳酸钙盐垢极少。

（6）在满负荷运行时,加热水进出口的温度差为6~9℃。

（7）蒸发器的加热水温度不宜超过75℃,以免增加结垢。

（8）如海水温度较高（35℃）其真空度会受影响,此时应调低淡水产量。

（9）冷凝器的冷却水量一般应控制使得冷却水温升为3~5℃。

（10）正常情况下蒸馏水的含盐度在50ppm以内。

（11）通常的给水含盐度小于35000ppm,浓缩盐水的含盐度不大于50000ppm。

七、放水零件

放水零件主要是水嘴。

水嘴是用于水管路上放水的（图4-14）。若接皮带管则在龙头处有一个活接头。水嘴规格如下：

压力:6kgf/cm²。

温度:50℃。

通径:15,20,25mm。

材料:铜合金。

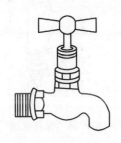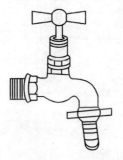

图4-14　水嘴

1）铜热水嘴

手柄为木柄的放水龙头（图4-15）。主要用于热水锅炉上。其规格如下：

压力:6kgf/cm²。

温度:≤225℃。

通径:15,20,25mm。

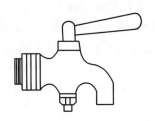

图 4-15 铜热水嘴

2）铜茶壶水嘴

铜茶壶水嘴也叫茶缸水嘴,分为两种:普通式——搪瓷茶缸上用;长螺纹式——陶瓷茶缸上用。

规格:通径为 6,10,15mm。

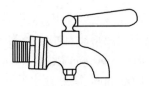

图 4-16 铜茶壶水嘴

3）面盆水嘴

面盆水嘴用于洗脸盆上,冷、热水开关龙头(图 4-17)。

规格:通径为 15mm。

4）弹簧水嘴

弹簧水嘴为立式弹簧水嘴,手揿龙头,可自闭,用于公共场所的面盆,揿下放水,手松自闭停水(图 4-18)。

规格:通径 15mm。

图 4-17 面盆水嘴

图 4-18 弹簧水嘴

5）浴缸水嘴

浴缸水嘴是用于浴缸的冷、热水龙头(图 4-19)。

规格:

普通式(浴缸水嘴),由冷、热水嘴各一只组成,通径20mm。

明双联式浴缸水嘴,由两个开关合用一个出水嘴组成,通径15mm。

明三联浴缸水嘴比明双联式多一个淋浴器,通径15mm。

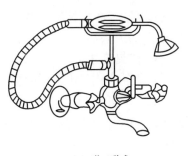

(a) 普通式　　　　　　　　　　(b) 明双联式　　　　　　　　　　(c) 明三联式

图 4-19　浴缸水嘴

第六节　粪便污水系统设计

一、概述

粪便污水系统包括大便管和小便管及透气管,粪便污水系统从防臭和卫生上考虑必须与其他系统分开作为单独的系统。舱内便管的端部为防臭和卫生上要求,在大小便器或系统上都应设有水封。系统在设计时要考虑防止管子堵塞和由于背压与虹吸作用而破坏水封。应在适当的位置设置透气管确保水流流通。同时,系统的安装布置要保证维护保养方便,在弯头和集管端部应设有清扫孔塞以在管路堵塞时用作排除用。大小便器的洗涤水一般使用海水,但也有考虑便管腐蚀而使用淡水。

粪便管向舷外排出形式,一般要适当集中某一区域的大小便器后排出。但病房的粪便管考虑到传染病的传播,故与其他舱室的粪便管隔离为单独排出,便管排出口的位置应选择在不影响其他系统吸入海水的舷侧位置上。为避免污染船舷和码头,排出口应布置在水线以下。

排出方法有如下四种。

(1) 汇集箱方式。

(2) 贮存柜方式。

(3) 总管集合方式。

(4) 污水处理方式。

值得引起人们重视的是,随着科学技术的发展,以及各国间的往来,海上运输必不可少,因此船舶的抛弃物也在增加,各种污物粪便倾入大海而污染了海洋,致使海洋失去了自然净化的能力。

船舶对海洋污染以油污染的危害为最大,而且早已在国际国内引起重视,已有种种严格的规定。而船舶生活污水,特别是粪便污水对海洋的污染也逐步引起了世界各国的重视。许多国家制定了在本国水域范围内的污水管理法令,也强烈要求制定国际污水排放标准。国际海事组织(IMO)通过了海洋污染公约,其中附则Ⅳ防止船舶生活污水污染规则中规定了污水的定义、船舶适用范围、污水排放要求以及污水处理装置证书的签发要求等。同时 IMO 又颁布了污水处理装置国际排放标准和性能试验准则的建议。世界各国目前均以公约和准则为基准,制定适合本国防止港口和沿海水域污染的规则和条例。

二、舷外排出方式的选择

舷外排出方式应根据各种不同类型的船舶,考虑下述各种舷外排出方式的特征,然后再合情选择适合于本船情况的型式。当前国际国内对粪便污水排放限制的规定将会越来越严格，应考虑采应贮存柜方式或污水处理方式。

1. 汇集箱方式

汇集箱方式是由汇集箱把粪便管路集中到一处向舷外排出的方法(图4-20)。在大量排水时，汇集箱能起到对其他系统减少背压波动的效果。另外，通过水封气密器后，也能将一般的排疏水管集中排出。透气管只设在总管和汇集箱上，其他地方的透气用排水兼透气方式。

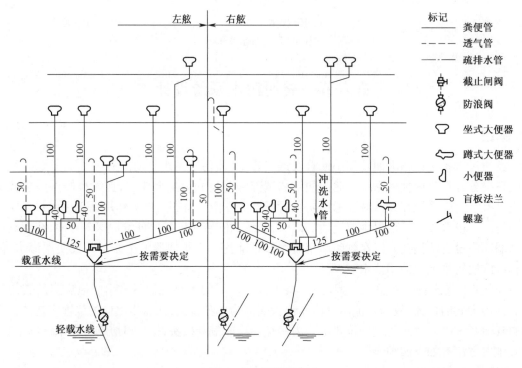

图4-20　汇集箱方式

2. 贮存柜方式

本方式是污水处理中最简便、最可靠的型式(图4-21)。把船上产生的粪便污水在限制排放的海港全部贮存起来，在不受限制的海域则直接排至舷外。柜的容量一定要充裕，只要考虑柜的腐蚀，其他问题就不会产生。也有把柜的容量做得不太大，在停泊或靠码头时，用泵把粪便抽送到专门的粪便船上，在船舷有专门的排放接头。

3. 总管集合方式

本方法只是把粪便管集中后直接向舷外排出，这种方法最简单，是当前小型船舶上较为流行的一种排出方法(图4-22)。

三、粪便污水系统设计

我国船舶设计采用便器形式，以前大多使用槽式便池，在较高级或厕所狭小地方使用坐式或蹲式便器，便器的冲洗水量没有定量，任意冲洗，若使用污水处理装置后，仍使用上述冲洗水无定量的便器，势必增加了污水处理装置的额外负荷，为提高处理装置的经济性，缩小处理装置容量，要求尽可能地减少冲洗水量，建议使用单个便器，便后冲洗，为控制冲洗水量一定要选用大小便定量冲洗阀。

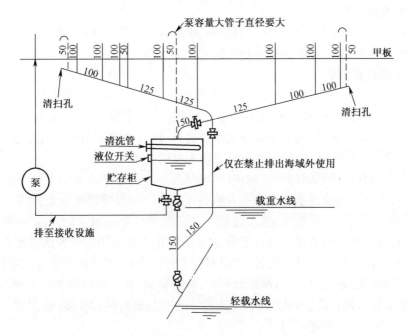

图 4-21　贮存柜方式

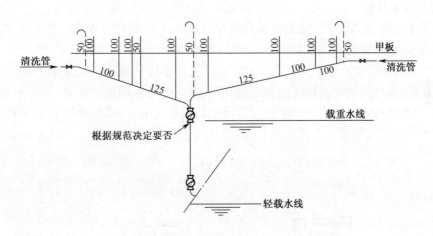

图 4-22　总管集合方式

1. 污水处理装置的布置

（1）尽可能靠近厕所。

（2）污水、污物排出口位置应远离海水吸入口。

（3）要避免粪便管穿过水密隔舱。

（4）要考虑污水能左右舷排出，以便于接受设施连接。

2. 透气管开口端布置

污物贮存柜和处理装置透气管的开口端安装位置要慎重。特别是污物贮存时间较长的贮存柜透气管的开口端，由于有机污物的厌氧分解，会产生毒性气体（H_2S）、可燃气体（CH_4）和恶臭（NH_3）等。因此开口端布置应尽量避开生活和工作区域，通风和空调系统吸气口以及防爆区域。开口端上应装有防火网。

3. 化学药品舱(柜)

船上装有供污水处理装置用的化学药品时,应设有专门舱室或柜贮存化学药品,贮存化学药品的舱或柜要清洁干燥,并要靠近处理装置。

4. 污水处理装置仓室

在污水处理装置周围应设有防止污水扩散的围板,还应装有供应海水和淡水的软管接头,汇集污水的污水阱以及能抽吸污水阱污水至处理装置或排至舷外的泵,要装有一个洗手盆用来洗手和清洗化学分析用具,为了对处理水试样进行分析,应备有必要的化学分析设备,化学分析设备应放在一个小药柜内,固定在装置或洗手盆附近。

按布置总图进行各便器间的管子连接,根据便器形式决定是否安装水封气密器。当由左右两舷排出时,在适当的位置上应设有左右舷的连接管。病房便管则应单独排出。粪便管不应通过食堂、厨房、配膳间、食品库、淡水舱和卧室等处,更不要通过床的头部,要考虑便器和床的布置,万不得已要在床的头部通过管子时,禁止在床的上部管子上设置法兰接头。便器布置在船中部时,尽可能设有左右舷连通管,当横向管子比较长时,要考虑有充分的倾斜度,确保排水畅通。特别要注意当向船首方向布置管子时,应考虑船的纵倾,也需要有足够的倾斜度,万一管子堵塞时要设有清扫孔,因此在易堵塞的弯曲部位应装有清扫孔塞,或在某一适宜部位设置一可拆短管,必要时可拆卸清扫。

为确保粪便污水系统在船舶纵倾、横倾时,能可靠有效地使用,可采用以下几种。

1. 防止双重气囊

由于管子设计、安装不当,或在横倾调整有困难的船上,而横向安装的管子又比较长,或在系统上装有水封时,可能会产生如图4-23所示现象。

由于在系统管子中产生双重气囊,冲洗便器时,便器内的水位会异常地上升,当系统上水封深度较深时,水也会从便器边缘溢出,还会使便器的虹吸作用很不正常,甚至丝毫不起到虹吸作用,以致粪便冲不掉。当由于船的倾斜而引起双重气囊,可采用左右舷连通管,或把倾斜度做得较大。若双重气囊无法避免时,可用透气管去放气囊中的空气。如图4-23中的虚线所示。

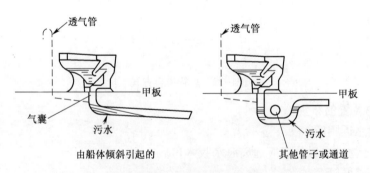

图4-23   双重气囊状态图

2. 清扫孔塞的配置和形式

当管子堵塞时为维修方便,应在管子弯曲部位和总管的端部装有清扫孔塞。特别当粪便管在床和厨房顶部通过时,在管子上不允许装有清扫孔塞,必须考虑勿使管子堵塞或采取其他措施进行清扫。另外在决定设置清扫孔塞时,必须考虑周围要有一定的空间,以便清扫工具操作。清扫孔塞的各种形式如图4-24所示。

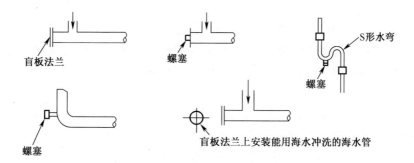

图 4-24 清扫孔塞的各种形式

再有,便器下面的管子堵塞可能性大,可将某段管子做成可拆卸的短管,以在堵塞时清扫。

3. 防止倒灌

为避免系统管子设计和安装不妥,而引起粪便污水倒灌。可按图 4-25 进行连接。

(1)直总管与横总管的连接。正确与错误连接如图 4-25 所示。

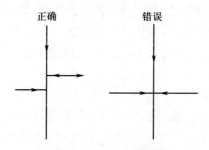

图 4-25 直总管与横总管

(2)横向支管间的连接。正确与错误连接如图 4-26 所示。

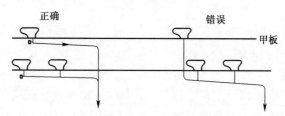

图 4-26 横向支管间的连接

(3)不同平面的便器间的连接。其正确与错误连接如图 4-27 所示。

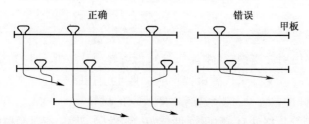

图 4-27 不同平面的便器间的连接

(4)其他。若单独管子直接在水线以下排至舷外,为防止由于船体横摇时受到波浪的影响引起粪便污水飞溅,在系统上应设置透气管。

4. 透气管的安装

粪便污水系统中一般在每个便器上都设有水封,管子的水封量根据安装要求和使用情况不同大小多少有变化。为防止管子在高压时,水封中的存水从便器内飞溅出来,或当负压时,由于虹吸作用将水封中的存水吸走,引起水封破坏,为此有必要设备透气管。透气管的安装方式有如下几种:

(1) 单独透气方式。在每个便器上设置透气管,向大气开放(图4-28A型)。如今在船舶上几乎都不采用此种方式。

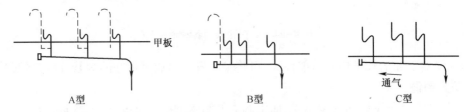

图4-28　A、B、C型透气管

(2) 集中透气方式。在粪便总管的最高处设置透气管,如图4-28B型。

(3) 排水兼透气方式。粪便管的直径选得比较大,不专门设立透气管。即使在最大流量时也不会满流状态,管内的空气只在管内流动,压力变化基本没有,不会引起水封破坏,如图4-28C型。

(4) 组合方式。把上述A、B、C三型适当地组合起来。

便器的通径为φ75mm,若选用通径80mm的管子已足够了。在船上粪便管最小通径为100mm,因此有充分的余度。目前在船舶上普遍采用排水兼透气方式。

透气管能防止由于双重气囊而造成的排水不良,又能够使粪便管内的换气充分,从而保证管内冲洗清净,不易堵塞。在汇集箱上一定要设置透气管。小便管一般与大便管连接,不需单独设置透气管。

透气管的开口部位应引向甲板露天部位,尽可能远离生活和工作区域、通风和空调系统吸气口,在管子端头应装有防火网。

5. 舷外排出口位置

粪便管舷外排出口位置,首先其上下方向,以前一般都布置在高于水线300mm以上处。目前越来越多的船舶为避免污染船舷,确保安全和卫生,排出口趋向于布置在载重线以下、轻载线以上的位置上。对于前后方向应远离海水吸入口以避开船舷外舾装件、船体壳板对接处。若高于水线排出还应注意尽量避开舷梯和救生艇下降区域以及吃水标记等,在适当的地方应设置排水口挡板。

6. 管子材料

管系材料一般都使用镀锌钢管(水煤气管),但在军舰上一般使用紫铜管。目前也有在船上采用硬质聚氯乙烯管(PVC)来代替镀锌钢管。船上使用哪一种好呢?在设计时,应充分考虑规范的要求,征求订货方意见,选择适合本船要求的材料。

PVC管具有比钢管价格便宜、耐腐蚀性能好、重量轻、管内表面摩擦阻力小、电绝缘性能好以及导热系数低等优点。可是PVC管也存在受热易变形,可挠性大、马脚间距小、安装要求较高、管子接头可靠性较差以及在舾装中易损伤等缺点。但只要掌握PVC管的特性,采取必要的措施,在上甲板以上的一般的排水系统和粪便污水系统可广泛使用。

7. 粪便系统管子直径的确定

当决定管子直径时,必须考虑大便器最大排水时的流量、同时使用率、流体在管内的流速、管子的倾斜度以及透气管的形式。表4-14中管子直径是考虑了上述各项要点,而推荐选用值。透气方式是选用排水兼透气方式的大便管直径。对于其他透气方式也可按本推荐值选取。当大便器与小便器设置在一起时,小便管与大便管连接,排水流量只考虑大便器的负荷来决定管径。

1) 大小便支管直径

大小便支管直径见表4-13。

表4-13　大小便支管直径

便管种类	管径/mm
大便管	100
小便管	40
小便槽	50

2) 大小便总管直径

大小便总管直径见表4-14。

表4-14　大小便总管直径　　　　　　　　　（mm）

便器个数 便管种类	3个以下	4~9	10个以上和舷外 排出总管
大便总管	100	125	150
小便总管	50(小便槽65)		—

3) 透气管直径

(1) 总管端部和汇集箱部位透气管直径按图4-29决定。

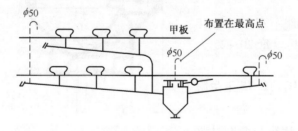

图4-29　透气管直径选择图

(2) 单独透气方式直径一般选32mm。

8. 粪便水柜的估算

粪便水柜的容量V按式(4-10)估算:

$$V = I \cdot T \cdot U \tag{4-10}$$

式中　I ——人员数(人);

　　　T ——贮存时间(d),参见表4-15;

　　　U ——平均耗水量(L/人·d),参见表4-16。

表 4-15　贮存时间参数

船　种	T/d	船　种	T/d
大湖船、油船	14	快艇(客船)	1
大型挖泥船	14	拖　轮	14
大型客船	14	渔　船	7

表 4-16　耗水量参考

船　种	对　象	$U(\text{L}/人·d)$		
		一般冲洗	节约冲水	循环冲洗
大型客船	船　员	113.6	11.36	1.93
	旅　客	37.9	3.79	0.57
货　船	船　员	57.0	5.70	0.85
	旅　客	28.4	2.84	0.42

垃圾箱容量按式(4-11)估算：

$$V = 2I \times 续航天数 \tag{4-11}$$

三、便器的型式、数量的确定和安装

1. 便器个数的确定

旅客——个数不满 500 人者可按 50 人一个便器计算。在总数决定后，按比例地分男、女两组，但在任何情况下每一地方至少应有一个便器。

对于船员——可按每 10~15 人有一个便器计算确定。若船员被安置在不同部位，则每一地方至少有一个便器。

对于舰员——军舰上军官以每 15 人一个便器计算；士兵以每 20~25 人一个便器计算。

2. 便器的型式(JC131-75 卫生陶瓷)

船用便器广泛采用水封器的虹吸或虹吸喷式便器,具有臭气散发少的优点。蹲式无水封器的大便器,其缺点容易黏附污物,不易冲洗干净,臭气散发多,又易堵塞,而且又要在管子上别配水封器,因此很不方便。

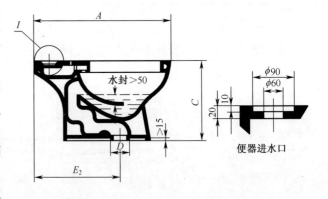

便器进水口

1) 坐式大便器

坐式大便器之一如图 4-30 所示,其主要尺寸见表 4-17。

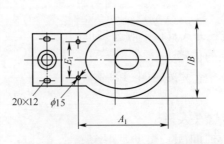

图 4-30　坐式大便器之一

表 4-17　坐式大便器之一主要尺寸　　　　　　　　　　（mm）

代号	A	A_1	B	C	D	E_1	E_2
尺寸	670	430	350	360;390	φ85	144~166	370;430

坐式大便器之二如图 4-31 所示,其主要尺寸见表 4-18。

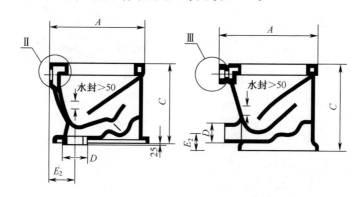

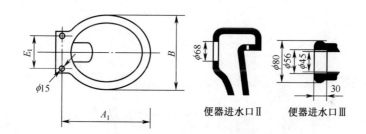

图 4-31　坐式大便器之二

表 4-18　坐式大便器之二主要尺寸　　　　　　　　　　（mm）

代号	A	A_1	B	C	D	E_1	E_2	
							弯管	直管
尺寸	460 / 480	430	350	360;390	φ85	144~166	100;175	85

坐式大便器之三如图 4-32 所示,其主要尺寸见表 4-19。

表 4-19　坐式大便器之三主要尺寸　　　　　　　　　　（mm）

代号	A	A_1	B	C	D	E_1	E_2	
							弯	直
尺寸	520	430	350	360;390	φ110	144~166	20	190

2）蹲式大便器

蹲式大便器如图 4-33 所示,其主要尺寸见表 4-20。

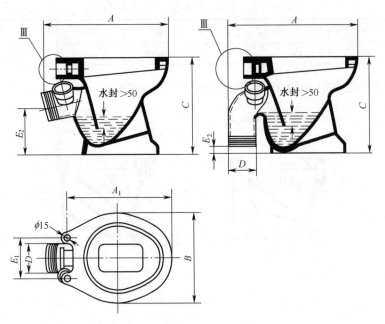

图 4-32　坐式大便器之三

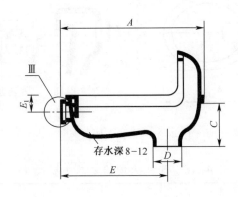

图 4-33　蹲式大便器

表 4-20　蹲式大便器主要尺寸　　　　　　　　　　　　　　（mm）

代号	A	A_1	B	C	D	E	E_1
尺寸	610	590	280;260	200	$\phi 120$	430	60

3）小便器

小便器如图 4-34 所示，其主要尺寸见表 4-21。

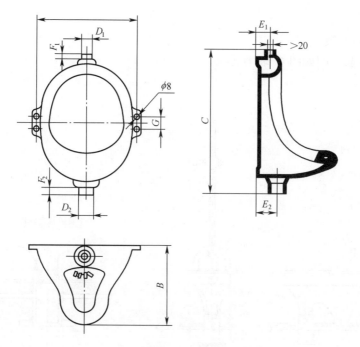

图 4-34　小便器

表 4-21　小便器主要尺寸　　　　　　　　　　　　（mm）

代号	A	B	C	D_1	D_2	E_1	E_2	F_1	F_2	G
尺寸	340	270	490	$\phi35$	$\phi50$	38	70	25	30	42

4）存水弯

存水弯如图 4-35 所示，其主要尺寸见表 4-22。

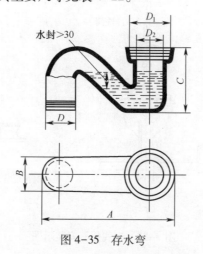

图 4-35　存水弯

表 4-22　存水弯主要尺寸　　　　　　　　　　　　（mm）

代号	A	B	C	D	D_1	D_2
尺寸	435	110	215	$\phi100$	$\phi146$	$\phi110$

3. 安装形式

1）蹲式便器安装

蹲式便器安装示图如图 4-36 所示。

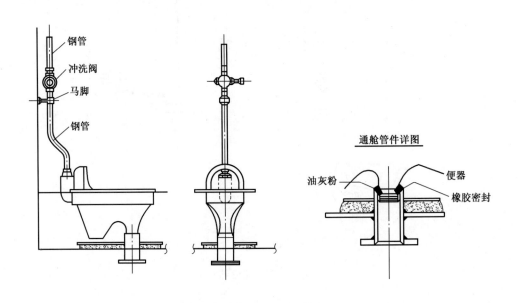

图 4-36　蹲式便器安装示图

2）坐式便器安装

坐式便器安装示图如图 4-37 所示。

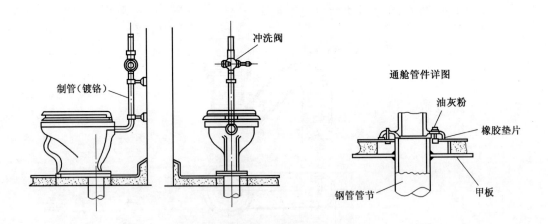

图 4-37　坐式便器安装示图

3）小便器安装

小便器安装示图如图 4-38 所示。

4）便器用具的安装尺寸

便器用具的安装尺寸见表 4-23。

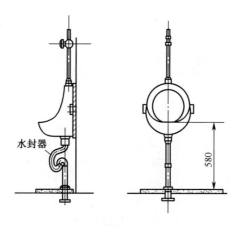

通舱接件详图

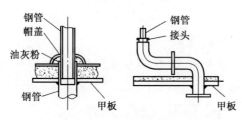

图 4-38　小便器安装示图

表 4-23　便器用具的安装尺寸　　　　　　　　　　（mm）

序号	名称	尺寸"A"为产品的标准尺寸	代号	最适尺寸	最小尺寸
1	洗脸盆		B	715	615
			L	1050	1000
			H	750	
2	洗手盆		B	515	515
			L	780	730
			H	750	
3	坐式大便池		B	915	715
			L	1285	1185

（续）

序号	名称	尺寸"A"为产品的标准尺寸	代号	最适尺寸	最小尺寸
4	蹲式大便池		B	915	715
			L	910	810
5	小便器		B	665	615
			L	705	605
			H	580	

4. 洗面器（JC131–75 卫生陶瓷）

各种洗面器如图 4–39~图 4–43 所示，其主要尺寸见表 4–24。

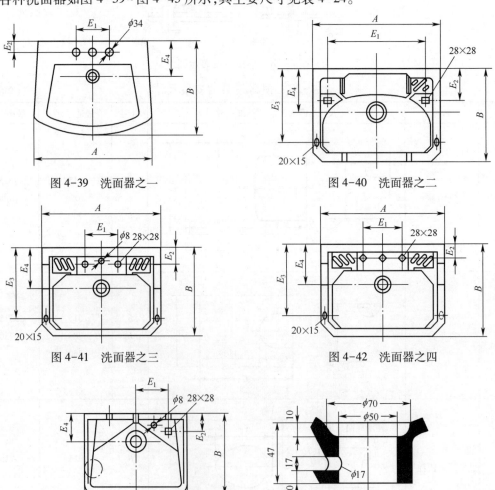

图 4–39　洗面器之一　　　　　　　图 4–40　洗面器之二

图 4–41　洗面器之三　　　　　　　图 4–42　洗面器之四

各种洗面器下水口

图 4–43　洗面器之五

表 4-24 各种洗面器主要尺寸 （mm）

代号	A	B	图4-39		图4-40		图4-41 图4-42		图4-43		E₁	E₂
			E_1	E_2	E_1	E_2	E_1	E_2	E_3	E_4	E_1	E_2
尺寸	360											
	410	260			360							
	460	310			380							100
	510	360	200	65	400	65	150	65	110	65	200	125
	560	410			420	100	180		130		250	150
	610	460			440	120					300	175
	660	510			460	140						200
	710	560			480							

四、国际排放专用接头

一般来讲,不管使用何种处理装置都必须在船的左右舷适当位置安装国际标准排放接头,以便与接受设施连接(岸上和污物接收船)。国际标准排放接头如图 4-44 所示。

目前国内某些船舶已采用排粪接头,这种接头装卸方便迅速,如图 4-45 所示。

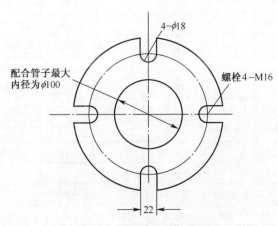

图 4-44 国际标准排放接头

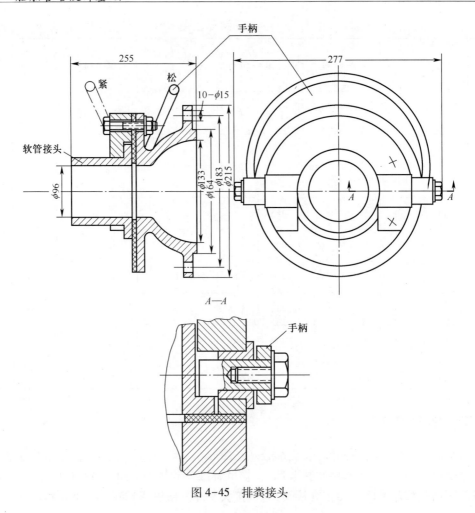

图 4-45 排粪接头

五、附录

附录 1 常用长度单位换算

毫米 /mm	厘米 /cm	米 /mm	公里 /km	市尺	市里	英寸 /in	英尺 /ft	码 /Yd	英里 /mile
1	0.1000	0.0010		0.0030		0.03937	0.003281		
10	1	0.0100		0.0300		0.3937	0.03281		
1000	100	1	0.0010	3	0.0020	39.3701	3.2808	1.0936	0.000621
		1000	1	3000	2		3280.833	1093.611	0.6214
333.33	33.333	0.3333	0.00033	1	0.00067	13.1234	1.0936	0.3645	
		500	0.500	1500	1		1640	546.8	0.3107
25.4000	2.5400	0.0254		0.0762		1	0.0833	0.0278	
304.800	30.480	0.3048		0.9144		12	1	0.3333	0.0019
	91.4402	0.9144	0.000914	2.7432		36	3	1	0.00057
		1609.344	1.6093	4828	3.2187		5280	1760	1

附录2　常用容积单位换算

厘米^3 /cm^3 或 c.c	米^3 /m^3	升 /L	市尺^3	市升	英寸^3 /in^3	英尺^3 /ft^3	磅水 /lb.av
1	0.000001	0.0010	0.0000271	0.0010	0.061024	0.0000353	0.002046
1000000	1	1000	27	1000	61024	35.3147	2204.6
1000	0.0010	1	0.0270	1.0	61.024	0.0353	2.2046
37037	0.0370	37.037	1	37.037	2260	1.3080	81.570
1000	0.0010	1.0	0.0270	1	61.024	0.0353	2.2046
16.3871	0.0000164	0.0164	0.00044	0.0164	1	0.00058	0.0362
28317	0.02832	28.317	0.7646	28.317	1728	1	62.428
453.6	0.0004536	0.4536	0.1225	0.4536	27.650	0.0160	1

附录3　常用质量单位换算

克/g	公斤/kg	吨/t	市两旧制	市两	市斤	市担	磅/lb
1	0.0010		0.0320	0.0200	0.0020		2.20462×10^{-3}
1000	1	0.0010	32	20	2	0.0200	2.20462
	1000	1	32000	20000	2000	20	2204.62
31.250	0.0313		1	0.625	0.625		
50	0.0500	0.00005	1.6000	1	0.1000	0.0010	
500	0.5000	0.0005	16	10	1	0.0100	
	50	0.0500	1600	1000	1000	1	
453.592	0.4536	4.4359×10^{-4}					1

附录4　常用力的单位换算

吨力/ft	英顿力/tonf	公斤力/kgf	牛/N	磅力/1bf
1	0.984207	10^3	9.80665×10^3	2204.62
1.01605	1	1.01605×10^3	9964.02	2240
1×10^{-3}	0.984207×10^{-3}	1	9.80665	2.20462
0.101927×10^{-3}	0.100361×10^{-3}	0.101972	1	0.224809
0.453592×10^{-3}	0.446429×10^{-3}	0.453592	4.44822	1

附录5　常用压力单位换算（一）

公斤力/米^2 /kgf/m^2	公斤力/厘米^2 /kgf/cm^2	标准大气压 /atm	毫米水银柱高 /mmHg	米水柱高 /mH$_2$O	毫巴 /mbar	磅力/英寸^2 /1bf/in^2	英寸水柱 /inH$_2$O
1×10^4	1	0.9678	753.56	10.00	981.00	14.223	395.0
1.0333×10	1.0333	1	760.00	10.3333	1013.25	14.696	407.5
1.36×10	0.00136	0.00131	1	0.0136	1.3332	0.0193	0.535
1×10^3	0.1	0.0968	73.556	1	98.10	1.4223	39.40
1.02×10	0.00102	0.000987	0.76863	0.0102	1	0.01451	0.402
7.03×10^2	0.0703	0.0680	51.715	0.703	68.95	1	27.72
2.54×10	0.00254	0.00246	1.87	0.0254	2.49	0.0361	1

（二）

牛/毫米² /N/mm²	公斤力/毫米² /kgf/mm²	公斤力/厘米² /kgf/cm²	千磅力/英寸² /klbf/in²	英吨力/英寸² /tonf/in²
1	0.10197	10.197	0.14504	0.064749
9.806	1	100	1.4223	0.63497
0.098067	0.01	1	0.014223	0.00635
6.8948	0.70307	10.307	1	0.44643
15.444	1.5749	157.49	2.24	1

注:磅力/英寸²也有写成"PSi";千磅力/英寸²也有写成"KSi"

附录6　常用功功率单位换算

瓦 /W	千瓦 /kW	英制马力 /Hp	公制马力 /Hp	公斤力·米/秒 /kgf·m/s	磅力·英尺/秒 /1bf·ft/s	千卡/秒 /kcal/s	英热单位/秒 /Btu/s
1	0.001	0.00134	0.00136	0.102	0.735	0.000238	0.000947
1000	1	1.34	1.36	102	737	0.238	0.947
746	0.746	1	1.014	76	550	0.178	0.707
735	0.735	0.985	1	75	541	0.175	0.696
9.81	0.00981	0.0131	0.0133	1	7.233	0.00234	0.0093
1.356	0.00136	0.00182	0.00184	0.138	1	0.000324	0.00129
4200	4.2	5.61	5.7	427	3090	1	3.968
1055	1.055	1.415	1.434	107.6	777.6	0.252	1

附录7　常用功、能及热量单位换算

焦耳 /J	公斤力·米 /kgf/m	千瓦·小时 /kW·h	公制马力·小时 /Hp·h	英制马力·小时 /hp·h	千卡 /kcal	英热单位 /Btu
1	0.10204	2.778×10^{-7}	3.777×10^{-7}	3.723×10^{-7}	2.889×10^{-4}	9.48×10^{-4}
9.8	1	2.722×10^{-6}	3.701×10^{-6}	3.649×10^{-6}	2.341×10^{-3}	9.29×10^{-3}
3.6×10^6	3.673×10^5	1	1.36	1.34	859.9	3421
2.648×10^6	2.702×10^5	0.7355	1	0.9858	632.5	2510
2.686×10^6	2.741×10^5	0.7461	1.014	1	641.6	2546
4186	427.2	1.163×10^{-3}	1.581×10^{-3}	1.558×10^{-3}	1	3.968
1055	107.6	2.93×10^{-4}	3.984×10^{-4}	3.927×10^{-4}	0.252	1

附录8　常用流量单位换算

米³/秒 /m³/s	英尺³/秒 /ft³/s	升/秒 /L/s	磅(水)/秒 /m³/h	米³/时 /m³/h	美加仑/秒 /Usgal/s	英加仑/秒 /Ukgal/s
1	35.3132	1000	2205.0000	3600.0000	264.2000	220.0900
0.0283	1	28.326	62.4388	101.9508	7.4813	6.2279
0.7645	27.0000	764.5134	1685.7520	2752.2482	201.9844	168.1533

（续）

米³/秒 /m³/s	英尺³/秒 /ft³/s	升/秒 /L/s	磅(水)/秒 /m³/h	米³/时 /m³/h	美加仑/秒 /Usgal/s	英加仑/秒 /Ukgal/s
0.0010	0.0353	1	2.2050	3.6000	0.2642	0.2201
0.0005	0.0160	0.4535	1	1.6327	0.1198	0.0988
0.0003	0.0098	0.2778	0.6125	1	0.0734	0.0611
0.0037	0.11339	3.7863	8.3487	13.6222	1	0.8333
0.0045	0.1607	4.5435	10.0184	16.3466	1.2004	1
0.00047	0.0167	0.472	0.041	1.70	0.125	0.104

第五章　消　防　系　统

第一节　水消防系统

一、用途

水消防系统指舰船上各种的主要灭火设备(如住舱和工作舱室、战斗部位、露天甲板、桥楼、各种贮藏舱、机舱和锅炉舱等)。此外,水消防系统是舰船上的一些喷射器和个别系统进行工作的工作水能源。

各种舰船上水消防系统战斗使用的主要形式如下:

(1) 用消防软管的水流灭火。

(2) 供应工作水使下述用水设备工作:

① 排水喷射器;

② 疏水喷射器;

③ 横倾和纵倾平衡系统喷射器;

④ 弹药舱喷注系统;

⑤ 水雾灭火系统;

⑥ 泡沫灭火系统;

⑦ 弹药舱等浸水系统喷射器。

(3) 在原子防护时水幕系统的供水。

除上述战斗使用外,水消防系统还将海水输送到各种小的耗水处,如海水系统、值更和梯口的喷淋系统、海水附件冲洗、锚链冲洗等。

由上述可知,水消防系统供各种不同用水设备使用,同时根据本身用水设备的性质,系统总管内要求保持各种压力。为了直接用消防软管灭火以及供某一些系统(水雾灭火系统、泡沫灭火系统、喷注系统、水幕系统等)的工作,以及排水系统、疏水系统、横倾和纵倾平衡系统的喷射器工作,要求总管内的压力不超过 $10kgf/cm^2$。对于特殊需要,也有要求总管压力保持在 $16\sim17kgf/cm^2$。

因此,根据灭火和供各种不同工作的需要,系统总管在某些舰船要求有 $8kgf/cm^2$ 和 $16kgf/cm^2$ 二级压力。要求在舰船安装能形成压力在 $8kgf/cm^2$ 和 $16kgf/cm^2$ 的双级消防泵,以便在总管内保持两种压力。

系统的使用和设计经验证明,两种压力级使系统本身结构复杂,还给舰船系统战斗使用时造成很大不便。此外,总管内大的压力经常为系统管路提前磨损(锈蚀)的根源。在水消防系统的总管内应有一个不超过 $10kgf/cm^2$ 的适度压力。目前舰船广泛使用的消防压力为 $8kgf/cm^2$。

对于大型舰船的排水系统、弹药舱浸水系统、横倾和纵倾平衡系统适宜采用流量大的电动离心泵代替喷射器。在此情况下水消防系统战斗使用，主要用于灭火。中小型舰船，从舰队驱逐舰及其以下舰船，适宜采用工作水压力不超过 $10kgf/cm^2$ 的水喷射器。

所有类型舰船的疏水系统，采用工作水压力不超过 $10kgf/cm^2$ 的水喷射器为宜。

二、水消防系统原理线路图

水消防系统是属于保证舰船生命力的系统，因此系统设计应该服从于如下基本条件。

所有舰船上水消防系统，按独立分段原理设计。在独立分段范围内的系统，可以按单线线路、环形线路或混合线路设计。

按单线线路设计的水消防系统，通常用于中小型舰船上（舰队驱逐舰、护卫舰等）。大型舰船（航空母舰、巡洋舰等）上的水消防系统，按环形线路设计。有时候在排水量小的中型舰船上，为了提高系统本身的生命力，系统可按混合线路设计，即比较重要的独立分段系统按环形线路设计，而其余分段按单线线路设计。

图5-1所示为舰队驱逐舰水消防系统线路图，该水消防系统按单线线路，并根据舰船独立分段原理设计。系统由总管1和3台消防泵2组成。总管以单线沿着整条舰船从艏到艉敷设。消防泵流量各为 $100m^3/h$，压力为 $10kgf/cm^2$。从总管引出支管通到全部用水处：消防阀3、疏水喷射器4、弹药舱喷注5、机锅舱水雾灭火系统6等。

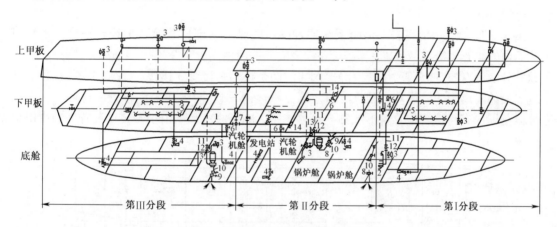

图5-1　舰队驱逐舰水消防系统线路图

1—总管；2—消防泵；3—消防阀，4—疏水喷射器，5—弹药舱喷注；6—水雾灭火系统；7—隔离阀；8—吸入接管；9—通海阀；10—闸阀；11—压力接管；12—截止止回阀；13—安全阀；14—隔离阀。

系统用两个隔离阀7分成3个独立分段，每一个独立分段由泵、总管管段和供本分段的全部用水设备组成。根据战斗部署表，系统在战斗使用时，隔离阀应处于关闭位置。在应急情况下，以及日常使用时，隔离阀7打开，泵能将水输送到相邻的独立分段。

全部电动泵按同一方式与总管连接——每一台泵用吸入接管8吸入舷外水，并沿着压力接管11通过截止止回阀12输送到系统总管。吸入接管上安装通海阀9和截止闸阀10。若总管内的矿井力大于泵的压力泵时，则截止止回阀可防止水从总管倒流到泵。若泵所形成的压力大于允许压力时，则将由安全阀13降低压力。因此，止回阀与安全阀同时调整一台或几台泵工作时总管内的压力。若总管内没有耗量时，安全阀13同样可用来将泵中的水排至舷外。

为了提高系统生命力，系统按独立分段原理设计。此外，为了防止总管受到敌舰战斗工具从下和从上来的破坏，系统的主要部分在舰船内沿中间甲板敷设，仅在艏端的系统升高到有大量消防用水设备的上甲板。为了保护系统免受敌舰战斗工具的破坏,水平的总管在舷部改变自己的位置,从一舷通向另一舷。就是总管沿着右舷通到艏部,在中部沿着右舷和左舷敷设,并沿着左舷通向艉部。由电动泵与总管的横向管段接通,此时对电动泵的防护最佳。为了断开布置泵的隔舱隔壁上总管的受损管段,安装与隔离阀 7 一样就地操纵或上甲板操纵的辅助隔离阀 14。隔离阀 14 经常处于打开位置。

从系统总管引出大量水供给各种用水设备的支管。这些支管的长度和数量取决于用水处的布置位置,以及取决于舰船的类型。在所有情况下,支管的数量以及长度应该是最小的,同时在端部装有截止阀;若支管较长和有损坏的可能性时,则必须在总管处安装第二个截止阀。

系统总管由岸上供水,其方法是通过接到首尾端上甲板的竖管。500t 以上舰船应设有国际通岸接头。

上述探讨的系统总管是单线线路设计,与其他线路相比较具有一系列优点。单线线路在安装和操纵方面最简单,重量轻,外形尺寸小,同时完全符合对水消防系统所提出的基本要求。由于这些优点,单线线路用于中小型舰船(舰队驱逐舰、护卫舰、扫雷舰等),或用于某些大型舰船,特别是在消防系统仅有一个任务——防护舰船火灾的舰船。

按单线线路设计的水消防系统,生命力不强。因此在大型舰船上(航空母舰、巡洋舰等),特别是在消防系统是保证舰船生命力的各种系统机械工作能源的舰船,系统按环形线路或混合线路设计。

图 5-2 所示为大型舰船水消防系统原理图。舰船上系统总管按环形线路设计。主装甲板范围内的总管 1 沿右舷和左舷敷设,并在横隔壁上用横向管子 2 连接,形成环形管路。每一个独立分段的左、右舷总管,用装有隔离阀 4 的两个横向跨接管 3 连接。总管用安装在独立分段分界处的隔离阀 5 分成 6 个独立分段。这些隔离阀,战斗时处于关闭位置。这样每一个独立分段范围内有跨接管的总管形成独立环形线路。隔离阀 4 和 5 由小轴传动装置在装甲甲板上操纵。

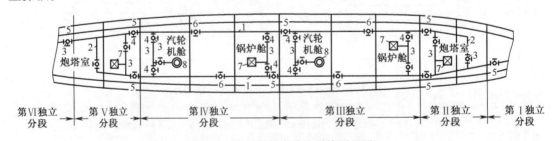

图 5-2 大型舰船水消防系统原理图
1—总管;2—横向管;3—跨接管;4,5—隔离阀;6—辅助隔离阀;7—电动泵;8—汽轮机泵。

为了断开系统总管的受损管段,在Ⅲ和Ⅳ两独立分段区内安装辅助隔离阀 6,并同样用小轴传动装置在装甲甲板上操纵。

首尾独立分段由电动消防泵 7 供水。舰船中部机锅舱区域的系统由两台电动泵 7 和两台汽轮泵 8 供水。采用电动泵和汽轮泵是适宜的,因为在应急情况下,舰船上没有电能时,系统可由汽轮泵供水。

所有消防泵,以及该系统的所有主要用水设备与跨接管接通。系统管路所有分段的跨接管具有很强的生命力。

整个系统布置在主装甲甲板下面。在首尾端横隔壁后面用水设备的全部支管由总管供水。

　　为了有完整的概念,图5-3所示为水消防系统安装图,但只是一个独立分段范围内的环形线路。在线路图中很清楚地看到管路与附件的相互固定和安装,以及舰船上该独立分段范围围内管路的敷设。此处同样可以看到安装在总管1、2和跨接管3上的隔离阀4和5,其均由小轴传动装置6在装甲甲板上操纵。

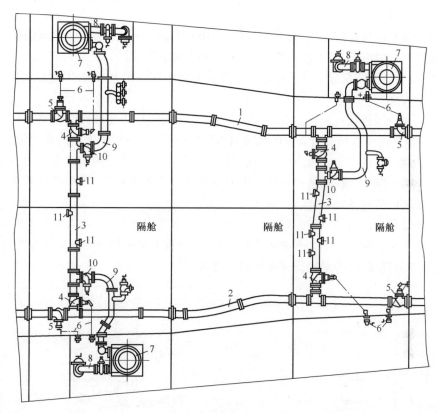

图5-3　水消防系统安装图

1,2—总管;3—跨接管;4,5—隔离阀;6—小轴传动装置;7—消防泵;8—吸入管;9—压力管路;10—截止阀;11—三通管。

　　为了提高系统生命力,装有吸入管路和附件8的3个消防泵7安装在单独的水密围阱内。此外,其压力管路9通过阀10与系统跨接管接通。跨接管能较好地防护敌舰战斗工具的破坏。在这些跨接管上可看到连接消防系统主要用水设备三通管11。

　　上述探讨水消防系统的环形线路,与其他系统比较,毫无疑问具有较高的生命力,但是比较笨重、成本高和操纵复杂。因此,环形线路适用于大型舰船上,并作为保证舰船生命力的其他系统工作的能源。在相反情况下,采用单线线路或混合线路比较合理。

三、消防泵

　　消防泵用来将海水输送到系统总管管路,使总管内保持一定的压力和保证系统用水设备的耗水量。

　　目前舰船上仅采用高压离心泵作为消防泵。这种泵根据其驱动装置种类分成:①电动消防泵,由电动机带动;②汽轮消防泵,由蒸汽轮机作为驱动装置;③马达泵,由内燃机或汽油发动机带动。

　　根据所形成的压力特性,消防泵分成单级泵和双级泵两种。单级泵有一个工作轮(叶轮),在压力接管内形成一个固定压力 $8\sim9\text{kgf/cm}^2$。双级泵有两个工作轮,工作轮可相互接通成串联和并联工作。并联工作时,每一个工作轮独立工作,泵形成最小压头 $8\sim9\text{kgf/cm}^2$(等于一个工作轮形成的压头)。泵的流量等于两个工作轮的总流量。串联工作时,水依次通过第一和第二级工作轮,结果泵形成最大压力 $16\sim18\text{kgf/cm}^2$(等于由每个工作轮形成的压头总和)。此时泵的流量等于一个工作轮的流量。

　　为了特殊需要,水消防系统有时要求压力为 $16\sim18\text{kgf/cm}^2$ 时,则安装双级消防泵。若系统仅用于灭火和一般用途,则采用压头为 $8\sim9\text{kgf/cm}^2$ 的单级泵。

　　按照结构,离心消防泵分为立式和卧式。立式泵便于在舰船上布置,因此目前在系统设计时力求采用立式泵。

　　图5-4所示为泵连接线路图。此处,在压力管1上安装截止止回阀2调整总管工作压力的安全阀3。当泵还没有形成所需要的压力时,截止止回阀可防止总管内的水倒流至泵,而由安全阀保证总管内保持一定的压力。当总管没有耗量时,由泵输送的水在大压力下通过安全阀沿着管路4排至舷外。在几台泵并联工作时安全阀和止回阀配合以保证管内压力平衡。在压力管路上安装消防阀5。

　　消防泵与总管连接的另一种线路如图5-5所示。此处,安装在泵压力管路上的旁通阀1,起安全阀和截止止回阀的作用。旁通阀像止回阀一样,仅允许水以一个方向从泵输送到总管。此外,当总管没有耗量时,旁通阀保证将水排至舷外。

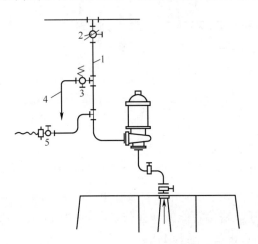

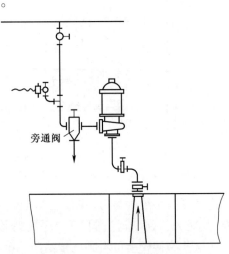

图5-4　泵连接线路图　　　　　　　　　图5-5　消防泵与总管连接图

1—压力管;2—截止止回阀;3—安全阀;4—管路;5—消防阀。

　　各种舰船的系统总管直径的平均尺寸如下:

大型舰船　　　　$d = 120 \sim 150\text{mm}$;

中型舰船　　　　$d = 80 \sim 120\text{mm}$;

小型舰船　　　　$d = 50 \sim 80\text{mm}$。

每条舰船的总管和支管的直径应按管路流体计算确定。

　　系统支管和总管由专用铜管做成,附件由专用青铜做成(专用铜管和青铜具有耐锈蚀性)。管路连接件:当管子直径 $D_g < 32\text{mm}$ 时用螺纹接头,当管子直径 $D_g \geqslant 32\text{mm}$ 时用法兰和黑纸柏垫片。

四、系统附件

水消防系统上应安装标准附件。

系统采用的消防阀(端部阀)和消防水枪是消防专用附件。消防阀安装在来自总的支管端部,并用来直接向消防软管输水。

舰船上的消防软管采用亚麻制软管,或涂胶的亚麻制软管。标准软管的内径为 51mm 或 64mm,长度 10m 或 20m。软管两端有两爪接扣,用来使软管与消防阀、消防水枪快速连接或互相连接。两爪接扣比较可靠,因为凸出部布置在壳体里面,能防止外部损坏。

由通过固定在帆布软管端部的消防水枪,喷出的水流进行灭火。舰船上采用组合消防水枪,用组合水枪可以同时形成灭火的密集水流和防止消防人员灼伤的圆锥形水雾。船用消防水枪见表 5-1。

表 5-1 船用消防水枪

序号	名称	型号	规格	外形尺寸/mm	重量/kg
1	胶布直流水枪	QZ12	型式:内扣 进水口径:50mm 出水口径:16mm	295×95×95	0.89
2	胶布直流水枪	QZ13	型式:内扣 进水口径:65mm 出水口径:16mm	340×110×110	1.35
3	铝合金开关水枪	QG12	型式:内扣 进水口径:50mm 出水口径:13mm 公称压力:6kgf/cm² 最远射程(30°方向):35m	440×95×150	1.8
4	铝合金开关水枪	QG13	型式:内扣 进水口径:65mm 出水口径:16mm 公称压力:6kgf/cm² 最远射程(30°方向):38m	465×110×155	2.2
5	铝合金开花水枪	QH12	型式:内扣 进水口径:50mm 出水口径:16mm 公称压力:6kgf/cm² 最远射程(30°方向):35m	325×95×110	2
6	铝合金开花水枪	QH13	型式:内扣 进水口径:65mm 出水口径:19mm 公称压力:6kgf/cm² 最远射程(30°方向):38m	435×110×110	2.1
7	雾化喷头 (与QG13配套使用)	WT-1	接扣:内螺纹 M48×2 有效喷雾射程:在水压 7kgf/cm² 时约为 15m	φ90×130	0.825

五、计算

1. 消防软管的耗水量计算

消防软管的耗水量等于喷嘴流出的耗水量,按式(5-1)计算:

$$Q_r = \mu F_p \sqrt{2gH_p} \tag{5-1}$$

式中 μ ——耗量系数;

F_p ——喷嘴孔截面面积(m^2), $F_p = \dfrac{\pi d_p^2}{4}$;

d_p ——喷嘴直径(m);

H_p ——喷嘴压头(mH_2O)。

2. 消防水枪喷嘴垂直水流计算

喷嘴的垂直水流,按其结构首先是由高度 H_m 的密集部分组成,然后在上部分的这股水流逐渐分散,并在最高顶上落下来。垂直水流总高度 H_s 被称为分散水流高度,实际可按式(5-2)计算:

$$H_s = \frac{H_p}{1 + \varphi H_p} \tag{5-2}$$

式中 φ ——喷嘴系数,由经验公式求出, $\varphi = \dfrac{0.00025}{d_p + 1000d_p^3}$,不同直径的喷嘴系数 φ 见表 5 -2。

表 5-2 不同直径的喷嘴系数 φ

d_p /mm	13	16	19	25
φ	0.0164	0.0124	0.0097	0.0062

密集水流值根据经验数据,一般取分散水流高度的一部分,可按式(5-3)计算:

$$h_m = \frac{h_s}{\alpha} \tag{5-3}$$

式中 α ——系数, $\alpha \approx 1.2$。

消防软管内流体运动参数可以按图 5-6 所示的曲线图确定。曲线图上部实线 1 表示喷嘴直径 d_p 在不同值时,软管中耗水量与喷嘴压头的关系式,即 $Q_r = f(H_p)$;此外,虚线 2 表示分散水流高度与喷嘴水压头的关系式,即 $h_s = f(H_p)$;曲线图下部曲线 3 表示密集水流高度与分散水流高度的关系式,即 $h_m = f(h_s)$。

借此曲线图,按喷嘴的压头,可以确定软管内耗水量,以及分散水流和密集水流的高度。相反,按密集水流的已知高度可依次确定分散水流高度、喷嘴的压头以及软管内的耗水量。

例:设 $d_p = 13mm$ 和 $H_p = 40mH_2O$。查曲线图上部,在 $d_p = 13mm$ 的曲线 1 上求出 a 点,将垂线引到横坐标轴上,求得耗水量 $Q_r = 3.7L/s$,然后在 $d_p = 13mm$ 的曲线 2 上求得 b 点,同样将垂线引到横坐标上,求得分散水流高度 $h_s = 24.16m$。将垂线延长到与曲线 3 相交时,在曲线图的下部求得 c 点,从此点移到纵坐标的刻度上,求出密集水流的高度 $h_m = 18.5m$。

若已知密集水流高度值 h_m 时,则朝相反方向 cb 线,可依次求得 H_s、Q_r 和 H_p。

3. 软管内损耗压头计算

(1) 摩擦损耗压头按式(5-4)计算:

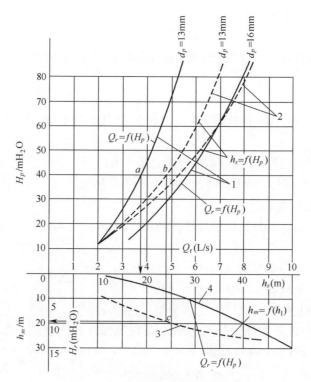

图 5-6 消防软管内流体运动参数

$$H_m = \frac{1}{B_m}Q_r^2 = S_m Q_r^2 \tag{5-4}$$

式中 B_m ——管子摩擦特性，$B_m = 12.09\dfrac{d_r^5}{\lambda l}$；

S_m ——软管摩擦阻力，$S_m = \dfrac{1}{B_m}$；当长度 $l = 20$m 的一根软管的摩擦阻力值 S_m 见表5-3；

λ ——摩擦阻力系数。

表 5-3 摩擦阻力 （mm）

软管	软管直径/mm	
	50	65
橡胶的	0.150	0.035
帆布的	0.300	0.077

（2）局部阻力损耗压头按式(5-5)计算：

$$H_j = \frac{Q_r^2}{B_j} = \frac{1}{K_j}\Sigma\xi Q_r^2 = A\Sigma\xi Q_r^2 \tag{5-5}$$

式中 B_j ——管路局部阻力的特性，$B_j = \dfrac{K_j}{\xi} = 12.09\dfrac{d^4}{\xi}$；

$K_j = 12.09d^4$；

$A = \dfrac{1}{K_j} = \dfrac{0.0827}{d^4}$。

（3）软管内总损耗压头为

$$H_r = H_m + H_j \qquad (5\text{-}6)$$

局部阻力通常软管有 3~5 个弯曲：从消防阀到软管时突然扩大和从软管到消防水枪时突然收缩的总和，即

$$\Sigma\xi = n\xi_{弯曲} + \xi_{突然扩大} + \xi_{突然收缩} \approx 0.5 \sim 0.6 \qquad (5\text{-}7)$$

对于 $d_p = 50\text{mm}$，$l = 10\text{m}$ 的软管，当 $\Sigma\xi = 0.6$ 时，耗水量 Q_r 的总损耗压头 H_r 可按图 5-6 中曲线 4 确定。

舰船上消防阀的布置和数量，应该使舰船上某一火源用 3 个软管可以消灭火灾：一个长度为 10m 的软管，两个长度为 20m 的软管，密集水流高度 10m。

4. 消防泵数量和流量的计算

安装在舰船上的消防泵总流量和数量，是根据舰船战斗活动时，保证系统 3 个主要工况条件下确定的：

（1）独立分段范围内系统的工作；

（2）舰船上整个系统的工作；

（3）水幕系统的工作。

在第一种工况条件下，在独立分段范围内，泵应该保证系统独立工作，在每一个独立分段范围内，消防泵数量 n 按式(5-8)计算：

$$n = \frac{\Sigma Q_i}{Q_b} = \frac{Q_1 + Q_2 + Q_3}{Q_b} \qquad (5\text{-}8)$$

式中 Q_b——泵的流量(m^3/h)；

$\quad\quad\ Q_1$——一个大弹药舱喷注或保证一个隔舱水雾系统用的耗水量(m^3/h)；

$\quad\quad\ Q_2$——战斗使用的机械、仪器和其他装置冷却用的耗水量(m^3/h)；

$\quad\quad\ Q_3$——几个消防水枪(根据舰船种类，数量是 2~6)同时工作时耗水量(m^3/h)。

在第二种工况条件下，整个系统工作时，消防泵的数量按式(5-9)计算：

$$n = \frac{1.15\Sigma Q_i}{Q_b} = \frac{1.15(Q_2 + Q_3 + Q_4)}{Q_b} \qquad (5\text{-}9)$$

式中 Q_4——供浸水隔舱排水用的排水喷射器耗水量(m^3/h)，隔舱数根据舰船不沉性条件决定；

$\quad\quad\ 1.15$——系数(估计到系统总管上所有泵并联工作时，泵的流量约减少 15%)。

排水喷射器是系统该工况的主要用水设备。当排水系统与水消防系统无联系时，则该工况没有重要用途，按独立分段范围内系统的工作条件进行计算即可。

在第三种工况条件下，水幕系统工作时，水消防系统的总耗量按近似公式(5-10)计算：

$$Q = \frac{3600\Sigma F_{bi}q_{bi}}{1000} + Q_2 \qquad (5\text{-}10)$$

式中 F_{bi}——舰船上层建筑和甲板防护表面的独立分段面积(m^2)；

$\quad\quad\ q_{bi}$——每平方米上层建筑和甲板防护分段面积水幕系统耗水量定额($\text{L/m}^2 \cdot \text{s}$)。

根据在原子武器作用时，所进行的防止放射性沾染舰体的试验研究数据，来确定水幕系统的耗水量定额 q_{bi}。

当已知总耗水量 Q 时，可以按式(5-11)求出舰船所需要的消防泵数量：

$$n = \frac{Q}{Q_b} \qquad (5-11)$$

第二节　水 幕 系 统

水幕系统作用是使舰船不受放射性物质的沾染,同时,水幕系统可以作为防护舰船热辐射的工具,以及当作洗涤系统,消除舰体外表面的放射性沾染物。

当原子爆炸时,除了产生冲击波以及贯穿辐射外,同时形成强烈的光辐射(热辐射)和产生大量的放射性物质。中子流作用在大气和水中,会形成放射性物质,此外,爆炸物本身即是放射性物质。

放射性物质掉落在舰体后,以及由于在中子流作用下,舰体表面上形成了放射性元素,结果使舰船产生放射性污染。

由于原子爆炸直接影响的结果,舰船外部、甲板、上层建筑和桥楼等出现放射性污染。水下爆炸时,由于海水污染,通过各种系统管路而进入舰船中的海水,使舰船内部舱室污染。

当舰船在战斗中受到放射性物质影响时,或舰船通过沾染区,即进入放射雾区域时,舰船同样会受到放射性沾染。

原子爆炸时,热辐射会使舰船上发生火灾和各露天部位舰船人员受到灼伤。由于热辐射短时作用,火灾主要是在露天地方和易燃材料燃烧,例如木材、油漆、帆布、麻制索具和船员服装等。

根据舰船外表面上所形成的水幕防护层的形状,水幕系统可分成两种型式:①水幕系统;②水膜系统。

第一种水幕系统,形成水幕形状的水幕系统,就是将来自消防系统的各单独支管引到上甲板和上层建筑甲板上。各支管上安装定向作用和射向作用的喷头。系统接通时,通过喷管喷出强烈的分散水流遮闭或覆盖甲板、上层建筑、桥楼、武器和布置在舰体外面的其他设备,在舰船的周围形成由水粒组成的水雾。

水幕系统的工作是不需要船员的,当系统工作时,船员在舰船内部密闭舱内。系统不但能有效地防护舰船不受放射性沾染,同时能有效地消除舰船放射性沾染物。放射性沾染时,水幕系统应该尽可能地使舰体主要部分的沾染降低到"无危险"水平。然后继续以人工消除舰体各个部分的放射性沾染物。

水幕系统结构形式,在各种情况下,无论在线路方面或所采用喷头数量方面,各不相同。

为了防止放射性沾染,水幕系统按照最大遮闭舰体的原则设计。为了消除舰体放射性沾染,系统应该有固定的强烈水流,保证消除舰体表面上的放射性沾染物。

水幕系统应完成的两个任务,完全取决于喷头的结构。喷头应保证有强烈的定向水流,同时尽量用水遮闭舰体大部分表面。

消除舰体放射性沾染时,系统工作效果在很大程度上取决于上层建筑的形状,以及布置在甲板和上层建筑上的设备数量与形状。若上层建筑和设备很少,而形状是光滑的、呈圆角的,则消除舰体放射性沾染就较简单,效果也较好。因此,水幕系统设计应与舰体外形总设计结合起来。

安装在舰船上的喷头数量,首先取决于舰种和舰船尺度,由试验方法来确定喷头的数量,以及每一舰种的耗水量定额。

上述水幕系统的缺点是耗水量大,使舰船上泵的数量增加很多,此外,当系统工作时,在舰船的周围形成浓密的分散水雾,对观察和舰船武器的使用产生困难。虽然存在这些缺点,但水幕系统仍是原子防护的有效工具。

第二种水膜系统,形成水膜形状的水幕系统,在舰体的外表面上是由水流层形成的水膜,沿着舰船上层建筑的垂直壁、水平盖和露天甲板不断流动。

这种水膜形成阻挡层,阻止放射性物质进入舰船,并将放射性物质排至舷外。为了形成水流层,用泵将舷外水沿着管路输送到上面平台和上层建筑垂直壁的上檐板,用特别喷头喷到这些壁的表面上。上面的水以阶梯式从一个平台流到另一个平台,向下流到上甲板,继续流至舷外。系统管路和喷头应该布置得保证上层建筑垂直壁上或水平平台上的水层是连续不断的。水流层的厚度根据舰船外表面的特点、表面的布置情况和给水量,在几毫米到几厘米范围内。

与水幕系统相比较,水膜系统具有下述优点。

(1) 系统工作时不阻碍舰船观察和武器使用。

(2) 安装本系统时显著减少耗水量。

水膜系统虽然有这些优点,但也有缺点,因为用均匀水层遮闭舰体复杂的外表面是很困难的。

每秒钟对每平方米上层建筑或甲板防护区所流通的水量,称为水幕系统的耗水量定额 q_b。耗水量定额根据防护舰船放射性沾染的系统工作效果来确定。耗水量定额与舰船类型、水幕系统型式、外表面复杂性、舰船表面防护分段的布置和特点有关。

舰船防护表面各分段的耗水量定额按式(5-12)计算:

$$q_{bi} = \frac{Q_i}{F_i} = \frac{1000}{3600} \tag{5-12}$$

式中　　Q_i——防护分段耗水量(m^3/h);

　　　　F_i——舰船表面防护分段面积(m^2)。

第三节　卤化烃1211液体灭火系统

一、卤化烃1211灭火系统的用途

卤化烃灭火剂有很多种,如一溴一氯二氟甲烷(称为卤化烃1211)、一溴三氟甲烷(称为卤化烃1301)、二溴二氟甲烷(称为卤化烃1202)、二溴四氟乙烷(称为卤化烃2402)等。卤化烃1211简称1211,目前已被广泛应用在国内各类舰船上。1211灭火剂是一种化学灭火剂,它是借干扰燃料的燃烧反应而灭火的。1211灭火液在迅速熄灭易燃液体和气体的火灾方面是特别有效的,同时它具有重量轻、体积小、可靠性高、毒性低、电绝缘性好以及不污渍设备和仪表,故具有优越的应用特性。

二、卤化烃1211灭火系统的原理

1. 1211灭火剂的性能

1211属于卤代烷一类的化合物。卤素原子取代烃类分子中的部分或全部氯原子即生成卤代烷。常温常压下,1211是一种略带芳香气味的无色气体,其密度约为空气的6倍,加压后1211能以液态贮存在密闭容器内。各种卤化烃灭火剂的性能列于表5-4。

表 5-4 卤化烃灭火剂的性能

灭火剂名称 性能	一溴三氟甲烷	一溴一氯二氟甲烷	二溴四氟乙烷	二溴二氟甲烷	溴氯甲烷	四氯化碳
代号	1301	1211	2402	1202	1011	104
化学式	$CBrF_3$	$CBrClF_2$	$CBrF_2CBrF$	CBr_2F_2	CH_2BrCl	CCl_4
分子量	148.93	165.38	259.85	209.84	129.40	153.84
冰点℃	−168	−160.5	−110.5	−80	−88	−22.75
沸点℃(在 1atm 时)	−57.75	−4	47.26	24.5	68	76.75
临界温度/(℃)	67.0	153.8	214.5	198.2	277.0	283.1
临界密度/(g/cm^3)	0.745	0.713	0.790	0.884	0.641	0.558
蒸发潜热/(cal/g)(在沸点时)	28.38	32.0	25	29.1	90	46.4
比热/(cal/g℃)(30℃的液体)	0.208	0.182	0.166	0.15	0.202	0.204
黏度,厘泊(液体,25℃时)	0.15	0.34	0.72	0.48	0.64	0.9
临界压力/(atm)	39.1	40.4	34.0	40.8		45
热传导率×10_5cal/cm·s·℃ (25℃的液体)	6.9		7.5	16	24	23

1211 是一种化学稳定的化合物。在与火焰接触的高温下,1211 部分分解成活性基团,1211 的这一特性生成了使它具有灭火效能的游离溴基。然而,在通常环境温度下 1211 可长期贮存而不变质。在无湿气存在时 1211 与大多数普通金属接触可令人满意地长期贮存。试验证明,1211 在 25℃与钢、铜、铝接触,其年腐蚀率均小于 0.005mm。当有湿气存在时可能引起 1211 部分水解,1211 有产生腐蚀的趋势。因此,在一般情况下,装盛 1211 的容器在充装灭火剂之前必须彻底干燥,用来增压容器的氮气也同样必须是干燥的。如果能经常进行观察、合理检验与维修,那么 1211 灭火系统的寿命则是不限定的。

2. 1211 灭火特性

1211 灭火剂对扑灭可燃性液体的火灾效能高,且其绝缘性好,蒸发后不留痕迹,因此适合扑灭油类、其他可燃液体、电气和仪表设备的火灾;同时它也能有效地熄灭大多数固体物质的火灾。但 1211 灭火剂不能用来灭活泼金属(如钾、钠)、金属氢化物或含有氧化剂的物质(如硝酸纤维素)的火灾。

与大多数普通灭火系统不同,由于 1211 灭火剂蒸发潜热很小,因此使火焰温度迅速下降的原因不是靠冷却,而是靠抑制燃烧的化学反应。1211 灭火剂是一种化学灭火剂,它较高的灭火效能是产生于它的干扰燃烧过程中基本化学反应的能力。在接触火焰的高温条件下,1211 蒸汽部分离解而产生卤基。卤基能与维持燃烧过程的化学连锁反应起主要作用的活性基团反应,并借此将其消除掉。在某种程度上,所有的卤素原子都具有这种"断链"功能,其中溴的功能比氟和氯更大。1211 的灭火效能主要归功于溴原子,而它的化学稳定性主要依赖分子中的两个氟原子。

能用 1211 灭火系统扑灭的火灾可以分为以下三种:第一种易燃液体或气体火灾;第二种易燃固体的表面火灾;第三种某些固体物质由于自热、闷烧和积蓄高热而发生的深位火灾。当在危险场所的空间内快速形成 1211 灭火浓度时,可迅速扑灭易燃液体和气体的火灾,也能快速熄灭固体物质的表面火灾(即发烟燃烧)。通常使用低浓度的 1211 灭火剂在较短时间内熄灭这些表面余烬。

某些物质表面之下可能发生深位火灾。1211灭火剂能减低这些火灾的燃烧速率。倘若将高浓度的1211灭火剂保持足够的浸渍时间就可以熄灭这些深位火灾。然而,用这种将所要求的高浓度的1211灭火剂保持足够长的时间的方法来扑灭深位火灾,通常是不实际的。即使在能够保持高浓度1211的场合,由于1211灭火剂长期暴露在火焰中,其分解的产物浓度的增加也是不受欢迎的。因此,不推荐用1211去灭深位火灾。

3. 对人体的影响

采用1211灭火系统的目的是保护危险场所中人的生命和设备免遭火灾损失。虽然1211灭火剂本身的毒性较低,但1211灭火剂及其分解产物对人体存在某些危险性。研究试验证明,人在4%~5%的1211浓度中暴露的最大安全时间限度为1min。在低于4%的1211浓度中暴露若干分钟还不至造成严重影响,但较长时间暴露在大于4%的1211浓度中有可能使人失去知觉,甚至死亡。

我国有关部门在进行1211性能试验的同时,也进行了毒性试验。试验结果表明,灭火后舱内气体的毒性与1211的剂量有关,在192g/m³以上剂量时,放在舱内的小鼠均死亡;在128~154g/m³时,小鼠无死亡,但有明显中毒症状;在80~106g/m³时仅有轻度毒性反应。试验结果列于表5-5。

表5-5　用柴油或混合柴油做燃料灭火后毒性反应统计

灭火剂量 /(g/m³)	第一只小鼠死亡时间 /min	小鼠 死亡率	主要症状	备　注
267	13	10/10		试验条件:
192	10	7/10		灭火舱室容积为75~78m³,染毒舱
154		0/10	3/10出现侧卧	体积5m³,风机送风是1~1.6m³/min;
128		0/10	1/10出现侧卧	灭火后2min将灭火舱的气体抽出送入染毒舱,连续染毒15min,染毒舱内
106		0/10	呼吸异常步态不稳	温度为23.6~35.4℃,染毒舱顶上有一
80		0/10	呼吸异常	小开口

卤化烃1211灭火剂本身毒性较低,但遇火裂解后的产物HF、HCl和HBr等毒性较大,因此1211剂量增加,裂解产物增多是引起小鼠死亡的原因之一。引起小鼠死亡的另一原因是CO含量。当卤化烃1211剂量较大时,灭火快,CO生成多,因而小鼠死亡率也高。灭火剂量较小时,CO也较低,毒性也就较低。CO测定值列于表5-6。

表5-6　各种测量灭火剂扑灭混合柴油火后CO生成量

灭火剂量/(g/m³)	CO/%
400	0.78%
334	0.45%
107	0.22%
80	0.075%

经试验柴油燃烧后的其他裂解产物不是小鼠死亡的主要原因。

当人员迅速离开危险场所后,吸入的1211灭火剂气体的影响就快速和完全消失,偶而多次短期暴露不会对人体有任何累积的影响。

由于 1211 灭火剂是一种略带芳香气味的无色蒸汽,当通过喷嘴喷入大气时,1211 的液滴产生一种轻雾,这种轻雾在液滴蒸发后迅速消散。不能靠人的感觉去检测 1211 灭火剂的存在或其浓度的大小。

1211 灭火剂暴露于火焰中或在大于 500℃ 的热体表面就发生热分解。实际上这种在火焰中的分解对燃烧反应起着主要的干扰作用,致使 1211 灭火剂具有灭火效能。1211 灭火剂的主要分解物是氢卤酸(HF、HCl、HBr)和游离卤素(Cl_2、Br_2),分解产物中也可能含有羰酰卤(COF_2、$COCl_2$、$COBr_2$)。

灭火试验表明,1211 灭火剂分解产物的浓度取决于灭火时间。因此,应将 1211 灭火系统的灭火时间设计在 10～20s,1211 分解产物的浓度即使仅为百分之几,也带有强烈的刺激性气味。这个特性会驱使人们撤离,以免分解物的危险浓度伤害。

三、1211 灭火系统的设备

1211 灭火设备主要由容器、喷头、管路及操纵设备等组成。

1. 容器

舰船所需的灭火剂的储存量较大,按其贮存的方式,容器分高压容器与低压容器两种。

1211 灭火剂在常温下的蒸汽压是低的。通常用惰性气体增压容器以产生使系统能快速喷射所必需的推动力。增压气体可贮存在容器内液面之上的空间中,或者当系统工作时,将高压钢瓶内的气体经减压阀压进容器。前者称贮压系统,后者称启动系统。

贮压系统就是在容器内充装一部分 1211 液体灭火剂。然后,将增压氮气充入汽空间。用氮气增压是因为氮气容易干燥,而且氮气在 1211 液体中的溶解度相当低。一般不用空气和二氧化碳增压,因为空气不能确保干燥,而二氧化碳在 1211 液体中溶解度高。

充装比和充装压力是贮压系统的两个重要参数。充装比是液体 1211 灭火剂在容器中所占容积与容器总容积之比。充装比是在充装温度(通常取 20℃)下算得的。1211 灭火剂质量除以容器的总容积。在驱动气体与灭火剂在同一容器的情况下,容器的充装比应不大于 1.2kg/L。系统充装压力的选择,必须确保贮存容器内灭火剂按要求在规定时间内施放结束,并应考虑管道阻力。系统充装压力(也就是驱动压力)一般为 40kgf/cm^2 左右。

启动系统动作时,高压钢瓶的气体经减压阀送往 1211 灭火剂容器。它与贮压系统有三点不同。

(1)在整个喷射期间内喷射压力保持恒定。

(2)充装比以灭火剂在 50℃ 时,不超过 95% 容器容积来考虑,对 1211 来说充装比可达 1.68kg/L。

(3)用来做起动用的增压气体与贮压系统的不一样,限制较少。因为在系统动作时,气体与 1211 的接触只有几秒钟,所以即使采用 1211 中溶解度相当高的气体,如二氧化碳也是可以的。驱动气体压力一般为 25～30kgf/cm^2。

舰船设计时灭火剂容器的数量应不少于两只,容器的设计压力应不低于驱动气体的最大工作压力。对容器的耐压问题,一般以 60～70℃ 为基础进行设计。容器的材料为钢或其他等效材料。同时灭火剂容器应具有以下附件。

(1)灭火剂装充阀。

(2)接有虹吸管的输出阀,虹吸管的内径不得小于输出阀通路直径,其尾部需具有斜切口,切口距容器底 5mm 左右。

（3）在容器上部设置安全膜片或易熔塞,其要求为:安全膜片的爆破压力为容器液压试验压力±10kgf/cm²,易熔塞的易熔合金熔点为75～85℃。

（4）容积大于60L的容器,在容器底部需设有泄放阀。

（5）对用氮气贮压的灭火剂容器,在站室内需设一只公用的压力表及必要的接头用以检查各容器内的氮气压力。

（6）不用氮气加压的灭火剂容器,每只容器上应装液位计或其他合适的衡量设备。

2. 喷头

使用喷头来均匀喷射1211灭火剂是达到灭火效果的一个重要手段。喷射过程表明大部分灭火剂是以液体状态从喷头喷出的,接着必须在封闭空间内迅速汽化。

目前,多数采用的雾化片喷头如图5-7所示。这种喷头经用水喷射试验,雾化情况良好。但由于喷射角偏小,被保护的面积不大,因而所用喷头数量就较多。

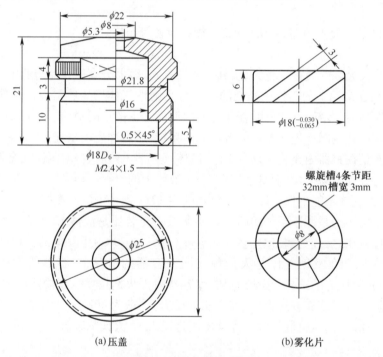

(a)压盖　　　　　　　　(b)雾化片

图 5-7　雾化片的喷头

国外也有采用弹簧状喷头的,喷射量及保护面积均较大,如图5-8所示。

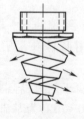

图 5-8　弹簧状喷头

经过实践使用证明,喷头应布置在被保护舱室的上部,这是因为1211灭火剂气体比空气重5倍左右,施放后将逐渐下沉。

四、系统布置

系统布置应注意以下几点。

（1）灭火剂与驱动气体贮存在同一容器内时，容器的容积一般为40L。各容器集中装在站室内，管系布置及施放装置与二氧化碳系统的相似，只是喷口处采用喷头。容器内贮存气体为氮气，加压至40kgf/cm²左右。

（2）灭火剂与驱动气体分开贮存，如图5-9所示。

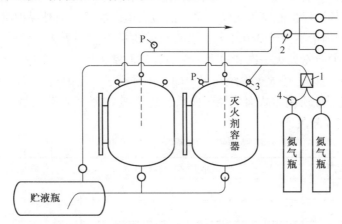

图 5-9 灭火剂与驱动氮气分开贮存的卤化烃灭火系统
1—减压阀；2—总控阀；3，4—施放阀

使用时打开氮气瓶上的阀4，经减压阀1后氮气减压至25~30kgf/cm²，经阀3放入灭火剂容器，开阀2将灭火剂放入被保护舱室。

这种系统的优点是灭火剂容器在常温下压力较低，因此灭火剂不易逃逸，而且可用平板玻璃液面计直接测定灭火剂的数量，管理方便。

由于容器长期贮存灭火剂，若灭火剂容器上的阀件有渗漏设备就会失效。为此最好另设一只贮液器，以便容器之一需检修时暂时将灭火剂放入贮液器，修复后再用氮气驱回灭火剂容器。

如果驱动气体不是采用氮气，而是压缩空气，空气瓶压力一般为25~30kgf/cm²，瓶的总容积均为灭火剂容器总容积的一半。压缩空气从空气瓶出来后，经管路进入灭火剂容器，将灭火剂压出至被保护处所进行灭火。压缩空气管路中不必设减压阀，这种系统布置大致与图5-9所示相同，只是氮气瓶换成空气瓶，取消减压阀，贮液器仍建议装设。采用压缩空气来驱动灭火剂，其缺点是在灭火时可能驱动气体-空气放入被保护舱室影响灭火效果。为此在操作中要注意，当灭火剂容器出口的总管压力表所示的压力发生急剧下降时，即灭火剂液体已放完形成气体施放时，应立即关闭灭火剂容器出口阀，这样就可以避免大量驱动气体放入被保护舱室。

（3）1301灭火系统，因其灭火剂毒性较1211低，故允许灭火系统的灭火剂容器放在被保护舱室内，各容器均布置在舱室各处的上方。操纵系统一般采用电气引爆方法打开爆炸模片或电爆阀，使灭火剂迅速施放。该系统优点是容器直接放在被保护舱室内，省掉了管系和很多阀件。容器内驱动气体的压力较低，一般为25kgf/cm²。施放速度较快，一般为10s左右。

上述是三种系统布置的方法。第（1）（2）种方法同样适用于1301灭火系统，实际上1301

比 1211 为更有效的灭火系统。1211 所设置的设备 1301 完全可以通用,其主要区别是 1301 充装比要比 1211 低,其毒性更低,性能更好。灭火管路的通流截面积以及喷头数量的配置,按规定应能在 20s 内(从喷头开始喷射灭火剂时算起)通过被保护舱室所需的灭火剂数量。

五、灭火剂量的确定及各种影响

1. 灭火剂量的确定

1211 灭火剂的最低需要量应根据其灭火性能予以确定。灭火系统内充装的卤化物灭火剂的数量应不少于各被保护舱室灭火需要量中的最大值。舰船一般被保护舱室的每立米舱室容积采用 1211 灭火剂量不少于 360g,至于油舱则需要量更多。灭火系统内充装的灭火剂量应不少于全部被保护舱室灭火一次和最大一个被保护舱室灭火二次所需的最大值。

近年来,国际上对卤化烃灭火系统在船上的应用进行了广泛的讨论,政府间海事协商组织(IMCO)拟订了《机器处所固定式卤化烃灭火系统建议案》(草案),草案规定各灭火剂的浓度值列于表 5-7,其需要量见 5-8。

表 5-7 各灭火剂浓度值

卤化烃灭火剂	最小值(按总容积计)	最大值(按净容积计)
1211	4.25%	5.5%
1301	4.25%	7%
2402	0.20kg/m³	0.30kg/m³

表 5-8 需要量

单位体积重量/(g/m³) 浓度/% 温度/℃	4.25		5		5.5		6		7	
	1301	1211	1301	1211	1301	1211	1301	1211	1301	1211
20	283	323	325.9	380	358	418	395.2	451.3	466.1	543.4
30	267	311	314.3	365.5	346	401	381.2	443.3	449.4	522.7
40	258	298	303.4	350.9	334	386	368	425.6	433.8	501.8

按表 5-7 规定的浓度值乘以卤化烃 1301 或 1211 自由气体单位体积的重量,就能换算成以重量表示的需要量,也可直接按表 5-8 折算。

2. 影响灭火剂容量的因素

影响灭火剂容量的因素有以下几个。

(1)舱室大小的影响,在相同的条件下,舱室容积大小不同所要求的灭火剂量是不一样的,不同性质的舱室灭火剂需要量按标准选用。

(2)开口泄漏的影响。当封闭空间内的空气与重的 1211 灭火剂蒸汽混合时,所产生的混合物重于周围大气。二者密度的不同,就造成了压差,若有开口存在时,这个压差将驱使气体流出封闭空间,因此泄漏越多,所需灭火剂容量越多,为此,往往在用 1211 灭火系统保护的危险舱室安装自动门、窗,以便使它们能在探测器刚刚发出火警信号及灭火剂喷射之前自行关闭。

(3)舱室通风的影响。若 1211 灭火剂施放时,舱室通风还未关闭,它起的破坏作用比开口泄漏还厉害。因此,要求在 1211 施放前关闭通风机。

（4）喷射时间的影响。在灭火总需要量已经确定的情况下,应选择一个适当的喷射时间,喷射时间过长显然不利,但喷射时间也不能太短,要设计一个合适的喷射时间,以获得最佳的喷射强度(即单位时间的灭火剂量 $kg/m^3 \cdot s$)和持续喷射时间,前者使每立方米舱室容积获得一定的灭火所需的 1211 浓度,后者能避免使用过大灭火剂量而不经济并增加毒性。

喷射时间与喷头的型式、喷孔大小、1211 灭火剂需要量、充装率、装充压力、管路布置以及喷头数量等因素有关,因此喷射时间要选择合适。经过试验证明,取 20s 以下的喷射时间是合适的。

（5）喷嘴布置的影响。喷嘴布置应均匀分布,但由于实船情况较复杂,船的深度较大,因此喷头不得不分层布置,因此所需的灭火剂量也存在差异。

六、管路计算、管路试验及保养

为了得到所要求的灭火剂在管路系统中的流量分布和保证在规定时间内喷射完毕,以及保证在喷射终了时驱动气体压力为 $7 \sim 15 kgf/cm^2$,就必须求出管道和喷嘴的适用尺寸。管路设计必须根据所要求的灭火剂流量、管系的大小按图估算,从而确定喷嘴压力。

1. 管路计算

1）计算总压降

1211 灭火系统管路的压力降是由于氮气和 1211 灭火液二相混合物流过系统各部件所产生的。管路压力降由三个来源组成(ΔP_T,$\Delta P_{阻}$,ΔP_H)。

（1）贮存压力的压力降是在 1211 液体最初充满管路系统时产生的,贮存压力的变化 ΔP_T 可由式（5-13）进行估算:

$$\Delta P_T = (P_{Ti} - P_v)\left[1 - \left(\frac{V_c - V_s}{V_c + V_s + V_p}\right)\right] \tag{5-13}$$

式中　ΔP_T——1211 液体流入管路后容器压力的变化;

　　　P_{Ti}——容器最初充装压力;

　　　P_v——1211 的蒸汽压;

　　　V_c——容器内蒸汽空间所占容积;

　　　V_s——容器内浸管的液面以上部分的内容积;

　　　V_p——外部管路系统和分配系统的内容积。

（2）当液体 1211 流过管系到达喷嘴时产生的摩擦损失 $\Delta P_{阻}$。因此必须考虑到截止阀、管子以及灭火剂一定要流过的其他设备当量长度。

（3）高度 ΔP_H 变化的计算。在容器高度以上每米管子从适用总压力中减去 $0.18 kgf/cm^2$,如果低于容器高度,则每米加上 $0.18 kgf/cm^2$。

因此,管路总压力降为

$$\Delta P = \Delta P_T + \Delta P_{阻} \pm \Delta P_H \tag{5-14}$$

在上述计算中,可按表 5-9 和表 5-10 取管路当量长度,然后按图 5-10 查出管路流体阻力单位压降,二者相乘就是 $\Delta P_{阻}$,按图 5-11 查出一定温度下的蒸汽压。

2）按喷嘴压力及贮存压力求出喷嘴流率,可按图 5-12 查出喷嘴流率。

3）按喷嘴流率求出喷嘴孔径:

$$D = \sqrt{\cfrac{Q}{G_a \cdot t \cdot n \cdot \cfrac{\pi}{4}}} \qquad (5-15)$$

式中 Q ——灭火剂总容量(kg);

      G_a ——喷嘴流率(kg/cm² · s);

      t ——整个喷射时间(s);

      n ——喷嘴数量,根据舱室布置而定。

表 5-9   钢管螺纹管配件的当量长度   (m)

管径/in	标准 45°肘管	标准 90°肘管	长弧度 9°肘管和 T 型三通的直管	T 形三通的支管	螺纹接头或闸阀
3/8	0.6	1.3	0.8	2.7	0.3
1/2	0.8	1.7	1.0	3.4	0.4
3/4	1.0	2.2	1.4	4.5	0.5
1	1.3	2.8	1.6	5.7	0.6
1¼	1.7	3.7	2.3	7.5	0.8
1½	2.0	4.3	2.7	8.7	0.9
2	2.6	5.5	3.5	11.2	1.2
2½	3.1	6.4	4.1	13.4	1.4
3	3.8	8.2	5.1	16.6	1.8
4	5.0	10.7	6.7	21.8	2.4
5	6.3	13.4	8.4	27.8	3.0
6	7.6	16.2	10.1	32.8	3.5

表 5-10   钢管焊接管配件的当量长度   (m)

管径/in	标准 45°肘管	标准 90°肘管	长弧度 9°肘管和 T 形三通的直管	T 形三通的支管	螺纹接头或闸阀
3/8	0.2	0.7	0.5	1.6	0.3
1/2	0.3	0.8	0.7	2.1	0.4
3/4	0.4	1.1	0.9	2.8	0.5
1	0.5	1.4	1.1	3.5	0.6
1¼	0.7	1.8	1.5	4.6	0.8
1½	0.8	2.1	1.7	5.4	0.9
2	1.0	2.8	2.2	6.9	1.2
2½	1.2	3.3	2.7	8.2	1.4
3	1.5	4.1	3.3	10	1.8
4	2.0	5.4	4.4	13.4	2.4
5	2.5	6.7	5.5	16.8	3.0
6	3.0	8.1	6.6	20.2	3.5

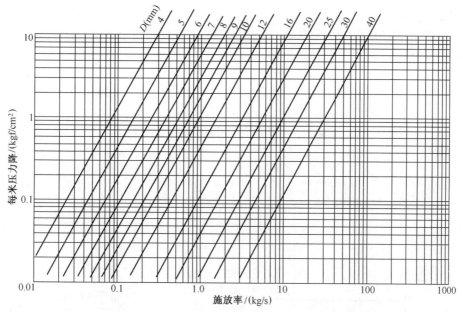

图 5-10　1211 灭火液在管路中流动时压力降与施放率

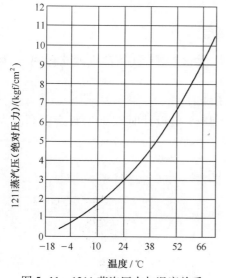

图 5-11　1211 蒸汽压力与温度关系

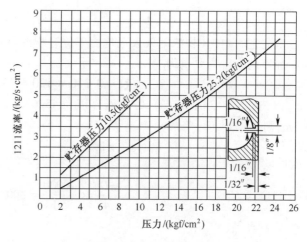

图 5-12　喷嘴流率与喷嘴前压力的关系
（21℃水流经喷嘴的流量系数 0.98）

1211 温度压力与密度的关系见表 5-11。

表 5-11　1211 温度压力与密度的关系

温度(℃)	绝对压力 (kgf/cm²)	液体密度(kg/L)	气体密度(kg/L)
0	1.27	1.9	0.008
20	2.66	1.83	0.015
40	4.9	1.75	0.025
60	8.11	1.67	0.037
80	12.4	1.58	0.054
100	18.2	1.47	

4) 举例(图 5-13)。

设计数据:被保护舱室容积120m³,工作温度20℃,施放时间为10s,1211 灭火浓度5%,驱动气体压力为 25kgf/cm²。

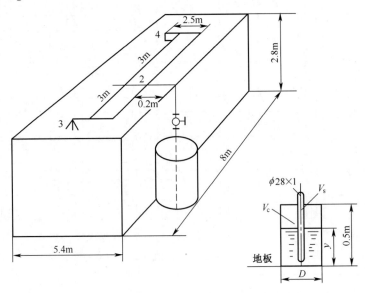

图 5-13　管路计算示意图

首先把5%的体积浓度灭火剂化为单位容积的重量,按表 5-11 折算为 0.380kg/cm³。被保护舱室的全部需要量为

$$Q = 0.380 \times 120 = 45.6(\text{kg})$$

以充装率 1.2kg/L 计算,贮存器容积为 45.6÷1.2=38(L),设计时取 40L,设容器高度为 0.5m,则

$$\frac{\pi D^2}{4} \times 50 = 40000(\text{cm}^3)$$

$$\frac{\pi D^2}{4} \times \frac{40000}{50} = 800(\text{cm}^2)$$

容器直径:

$$D = \sqrt{\frac{800 \times 4}{3.14}} = \sqrt{1018} = 31.8(\text{cm})$$

容器内液体容积为

$$45.6 \div 1.83 = 25(\text{L})$$

1.83 为 20℃时 1211 液体密度(kg/L),这时:

$$y = 25000 \div 800 = 31.2(\text{cm})$$

$$V_s = \left(\frac{2.6}{2}\right)^2 \times 3.14 \times (50 - 31.2) = 100(\text{cm}^3)$$

$$V_c = (40000 - 25000) - \left[\left(\frac{2.8}{2}\right)^2 \times 3.14 \times (50 - 31.2)\right] = 14884(\text{cm}^3)$$

从图 5-11 查得 20℃时 1211 蒸汽压为 2.66kgf/cm²。管路中总管 1-2,$\phi28 \times 1$,容积为 1.59L,管段 2-3 及 2-4,$\phi23 \times 1$,容积为 3.8L,管路总容积等于 5.39L。因此:

$$\Delta P_T = (P_{Ti} - P_v)\left[1 - \left(\frac{V_c - V_s}{V_c + V_s + V_p}\right)\right]$$

$$= (25 - 2.66)\left(1 - \frac{14884 - 100}{14884 + 100 + 5390}\right)$$

$$= 22.34 \times 0.274 = 6.13(\text{kgf/cm}^2)$$

管路流体阻力压降：

管段 1-2 当量长度，按表 5-9、表 5-10 选取：

$\phi26$ 阀一只——4.2；

90°直角弯一只($\phi26$)——2.8；

90°T 形接头一只($\phi26$)——1.6；

1:0.8 收缩节头两只——0.8；

直管 $\phi28\times1$ ——3。

当量长度合计为 12.4m。

管段 2-3 或 2-4 当量长度：

90°直角弯一只——2.2；

直管 $\phi23\times1$ ——5.5。

当量长度合计为 7.7m。

管路 1-2 管路施放率为：45.6÷10=4.56(kg/s)；

管路 2-3 或 2-4 管路施放率为：22.8÷10=2.28(kg/s)；

管路 1-2 单位压降由图 5-10 查得：0.22(kgf/cm²·m)；

管路 2-3 或 2-4 单位压降由图 5-10 查得：0.17(kgf/cm²·m)。

管路 1-2 流体阻力压降：

$$\Delta P_{\text{阻}1\sim2} = 0.22 \times 12.4 = 2.73(\text{kgf/cm}^2)$$

管路 2-3 或管路 2-4 流体阻力压降：

$$\Delta P_{\text{阻}2\sim3} = 0.17 \times 7.7 = 1.31(\text{kgf/cm}^2)$$

所以 $\quad\quad \Delta P_{\text{阻}} = 2.73 + 2.62 = 5.35(\text{kgf/cm}^2)$

容器的高度压降：

$$\Delta P_H = (2.8 - 0.5) \times 0.18 = 0.41(\text{kgf/cm}^2)$$

管路总压力降：

$$\Delta P = \Delta P_T + \Delta P_{\text{阻}} + \Delta P_H = 6.13 + 5.35 + 0.41 = 11.89(\text{kgf/cm}^2)$$

喷嘴出口压力：

$$P_i = P_{Ti} - \Delta P = 25 - 11.89 = 13.11(\text{kgf/cm}^2)$$

按贮存压力 25(kgf/cm²)及喷嘴出口压力为 13.11(kgf/cm²)，由图 5-12 查得 1211 流率为 3.7(kg/s·cm²)。

喷嘴孔径：

$$D = \sqrt{\frac{Q}{G_a \cdot t \cdot n \cdot \frac{\pi}{4}}} = \sqrt{\frac{45.6}{3.7 \times 10 \times 2 \times \frac{\pi}{4}}} = 0.88(\text{cm})$$

2. 系统管路试验

1211 灭火系统在船上装妥后，按下述规定进行效用试验。

（1）首制舰船应选一被保护舱室进行喷水试验,其试验方法和要求如下:

在灭火剂容器内充入等于灭火剂体积的淡水,然后按设计要求将氮气充入灭火剂容器或将压缩空气充入空气瓶。试验时用氮气或压缩空气驱动淡水喷入被保护舱室,若有遥控装置,则该装置也需进行试验。

从喷嘴喷水开始至喷水完毕的时间应不大于 20s 或按设计规定,喷水终了的气体压力不得低于 $7\sim15\mathrm{kgf/cm^2}$。

试验如有可能,应进行实船施放试验,施放药剂为氟里昂 12,并用氮气加压,因为这样试验比较接近实际情况;同时,管路及容器内不致积水,不致腐蚀容器。

（2）所有被保护舱室,均需用压缩空气检查灭火管路及喷嘴的畅通情况。

3. 系统的保养

（1）定期检查容器内灭火液是否泄漏,对低压容器可直接用液位表来检查,对高压容器则定期进行称重,若有泄漏应进行补充。

（2）要经常检查开启附件,要时刻做到操纵可靠。

（3）在灭火管路上应接有压缩空气吹洗管路,以便定期用压缩空气吹洗灭火管路及喷嘴。

第四节　喷 注 系 统

一、喷注系统分类

喷注系统广泛用于各种舰船上,根据其功用可以分成三种独立喷注系统。

（1）飞机库喷注系统,用来隔绝飞机库火灾蔓延。

（2）弹药舱喷注系统,用来冷却弹药以及防止弹药舱着火。这种系统适用于各种舰船。

（3）飞机库和机炉舱出入口处喷注系统,本系统在着火时或蒸汽管路损坏时,保证船员走出这些舱室。

前两种喷注系统是比较重要的系统,相互之间有很多共同点,通常按一个原理线路设计,只是这些系统所承担的任务及范围不同而已。

出入口处喷注系统与前两种系统是有原则区别的,不仅在用途方面,而且还在形式方面。

根据舰船上采用的喷注系统分为:多孔式喷注系统;喷水器式喷注系统。

多孔式喷注系统是网状管路,敷设在被喷注舱室的上部。从这些管路的下面钻几排小孔,孔径 3~4mm,间距 40~50mm。来自消防总管的水输送到喷注管路时,水在压力下通过小孔喷出,在舱室内形成一片雾状水幕。雾状水幕可冷却舱室和熄灭火灾。

当弹药舱温度过高时,多孔式喷注系统能冷却弹药。但经验证明,本装置不是弹药舱灭火的有效工具,因此,目前在弹药舱内不采用多孔式喷注系统,仅在出入口处喷注系统中采用。

目前舰船的弹药舱和飞机库,都是采用喷水器式喷注系统。喷水器式喷注系统和多孔式喷注系统的原则区别,前者在喷注管路上安装专用喷——反射式喷水器来代替后者的小孔,喷水器间距为 1~2m。大量的水源通过喷水器喷出,保证了弹药舱和飞机库的冷却与熄灭火灾。

根据喷水系统操纵方法分为:手动操纵喷注系统;自动起动喷注系统。

从发生火灾到起动喷注系统的间隔时间太长和没有一定的时间,这是弹药舱和飞机库内防止火灾最不利的因素。因此,若时间间隔越短,喷注系统起动越快,就可越迅速地隔绝火灾。喷注系统自动操纵时,系统由布置在弹药舱或飞机库内的专用仪器起动。保证火灾一发生,水就通过系统很快地喷出。目前,舰船弹药舱和飞机库广泛采用自动喷注系统。

二、飞机库喷注系统

舰船飞机库内采用自动喷注系统,本系统目的是用水幕将飞机库内较大的空间分成几个单独分段,当发生火灾时可限制飞机库内火灾蔓延,以及冷却防火隔壁。

图 5-14 所示为舰船飞机库内自动喷注系统原理图,设在飞机升降机附近,防火隔壁之间的飞机库发生火灾时,用双重水幕 1 的方法将其分成三个分段。水幕是由于喷注管路 3 中的水在 5~6kgf/cm² 压力作用下,通过喷水器 2 喷出形成。喷注管路敷设在飞机库的 4 个地方。将水输送到喷注系统,用两台流量为 150~300m³/h 的电动离心泵 4,泵将水沿吸入接管 5 从舷外吸入,输送到压力总管 6,压力总管的水通过组合速动阀 7 输送到喷注管路。

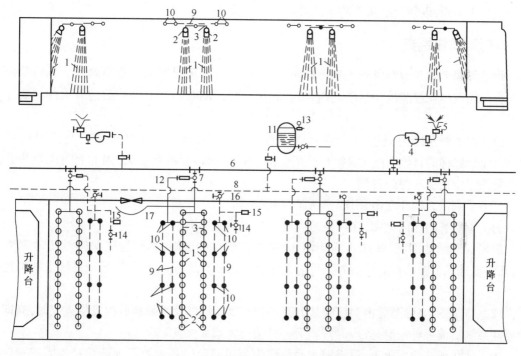

图 5-14　舰船飞机库自动喷注系统原理图

1—双重水幕;2—喷水器;3—管路;4—离心泵;5—吸入管;6—压力总管;7—速动阀;8,9—增压总管;10—增压阀;11—压力柜;12—接管;13—压力继电器;14—手动起动阀;15—电磁阀;16—弹簧止回阀;17—喷注系统。

为了使喷注系统自动起动,设有增压系统,增压系统由敷设在飞机库区域内的增压总管 8 和飞机库内每一个水幕附近的增压管路 9 组成。增压管路上安装增压阀 10,阀由易熔金属做的塞子关闭。增压系统内注满水,其压力保护不变,压力柜 11 容量约为 1m³。增压管路内的压力通过接管 12 进入组合速动阀 7,使阀保持在关闭位置。

当飞机库的温度升高到超出 72℃时,喷注系统自动起动。此时,增压阀处的易熔塞熔解,水从增压管路中流出,增压管路内的压力下降,使组合阀 7 打开,引起压力柜内压力下降,其结果压力继电器 13 动作,泵接通,使水输入喷注系统。喷注系统可以用手动打开飞机库内增压管路上手动起动阀 14,或在损管部位用电磁阀 15 起动。

为了避免飞机库火灾蔓延,同时接通所有水幕,将增压管路各管段通过弹簧止回阀 16 与增压总管接通。当增压总管 8 内的压力下降时,处于关闭位置的弹簧止回阀不许增压管路 9

内的压力下降。这时组合阀保持在关闭位置，并且水不进入喷注管路。但是当飞机库内的火灾蔓延时，由于温度升高，增压阀易熔塞熔解时，单独水幕会一个接着一个接通。

为了保证船员安全地从飞机库撤出，在起动水幕的同时，起动出口处的喷注系统17。

为了使系统处于准备起动状态，在系统动作后必须更换易熔塞，用手关闭组合阀，用水将增压管路灌满，并在压力柜内形成压力，然后使压力在规定范围内经常保持不变。

水幕之间所形成的各段内的火灾，是按容积灭火或泡沫灭火原理，用其他消防系统，例如1211或1301卤化烃或空气机械泡沫系统进行灭火。此外，为了熄灭这些分段内的火，还可采用水雾系统。为此在飞机库的天花板处敷设水雾系统。

上述自动喷注系统是较简单的，系统进行动作时间较短，若水不是用泵输送到喷注系统，则水直接来自水消防系统。舰船上的水消防系统应经常保持有压力。此时增压系统的任务是打开组合速动阀，以便使水从消防系统进行喷注管路。

三、弹药舱喷注系统

每条舰船上弹药舱存放着大量爆炸物，因此弹药舱着火对舰船是很危险的。弹药舱内弹药着火可能发生在舰船战斗活动期内，或在舰船日常活动时。产生弹药舱内着火的主要原因如下。

（1）由于弹药舱内温度升高到自燃温度，引起弹药自燃。无烟火药的自燃温度约为175℃，而梯恩梯的自燃温度为240℃。其次由于弹药舱邻近舱室着火，因此有可能很快升高弹药舱的温度而引起弹药自燃。

（2）受到敌人战斗攻击，引起弹药舱着火。

为了预防弹药舱内火灾，在弹药舱内设有专用消防系统。

舰船日常活动期间，及战斗活动期间，根据弹药存放规则，弹药舱应保持温度为25℃左右，此温度是保证弹药存放的最好条件。采用弹药舱通风系统——空气制冷系统来解决这个问题。

应急情况下，当弹药舱内温度很快升高（超出72℃），以及当弹药舱内发生火灾时，立即起动喷注系统。前一种情况是冷却弹药，后一种情况是熄火火灾。

为了防止弹药舱内火灾，设有浸水系统作为备用辅助工具。由于弹药舱浸水需花费较长时间（$t \leqslant 15\mathrm{min}$），而弹药舱的灭火应该尽可能快，因此防止弹药舱火灾的主要系统是喷注系统。

为了冷却弹药起动喷注系统时，还应考虑避免在弹药舱内积水，通过疏水系统从弹药舱内疏出。弹药舱内采用手动起动或自动起动的喷注系统。

图5-15所示为小型舰船弹药舱用的手动起动喷注系统。弹药舱内弹药架上面敷设喷注管路1，喷注管路上安装反射式喷水器2。用手直接从弹药舱打开截止阀3，或在舰船甲板上通过甲板套筒5打开阀4时，来自消防系统总管的水进入喷注系统。

舰船上较广泛采用弹药舱自动喷注系统。图5-16所示为主炮弹药舱的自动喷注系统原理图。此时，弹药舱以及转运间用的系统，通常按独立线路单独设计。

由图中可见，在弹药舱天花板下面敷设喷注管路1，在喷注管路上安装反射式喷水器2。反射式喷水器总数通常取能使喷出的水流遮闭整个喷注面积。大多数反射式喷水器直接布置在弹药架上面。为了达到灭火效果高，不仅在弹药水面上，同时在垂直面喷出。

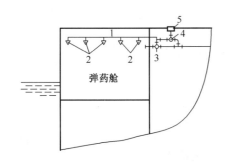

图 5-15　小型舰船弹药舱用的手动起动喷注系统
1—喷注管路；2—反射喷水器；3—截止阀；4—阀；5—甲板套筒。

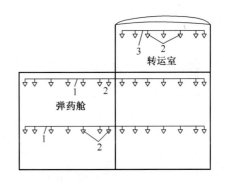

图 5-16　主炮弹药舱的自动喷注系统原理图
1,3—喷注管路；2—反射式喷水器。

在转运间内同样敷设有反射式喷水器的喷注管路 3，用以熄灭该舱室内可能着火的弹药。喷注系统是在装有截止附件和检查测量附件的专用操纵台进行操纵。

无论是弹药舱或是转运间内的喷注系统，以确定发生火灾或弹药舱内温度状态变化的不同脉冲进行工作的线路自动起动。同时本线路应该规定喷注系统工作的最短时间。

适于飞机库喷注系统起动的增压系统，是保证弹药舱喷注系统自动起动的一种系统。

适合于弹药舱带有自动起动的喷注系统线路图见图 5-17。

在弹药舱弹药架上面敷设有反射式喷水器 2 的喷注管路 1。来自水消防系统总管 3 的水，通过截止止回阀 4 和速动组合阀 5 进入喷注管路。

为了提高生命力，由消防总管的 3 个独立分段供水给喷注系统。

为了使弹药舱内的系统自动起动，敷设增压管路 6，并在管路上安装增压阀 7。增压阀由易熔锁 9 和钢索 8 拉紧，保持闭锁状态。钢索借拉紧弹簧 10 拉紧。增压管路内的压力，通过跨接管 11 和有小通孔的停止阀 12 保持与水消防系统总管内的压力相同。由关闭状态的速动阀 5 保持增压管路内的水压。

弹药舱温度超过 72℃时易熔锁熔解，增压阀 7 打开，增压管路中的水流到外面。由于增压管路内的压力急剧下降，速动组合阀打开，消防总管内的水进入弹药舱喷注管路。

喷注系统同样可以人工直接在弹药舱内打开手动起动增压阀 13，或在甲板上用小轴传动装置 15 和甲板套筒 16 打开阀 14 起动。

为了防止系统在速动阀突然关闭时受到液体撞击，在管路上安装安全阀 17。

系统开始工作时，用压力继电器 18 发出音响信号和灯光信号。水消防系统内和增压管路内的压力用压力表 19 检查。

战斗准备期间，自动增压系统的喷注管路不灌水。水由关闭状态的速动组合阀挡住。当组合阀打开时，系统保证大量的水立即通过所有反射式喷水器同时输送到弹药舱。但是水从组合阀流到反射式喷水器的时间较长，这样增加系统动作的总时间。

反射式喷水器的结构和喷头的结构相似，其中一种结构如图 5-18(a)所示，喷头由青铜体 1 和流量孔板 2 组成，喷头出口处有孔径 7~10mm 的流量孔板，供水流通。孔由玻璃阀 3 关闭，阀的下面由金属锁 4 托住。金属锁是由两个零件组成。零件是由易熔金属做成的焊料来连接。易熔金属在温度 72℃时熔解。反射挡板 6 固定在金属座 5 的下面，以便水流形成宽阔的圆锥形射面。

反射式喷水器与喷头的区别，仅是反射式喷水器没有玻璃阀和金属锁，流量孔板上的流通

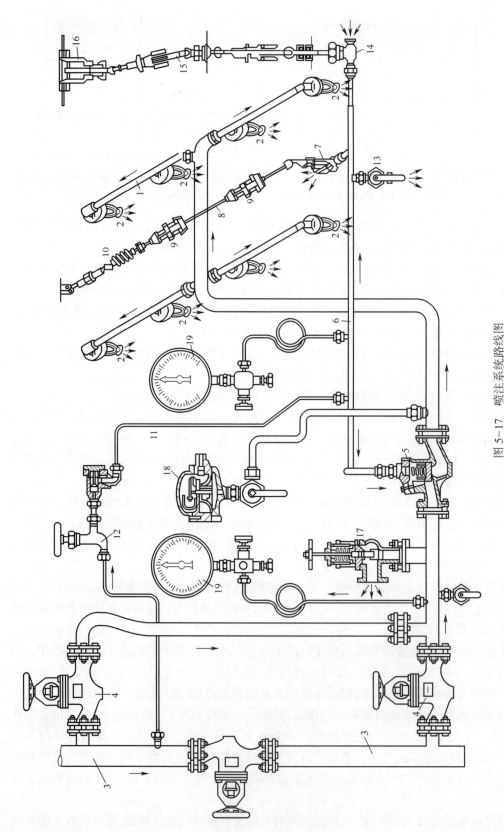

图 5-17　喷注系统路线图

1—喷注管路;2—反射式喷水器;3—消防总管;4—截止回阀;5—速动组合阀;6—增压管路;7—增压阀;8—钢索;9—易熔锁;10—拉紧弹簧;11—跨接管;

12—停止阀;13—增压阀;14—阀;15—小轴传动装置;16—甲板套筒,17—增压套筒,18—压力继电器;19—压力表。

孔经常打开。

花瓣式挡板的反射式喷水器(图5-18(b)),适用于水平面喷注。为了喷注垂直壁,安装叶片式挡板代替反射式喷水器的挡板,这种反射式喷水器称为叶片式喷水器(图5-18(c))。通道的喷注宜采用没有反射挡板的喷水器。

当管路内的压力不小于$10mH_2O$时,所有反射式喷水器保证形成正常水流。

速动组合阀(图5-19)由青铜体1和有橡皮密封装置3的活塞式阀2组成。在活塞式阀的上部有密封皮圈4,用皮圈使阀上面的增压室5与流通部分紧密隔开。系统的增压管路从上面通过阀盖7上的孔6与阀的增压室接通。

由阀上面增压室内的水压和弹簧8,使活塞式阀保持在关闭位置。通过增压管路和阀孔9(孔的打开度可由螺栓10调整)的压力等于消防总管内的压力。

系统开始工作时,增压管路和阀增压室内的压力急剧下降,活塞式阀被消防总管内的水压顶开,水流到喷注管路。

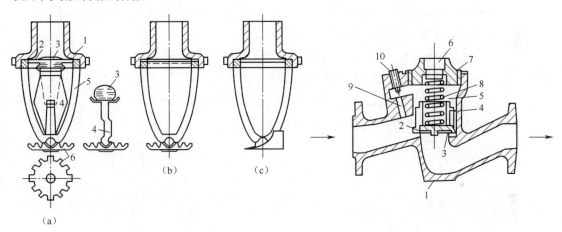

图5-18 反射式喷水器
1—青铜体;2—流量孔板;3—玻璃阀;
4—金属锁;5—金属座;6—反射挡板。

图5-19 速动组合阀
1—青铜体;2—活塞式阀;3—橡皮密封装置;
4—密封皮圈;5—增压室;6—孔;7—阀盖;
8—弹簧;9—阀孔;10—螺栓。

为了使自动喷注系统重新起动(图5-17),必须更换易熔锁9,用水注入增压管路6和关闭有小通孔的停止阀12,再打开消防总管上的截止止回阀4。

喷注系统管路采用铜管,当$D_g \leq 32mm$时,用螺纹接头连接。而当$D_g > 32mm$时,用有黑纸柏垫片的法兰连接。

喷注管路各管段的直径取10~40mm,而供水管路的直径取50~80mm。

对弹药舱喷注系统提出下述一般技术要求:

(1)系统应自动和快速起动,以保证弹药舱一开始着火时就熄灭火灾。

(2)灭火效率高。

(3)防止系统任意起动。

(4)系统生命力强。

四、弹药舱喷注系统计算

考虑到弹药舱着火对舰船带来的严重后果,应该认真注意弹药舱喷注系统的设计。由于灭火效率在理论上很难算出来,所以喷注系统是根据弹药灭火系统的经验数据设计的。根据这些经验数据,确定与弹药舱灭火效率有关的系统工作的一定标准。这种标准通常作为喷注系统的计算依据。

喷注系统计算时,经验标准按下述采用:

(1) $q_0(\text{L/s} \cdot \text{m}^2)$ ——通过喷注系统的水单位耗量,即 1m^2 弹药舱喷注面积在每秒钟的水耗量;

(2) $H_{\min}(\text{mH}_2\text{O})$ ——端部反射式喷水器的最小压头。

根据经验确定,压头不应小于 $10\text{mH}_2\text{O}$。此时喷注系统管路流体计算的任务,是确定管路的直径 d 和消防总管内所需要的压头 H_M,以便保证通过喷注系统的规定单位耗水量 q。

计算时通常是已经知道弹药舱的尺寸、弹药舱内弹药布置图、喷注系统线路图和管路近似直径。根据这些数据画出计算喷注系统的展开线路图。

喷注系统流体计算通常采用特性值计算法。

如果已知喷注系统展开计算图(图5-20),并要求以特性值计算法进行系统流体计算。

通过一个反射性喷水器的耗水量按式(5-16)计算:

$$Q = \mu F_b \sqrt{2gH} \tag{5-16}$$

式中　μ ——通过反射式喷水器的耗量系数 $\mu = 0.7$;

　　　F_b ——反射式喷水器流通孔的面积(m^2),孔径取 7 或 10(mm);

　　　H ——反射式喷水器处水压头(mH_2O)。

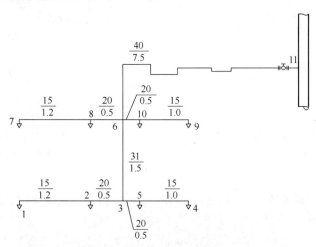

图5-20　喷注系统展开计算图

通过反喷式喷水器的耗水量可以写成另一种公式:

$$Q = F_b \sqrt{\frac{2gH}{1+\xi}}$$

二式平衡后,可以算出反射式喷水器局部阻力系数 ξ,即

$$\xi = \frac{1}{\mu^2} - 1 = \frac{1}{0.49} - 1 = 1.04 \tag{5-17}$$

由于消防系统总管路内压头 H_M 是不规定的,所以喷注管路的流体计算,按顺算法从最远点 1 到总管;同时管段代号的顺序按图5-20中所示写出。

根据经验数据,取用最末点 1(以及点 4,7 和 9)的压头为 $10\sim15\text{mH}_2\text{O}$,或可以按式(5-

18)计算:

$$H_1 = \frac{Q_1^2}{\mu^2 F_b^2 2g} \tag{5-18}$$

通过反射式喷水器 1 的耗水量 Q_1,等于弹药舱内通过一个反射式喷水器的平均耗水量,按式(5-19)计算:

$$Q = \frac{q_0 F}{n} \cdot \frac{1}{1000} \tag{5-19}$$

式中　F——弹药舱喷注面积(m^2);

n——安装在喷注系统上的反射式喷水器前面的水压头公式:

$$H_1 = \frac{q_0^2 F^2}{2g\mu^2 F_b^2 n^2} \cdot \frac{1}{10^6} \tag{5-20}$$

继续以特性值计算法,依次按管段:1-2,2-3,4-5,5-3,3-6 等,直到喷注管路与水消防系统接通点 11 为止,进行喷注系统的流体计算。全部计算列出表格(表5-12)。

表格最末求得系统喷注管路总的特性值:

$$B_x = \frac{Q_{6-11}^2}{H_{11}} = \frac{3.425^2}{19.72} = 0.594$$

表 5-12　喷注系统计算表

分段号 di, li	损耗种类	K	ξ	B	Q /(L/s)	ΣQ	Q^2	H_s /(mH₂O)	H_i /(mH₂O)	$H_i + \Sigma H_s$ /(mH₂O)	附注
1-2 15;1.2	出口处	—	—	0.0143	0.415	—	0.172	—	12		
	摩擦	0.22	—	0.1834			0.172	0.94			
	支管	0.612	0.15	4.080	—	—	0.172	0.042	—		
	突然收缩	0.612	0.25	2.45			0.172	0.070			
	三通管	0.612	0.10	6.12			0172	0.028	—	13.08	
2-3 20;0.5	出口处	—	—	0.0143	0.432	—	0.1865	—	13.08		
	摩擦	1.02	—	2.04		0.847	0.717	0.352			
	支管	1.94	1.5	1.29		0.847	0.717	0.555	—	13.98	
4-5 15;10	出口处	—	—	0.0143	0.415		0.172		12		
	摩擦	0.22	—	0.22			0.172	0.784			
	支管	0.612	0.15	4.080			0.172	0.042	—		
	突然收缩	0.612	0.25	2.45			0.172	0.070			
	三通管	0.612	0.10	6.12			0172	0.028	—	12.92	
5-3 20;0.5	出口处	—	—	0.0143	0.430		0.1845		12.92		
	摩擦	1.02	—	2.04		0.845	0.714	0.35			
	支管	1.94	1.5	1.29		0.845	0.714	0.52	—	13.79	换算
				0.0518			0.714			13.79	
				0.0518		0.851	0.724			13.98	

（续）

分段号 d_i , l_i	损耗种类	K	ξ	B	Q /(L/s)	ΣQ	Q^2	H_s /(mH₂O)	H_i /(mH₂O)	$H_i + \Sigma H_s$ /(mH₂O)	附注
$\dfrac{3-6}{32;1.8}$	摩擦	12.37	—	6.87	—	1.698	2.78	0.45			
	突然收缩	12.70	0.25	50.8	—	—	2.78	0.055			
	四通管	12.70	0.2	63.5	—	—	2.78	0.044		14.48	
$\dfrac{7-8}{15;1.2}$	出口处	—	—	0.0143	0.415	—	0.172	—	12		
	摩擦	0.22	—	0.1834	—	—	0.172	0.94	—		
	支管	0.612	0.15	4.080	—	—	0.172	0.042	—		
	突然收缩	0.612	0.25	2.45	—	—	0.172	0.070	—		
	三通管	0.612	0.1	6.12	—	—	0172	0.028	—	13.08	
$\dfrac{8-6}{20;0.5}$	出口外	—	—	0.0143	0.432	—	0.1865	—	13.08		
	摩擦	1.02	—	2.04	—	0.847	0.717	0.35	—		
	支管	1.94	1.5	1.29	—	0.847	0.717	0.55	—	13.98	换算
				0.0514			0.717			13.98	
				0.0514		0.862	0.743			14.48	
$\dfrac{9-10}{15;1.0}$	出口处	—	—	0.0143	0.415	—	0.172	—	12		
	摩擦	0.22	—	0.22	—	—	0.172	0.784	—		
	支管	0.612	0.15	4.080	—	—	0.172	0.042	—		
	突然收缩	0.612	0.25	2.45	—	—	0.172	0.070	—		
	三通管	0.612	0.10	6.12	—	—	0172	0.028	—	12.92	
$\dfrac{10-6}{20;0.5}$	出口外	—	—	0.0143	0.430	—	0.1845	—			
	摩擦	1.02	—	2.04	—	0.845	0.714	0.35	—		
	支管	1.94	1.5	1.29	—	0.845	0.714	0.52		13.79	换算
				0.0518			0.714			13.79	
				0.0518		0.866	0.750			14.48	
$\dfrac{6-11}{40;7.5}$	摩擦	41.2	—	5.5	—	3.425	11.70	2.13	—		
	支管	31.0	1.35	23.0	—	—	11.70	0.51	—		
	阀	31.0	6.9	4.5	—	—	11.70	2.60		19.72	
				0.594		3.425	11.70		19.72		

已知系统管路特性值后，根据水消防系统总管内的压头 H_M，按式（5-21）很容易确定通过喷注系统的实际耗水量 Q_X，即

$$Q_X = \sqrt{B_X H_M} \qquad (5-21)$$

用逐次近似法进行较复杂的喷注系统流体计算，与上述例子的区别仅是计算工作量大。

第五节 水 雾 系 统

水雾系统用来扑灭机锅舱内液体燃料的火灾,以及扑灭各种易燃物品贮藏舱的火灾。

水雾系统的灭火原理是将大量用以冷却燃烧物的水雾输送到被保护的舱内,水雾蒸发后在火源上面形成一汽水罩。从而使火源与空气隔开,制止燃烧。试验证明,水雾能有效地扑灭舰船上各种火灾,包括扑灭液体燃料的火灾。

水雾系统通常分为下水雾系统(布置在被保护舱室的下部)和上水雾系统(布置在被保护舱室天花板下面)。

下水雾系统用来扑灭双层底铺板下面液体燃料的火灾。下水雾系统是主要的部分,因为火灾最可能发生在贮放液体燃料的双层底板上。

上水雾系统用来扑灭隔舱进水时在水面上燃料的火灾。此外,上水雾系统还可以在蒸汽管损坏时保证人员撤出机锅舱。

图 5-21 所示为机锅舱的水雾系统原理图。系统包括上、下两个独立的水雾系统。下水雾系统由敷设在铺板下离双层底一定高度的管路 1 和管路上安装的喷头 2 组成。从喷头中喷出雾状水珠,水平射向双层底板。

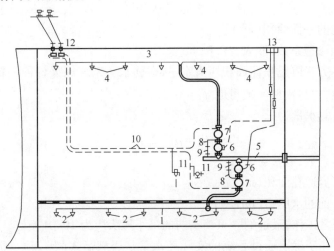

图 5-21 机锅舱的水雾系统原理图

1,3—管路;2,4—喷头;5—消防总管;6—隔离阀;7—速动阀;
8—管路;9—阀;10—增压管路;11—阀;12—阀;13—甲板套筒。

上水雾系统由布置在舱室上部的管路 3 和在管路上安装的喷头 4 组成。从喷头中喷射出来的水从上向下形成圆锥状的水雾。

来自水消防总管 5 的水通过隔离阀 6 和液压操纵的速动阀 7 供给水雾系统。速动阀用水压保持关闭状态。来自消防总管的水沿着管路 8 通过阀 9 与速动阀的上腔相通。

水雾系统可以在舱内打开阀 11 或在舱外打开阀 12 起动。当这些阀打开时来自增压管路 10 中的水被泄放掉,使速动阀上腔内的压力急剧降低,速动阀被打开,水雾系统工作。

隔离阀 6 经常处于打开位置,仅当必须用隔离阀制止水雾系统工作以及速动阀和增压管路重新充水时才关闭。隔离阀用小轴传动装置在甲板上通过甲板套筒 13 操纵。

水雾系统按独立线路进行设计。

下水雾系统的喷头结构如图5-22所示,在其壳体上有螺纹1用以与系统的管路连接。来自系统的水经壳体上直径3~7mm的孔2喷出,射到档3后形成水平喷射的水雾。

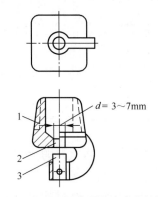

图5-22 下水雾系统的喷头结构

1—螺纹;2—孔;3—挡板。

水雾系统计算:

为了保证有效地灭火,水雾系统所需要的水量按式(5-22)计算:

$$Q = q_0 KF \cdot 10^{-8} \tag{5-22}$$

式中　F——隔舱的平面面积(m^2);

　　　K——隔舱渗透系数,取$K = 0.8$;

　　　q_0——每平方米隔舱喷注面积所需水量,根据水雾系统熄灭各种燃料材料火灾的试验确定,对机锅舱一般可取$q_0 = 0.2(L/s \cdot m^2)$。

通过一个喷头的水量为

$$Q_i = \mu f \sqrt{2gH_i} \tag{5-23}$$

式中　μ——流量系数,取$\mu = 0.7$;

　　　f——喷头流通孔面积(m^2);

　　　H_i——喷头前的水压力(mH_2O)。

为了使喷头正常工作,最远的一只喷头前的最小压头应为$10mH_2O$。

系统流体计算在于确定通过系统的实际耗水量是否满足式(5-22)。流体计算系验算性质,系统管路的直径通常参考相应资料预先选定。水雾管路直径一般为10~40mm,引入管路的直径为40~80mm。由于整个水雾系统的计算取决于系统的耗水量,故管路流体计算用特性值计算法较方便。其计算方法与弹药舱喷注系统的计算相似。

第六节　蒸汽灭火系统

蒸汽灭火系统用来扑灭油舱内和锅炉舱内锅炉下面燃油的火灾。

灭火用蒸汽来自主锅炉或辅锅炉的饱和蒸汽管路,蒸汽压力不大于$7kgf/cm^2$。

蒸汽灭火的原理是在隔舱内形成不能燃烧的空气。为了有效地扑灭火灾,系统的流量应使隔舱充满蒸汽的时间不超过15min。

蒸汽灭火系统在大多数情况下是按分组形式敷设。每个蒸汽灭火站各保护一组舱室,分组集管一般安装在锅炉舱室。从集管到隔舱的管路一般分成两根,因为每个隔舱要求供给蒸汽的支管不少于两根。燃油舱内蒸汽管路安装在顶板下,锅炉舱内的灭火蒸汽管直接布置在锅炉下面,灭火管上钻有喷出蒸汽的小孔。引入燃油舱的蒸汽管直径不小于20mm,引入锅炉舱的蒸汽管直径为25~40mm。根据要求15min舱室充满蒸汽进行计算,可较精确地算出管路的直径。

蒸汽灭火系统的管子内径可按式(5-24)、式(5-24)根据被保护舱室的容积来确定:

支管直径:
$$d = 0.88\sqrt{V} \tag{5-24}$$
式中　V——被保护舱室的容积(m^3)。

总管直径:
$$d = 0.62\sqrt{\Sigma V_i} \tag{5-25}$$
式中　ΣV_i——全部被保护舱室的总容积(m^3)。

蒸汽灭火系统结构简单和使用方便。但采用蒸汽灭火会损坏舱内设备和货物。因此,虽然蒸汽灭火系统对于封闭的舱室是一种有效的灭火工具,但仅限于燃油舱和锅炉舱灭火用。

蒸汽灭火的耗汽量经验估算如下:
$$W = \frac{V_{max}}{0.75} \tag{5-26}$$
式中　V_{max}——最大一个货舱容积(m^3)。

灭火用蒸汽压力不低于$7kgf/cm^2$,如锅炉正常工作压力低于$7kgf/cm^2$时,即用锅炉的最高压力。

第七节　消防附件

一、喷水头(CB631-67)

A、B型喷水头参数见表5-13。A、B型喷水头如图5-23所示。

表5-13　A、B型喷水头参数

型号	名称	工作压力 P/(kgf/cm^2)	膜片喷孔直径 d/(mm)
A	花瓣式喷水头	≤10	7,10,13
B	叶片式喷水头		

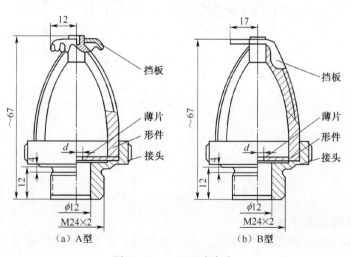

图5-23　A、B型喷水头

示例：

$d = 7mm$　　$P = 10kgf/cm^2$　　A 型花瓣式喷水头：

喷水头　A10-7　CB631-67

重量——0.179kg

二、国际通岸接头（GB2032-80）

本标准规定的国际通岸接头用于停靠外国码头或坞修时，接岸上消防水用的联头。详见表 5-14、表 5-15 及图 5-23。

表 5-14　基本参数

公称通径 $D_g/$（mm）	公称压力 P_g /（kgf/cm²）	适用介质
50	10.5	海水
60		

表 5-15　主要尺寸　　　　　　　　　（mm）

公称通径 D_g	D	d	H	δ	重量/kg
50	95	43	85	6.5	3.7
65	110	54	95	8.5	4.3

示例：$D_g = 50mm$　　$P_g = 16kgf/cm^2$ 国际通岸接头 D16050　GB2031-80

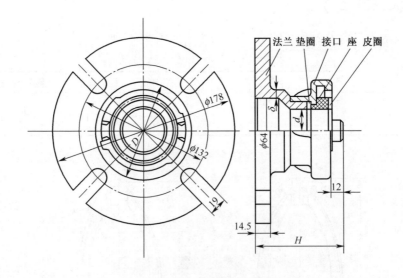

图 5-24　通岸接头

三、消防阀

1. 铜制直角截止消防阀

铜制直角截止消防阀如图 5-25 所示，其主要尺寸见表 5-16、表 5-17。

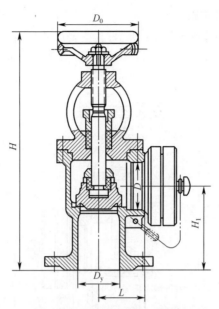

图 5-25　铜制直角截止消防阀

表 5-16　铜制直角截止消防阀主要尺寸　　　　　　　　　　（mm）

图号	通径	压力/（kgf/cm²）	H	H_1	D_0	L	L_1	介质	材料	重量/kg
GB5032-80	50	10	353	95	140	75		海水	ZQSn10-2	9.8
GB2032-80	65	10	392	115	140	82		海水	ZQSn10-2	12.4

表 5-17　主要尺寸　　　　　　　　　　（mm）

图号	通径	压力/（kgf/cm²）	H	H_1	D_0	L	L_1	介质	材料	重量/kg
595Q44-9-00	50	25	228		120	170	150	海水	ZQSn10-2	7.68

2. 铜制直通截止消防阀

铜制直通截止消防阀如图 5-26 所示。

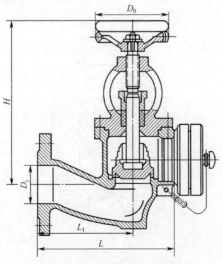

图 5-26　铜制直通截止消防阀

3. 铜制直角截止止回消防阀

铜制直角截止止回消防阀如图 5-27 所示,其主要尺寸见表 5-18。

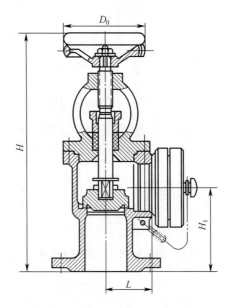

图 5-27   铜制直角截止止回消防阀

表 5-18   铜制直角截止止回消防阀主要尺寸   （mm）

图号	通径	压力/(kgf/cm^2)	H	H_1	D_0	L	L_1	介质	材料	重量/kg
522Q44-59-00	50	30	280	85	120	55		海水	ZQSn10-2	7.015

四、PST 型洒水器喷水头

PST 型洒水器喷水头如图 5-28 所示,其最高容许使用温度见表 5-19。

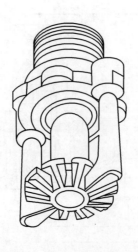

图 5-28   PST 型洒水器喷水头

表 5-19　PST 型洒水器喷头最高容许使用温度

型号	最高容许使用温度
PST-1 型	≤20℃
PST-2 型	≤35℃
PST-3 型	≤50℃

喷水头是与高压水管相连接,安装于需要进行自动灭火的场所。当发生火灾时,环境温度升高至标定温度时,玻泡受热膨胀破碎,阀门被高压水源顶出,水源冲击喷水头齿形挡板形成细小水滴。使燃烧物与空气隔绝,并降温而使之灭火。

喷水头采用 ZG1/2″圆锥管螺纹,可不用填料便能阻止渗漏。在 4~5kgf/cm² 压力下与管端圆锥螺纹配合,已足紧密。外形尺寸:高 52mm,宽 35mm。

五、BJ25A 型手抬机动消防泵(原型号 BJ22)

(1)用于扑灭一般物质的火灾。

(2)主要性能如下。

重量:65kg;

外形尺寸:长 700mm×宽 630mm×高 660mm;

发动机:双缸二冲程水冷汽油机;功率 25Hp;转速 4200r/min;

水泵:单级离心泵;

进水口径:90mm;

出水口径:65mm;

压力:6.4kgf/cm²;

流量:>1000L/min;

允许吸上真空高度:7m;

引水方式:水环引水;

引水时间:<35s。

六、JZW-1 型船陆通用感温式火灾自动报警装置简要说明

此装置由火灾探测器和火灾报警两部分组成,探测器安装于需要对火灾进行监护的房间、舱室,报警器安装于经常有人值班的警卫室或值班室。发生火警时,探测器能及早地通过报警器发送火灾警报,以便于及时发现火情,将火灾灭于初始阶段。

为了有效地对火灾进行监护,本装置能对报警器的所有输出输入线路和主辅电源进行故障监控,任何一根线路断路或任何一种电源故障,报警器均能自动发出故障警告,以引起管理人员注意(属于额外的辅助功能无自动监控)。

探测器主要为感温式火灾探测器,有以下规格。

(1)电子差定温组合式(Ⅰ,Ⅱ级)。

型号:JW-DC-1,JW-DC-2。

（2）电子定温式（70℃,90℃）。

型号:JW-DD70,JW-DD90。

（3）机械差定温组合式（Ⅰ,Ⅱ级）。

型号:JW-JC-1,JW-JC-2。

（4）机械定温式（70℃,90℃）。

型号:JW-JD70,JW-JD90。

装置除配用感温式火灾探测器外,也可配用感烟探测器（如离子式）和手揿报警按钮,总之,应根据所需监护处所的特征配用各种不同的探测器。

报警器分10分路、20分路和30分路三种规格,相应的型号为:JZW-110,JZW-120,JZW-130型,该三种报警器,可以用作为区域报警器,也可用作为总报警器,在结构上并无区别,只要在安装时接线上加以区分即可。

差定温组合式（差温）探测器灵敏度较高,适用于温度变化率小的场所,如起居室,定温探测器适用于温度变化率较大的场所,如锅炉间、厨房等,差温探测器和定温探测器按其本身灵敏度的高低又分别有Ⅰ,Ⅱ级和70℃,90℃之分,选用时可根据不同情况配用。

报警器所用元件系以继电器为主,适当应用一部分晶体管元件,结构上采用插接式的单元比较多,应做到制造和维修方便,电路上设有电气锁,操作人员即使有某些误操作,也不致损坏机件。

报警器除能发送火警和故障信号外,尚能根据需要提供某些辅助功能。例如,在发送火灾警报的同时,能通过继电器的一对常开节点发送一个电信号（节点容量为220V,AC 或30V,DC,1A）供自动关闭风机或闭启"安全门""排烟道"用,如需带自动灭火装置,则可在订货时提出,报警器可以通过对某几个分路的组合,发送自动灭火指令的电信号。

七、四氯化碳喷雾头（CB629-67）

（1）喷雾头的工作压力 $P \leqslant 10 \text{kgf/cm}^2$。

（2）喷雾头的基本尺寸如图5-29所示。

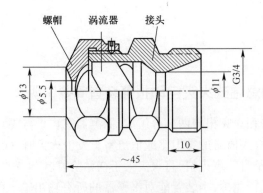

图5-29　喷雾头

标记示例:

$D = 5.5 \text{mm}$　$P = 10 \text{kgf/cm}^2$　四氯化碳喷雾头:

喷雾头　10-5.5　CB629-67

喷雾头用四氯化碳试验数据见表5-20。

表 5-20　喷雾头用四氯化碳试验数据

工作压力 P /（kgf/cm²）	喷射流量/（L/min）	喷射面积/m²	雾化情况
8	30±10%	7	压力在 8kgf/cm²，6kgf/cm²，4kgf/cm² 时雾化情况都比较好，但压力在 4kgf/cm²雾化情况最佳
6	26±10%	10	
4	21±10%	13	
注：1. 喷射面积以甲板面积为准（喷头距甲板高度为 1.9m）； 　　2. 喷雾头喷出均匀雾状，方向对称其喷雾头中心线			

第六章　管材与附件

第一节　船用管子的种类、规格、特性及选用的一般原则

一、管子的种类、特性

管子是用来输送各种工作介质的通道,由于各种工作介质的压力、温度、流量及腐蚀性的不同,也就决定了管子的种类、规格的繁多及具有不同的特性。

在各类船舶上常用的管子主要有三大类别:钢管、铜管、塑料管。此外还有少量使用的有色金属管,如铝管,钛合金管等分别简述如下:

1. 钢管

钢管按制造工艺分为有缝钢管和无缝钢管两类,钢管的材料有普通碳素钢、优质碳素钢、合金钢和不锈钢等。

1)无缝钢管

制造无缝钢管的材料牌号一般为 10 号、20 号、30 号等优质碳素钢,及 A2,A3,A4 等普通碳素钢,合金钢则为 10Mn,16Mn,15MnV,12MnV 等,不锈钢多为 1Cr18Ni9Ti,1Cr18Ni10Ti 等。

由于无缝钢管具有足够的强度、良好的延伸率和工艺性(既可冷弯,也可以热弯,且有良好的焊接性),所以在船舶各管系中应用得最为广泛。例如:蒸汽管、燃油管、滑油管、压缩空气管、冷却水管、消防管等。

不锈钢管也属于无缝钢管的范畴,它除具备一般无缝钢管的特性外,还具有耐腐蚀性强,在高温下不易被氧化、不结皮,并保持较高的机械性能的特点,但是这种管子不宜热弯,在大量的含有氯离子介质中易产生应力腐蚀,它除用于潜艇中高温、高压、高清洁度、工作介质的腐蚀性大的特殊系外,一般船舶不宜采用。

2)有缝钢管

这类钢管根据表面颜色又分为两种,一种是为了提高钢管的抗腐蚀能力,冶金厂在管子表面镀上一层耐腐蚀的锌层,由于镀锌后的管壁内外表面呈银白色,人们习惯称为白铁管;而另一种没有镀锌的有缝钢管统称为黑铁管。

制造这类管子的材料牌号有 A2,A3,B2,B3 等,"A"类钢一般只保证其机械性能,而不保证其化学成分,"B"类钢则相反,一般只保证其化学成分,而不保证机械性能,所以,A 类多用于船舶。

这种管子也具有良好的工艺性,但白铁管最好采用冷弯工艺(因为热弯时,弯曲处管壁内外表面镀锌层容易熔化脱落)。

由于有缝钢管所选用的材料无严格要求,故其机械性能也相对较差,白铁管只适用于常温和工作压力 $P \leqslant 0.1\text{Mpa}$ 以下的日用水、卫生水、舱底水等系统,黑铁管可用于输送低温度低压的水和油等工作介质,有时也可用于低压的废气和蒸汽系统。

2. 铜管

常用的有紫铜管和黄铜管两种,紫铜管由含铜量99.5%以上的纯铜拉制和挤制而成;黄铜管由铜基合金制成,两者相比较紫铜管的韧性稍高一些,黄铜管的强度稍高一些。

1) 紫铜管

紫铜管经退火后质地柔软,工艺性好,具有很高的塑性和耐蚀性,不适用于高温高压系统。加之价格较贵,在一般的船舶上,只用于压力表管或直径 $\phi \leqslant 14mm$ 的液压油类管,但它在舰艇上得到广泛应用,如海水系统、液压系统、滑油系统等。

常用的紫铜管的牌号有 T1,T2,T3,T4,TUP 等,由于制造厂供应的紫铜管均为退火,故在加工过程中,首先应对弯曲部位进行退火,退火温度一般为 550~650℃。

2) 黄铜管

黄铜管的特点是抗海水和空气的腐蚀能力强,而且有很好的导热率,但由于冶炼困难,产量少,价格较贵,一般只用于热交换器的管束及通话管。甚至一些船舶连通话管也用其他价格便宜的管子代替了。

黄铜管系由 H62,H68,锡黄铜 HSn70-1,HSn62-1,铅黄铜 HPb59-1,铁黄铜 HFe-1 等拉制或挤制而成,其中拉制黄铜管 H68 专供淡水热交换器使用,锡黄铜 HSn70-1,HSn62-1 专供海水交换器用,黄铜管在加工过程中也均应首先进行退火处理。

3) 白铜管

白铜管在舰艇的热交换器上应用较多,其牌号有 B30,BFe30-1-1 等。白铜管具有很高的抗腐蚀性能和导热率,但价格昂贵,所以应用不广泛。

3. 双金属管

所谓双金属管是指管壁由两层不同的金属组合而成的管子,即外层由 10 号优质碳钢制成,内层由 T4 号铜制成。这种管子具备了钢管和紫铜管的双重特点,既有较高的机械强度,又有较强的耐腐蚀能力,因此,它一般专用于高压空气管路。供应船厂的双金属管,应经过退火处理,其抗拉强度不得小于 3.0MPa,延伸率不小于 27%,这种管子加工较困难,因钢和铜的熔点、机械性能都不同,所以最好采用冷弯工艺。

4. 铝管

铝管由于其重量轻,故常为一般轻型快速舰艇所采用。由于其机械性能不及铜管,只适用于低温、低压场合,如燃油管、滑油管、冷却水管路等。常用的铝管牌号有防锈铝 LF2,LF21,LY11,LY12 等。这种管子既可冷弯又可热弯,冷弯前需经退火处理。

5. 塑料管

塑料管一般由耐冲击聚氯乙稀制成,工程塑料管重量轻,比目前船上常用的任何一种金属管都轻,耐腐蚀性能强,优于任何一种金属管,同时还具有摩阻小、绝缘、隔音、吸振、耐磨、绝热和不需油漆、加工与安装工艺较简便等优越性。但是也存在强度低、不耐热、防火性能差、膨胀系数大、易老化、破损不易修补、焊接温度不易控制等缺陷。所以,目前这种管子仅用于工作温度在-30~+60℃,工作压力小于 0.6MPa 的关系中,如甲板排水、污水、洗涤水、空气管等,随着塑料管的材料性能不断改进,制造工艺的不断完善,必将获得广泛的应用。

6. 钛合金管

钛合金这种金属是新型的材料。用这种材料制造的管子其优点概括地说,优于无缝钢管和紫铜管所具备的特性,且又克服无缝钢管耐腐蚀性差、紫铜管强度低的问题。但由于其价格较贵、规格较少,所以,它目前的应用只局限于舰艇上某些特殊的场合。

二、管子的选用原则

管子的选用主要应遵循保证使用要求、保证工艺要求及降低成本三个方面的原则。

（1）使用要求。使用要求主要是指管系对管子的机械强度、刚度、尺寸大小、重量、抗腐蚀能力、耐热性等。

不同系统中的管子除要满足管内流通的工作介质在压力、温度、流量、腐蚀等要求，还应考虑是否受水击、振动等外界环境条件。

（2）工艺要求。选用管子在满足使用要求的前提下，还应达到弯曲、焊接、安装、维护保养、检修等方面的工艺技术条件。

（3）经济要求。所谓的经济要求，即在选用管材过程中，应在考虑使用要求和工艺要求的同时，还要防止大材小用、优材劣用。例如，船舶中的生活污水，属于低压、常温介质，一般的有缝钢管完全符合使用和工艺要求，则不需要选用同样规格的较贵的无缝钢管，一般船舶的海水冷却管路，采用无缝钢管，再用电镀法（还有涂镀法）镀上一层防腐蚀锌层来提高它的耐腐蚀能力，这样既满足使用要求又能满足工艺要求，也就不必把紫铜管用于一般船舶海水管路了。

在符合使用要求的前提下，应尽最大努力降低船舶的建造成本，船舶设计阶段是实现这个目标的最佳时机。

综上所述，管子的选用需要考虑各方面的要求，但是，在许多情况下，选出同时满足上述各方面要求的管子，也是很困难的，因此，首先要抓住主要矛盾，即主要应满足工作介质的压力、温度和腐蚀性对管子的要求，而后兼顾其他方面的要求，在此基础上，再按照有关规范和标准进行，尽量减少规格的数量和不常采用的规格牌号。

第二节　管　路　附　件

所谓的附件通常是指安装在系统、管路及锅炉、仪器、机械设备上和各种截止装置的总称。它的功用主要是用来控制工作介质的流量、压力、温度、流向等参数。

例如安装在管路上的截止阀、闸阀和旋塞等都属于附件，因为它们都是用来控制管路内的介质的流动或专用作管路上各种形式的转换开关和管路上某一段的切断装置。

此外，像流量计、温度计、压力表、压力调节器（减压阀等）也都属于附件。但是，实际在造船业中所谓的附件，不仅局限于上述的截止、转换和调节装置，而连接各管路、仪器、机器等所采用的连接件、固定件、观察装置、滤器和操纵附件的零件等都属于附件的范围。这些零部件按其性质和功用来说，不能受上述船舶管路附件定义的限制，因为它是用来完成不同职能的。

在管路中经常遇到的一个技术术语"公称通径"。这个术语，在造船业中无论是设计人员、施工人员还是管理人员，都经常使用，所谓的"公称通径"是指将附件连接到管路或某一组合机上的附件连接管的名义内直径，它的符号为"DN"，计量单位为 mm，公称通径它不是总等于和附件连接管的实际内径，也就是说，管子内径的实际尺寸可能大于或小于公称通径的尺寸。

一、连接附件

顾名思义，连接附件的功能是将系统中的机械、设备、仪表、附件和管子等相互连接起来，并给安装和检修带来便利，连接方式主要有法兰连接、螺纹连接和焊接连接三种。

1. 法兰连接

法兰是连接附件中连接性能最可靠的方式之一,使用范围也很广泛,可用于公称通径 DN≥ 20mm 的各种管子的连接。目前常用的法兰种类有搭焊钢法兰、对焊钢法兰、松套钢法兰等。

1) 搭焊钢法兰(图6-1)

这种船用法兰的特点是结构简单、制造方便,它适用于公称通径为 10~2000mm、公称压力 PN≤0.25~1.6MPa、工作温度低于300℃和各种钢管的连接,制造这种法兰的材料一般为普通碳素钢中的 Q235-A 类,但如果连接不锈钢管,其法兰的材料也相应为管子的同种材料。

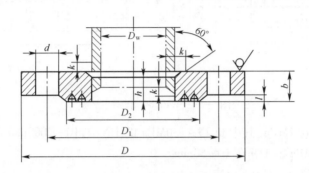

图 6-1　搭焊钢法兰

2) 对焊钢法兰

这种船用法兰与管子采用对焊接的形式,加之法兰本体用 Q235-A 类普通碳素钢浇铸毛坯,经锻造、热处理后制成,所以能够承受较高的压力和温度。

船用对焊钢法兰有两种结构形式。图 6-2 为一般的铸钢对焊钢法兰,它的密封面结构与搭焊钢法兰的密封面结构相同,它适用于公称压力 PN≤2.5MPa 和工作温度低于400℃、公称通径在 10~600mm 的各种钢管的连接。图 6-3 为法兰密封面带有凸肩和凹槽匹配使用的铸钢对焊钢法兰,这种密封结构较大地提高了它的耐压能力,一般可承受的公称压力为 4.0~ 6.4MPa,实际上还可更大一些,最高耐温能力也为 400℃,公称通径为 10~500mm。这种结构的法兰,一般主要用于蒸汽、压缩空气以及 1211 灭火等高温高压管路的连接。

由于图 6-3 法兰采用凸肩和凹槽匹配密封结构,对法兰与管子的装配焊接精度提出了较高的要求,因此它给施工带来了一定的困难。

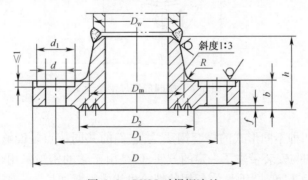

图 6-2　PN25 对焊钢法兰

3) 船用铸钢法兰

这种法兰的结构形式与对焊钢法兰基本相同,只不过它用 ZG25II 经机加工而成,它的公

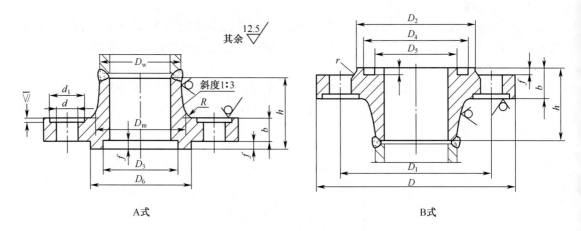

图 6-3   PN40、64 对焊钢法兰

称压力 PN 在 0.25~6.4MPa,其中 0.25~1.0MPa 的 DN 在 10~2000mm,1.6~2.5MPa 的 DN 在 10~1000mm,6.4MPa 的 DN 在 10~50mm。

4）椭圆形搭焊钢法兰(图 6-4)

这种法兰只使用两个螺栓连接,法兰密封面的四周受力是不均匀的,所以只适用于公称压力小于 0.6MPa 和工作温度低于 200℃、公称通径 DN10~40mm 的管路上,这种法兰的优点是体积小,宜用于空间狭窄的场所。

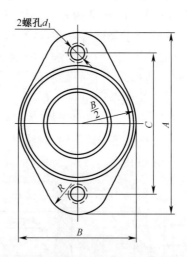

图 6-4   椭圆形搭焊钢法兰

5）松套钢法兰

图 6-5 展示了四种不同形式的松套钢法兰,它们的共同特点是能够在管子上自由回转,这样就给管子的制作与安装带来了一定的方便,但是由于它的密封采用与管子焊在一起的附加环,无形当中增加了厚度。因此,它使用的螺栓也相应需要加长。

这种法兰看起来似乎结构简单,装配也很简单,不需要管子折边就可以了,其实不然,第一,管子折边需要加热,如果加热温度和折边速度控制不良,在折弯处易产生裂纹;第二,折边的宽度不易控制,容易造成管子总长度值偏差,进而影响管子的安装质量。

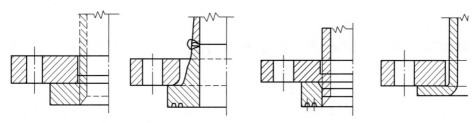

图 6-5　松套钢法兰

6）搭焊铜法兰（图 6-6）

搭焊铜法兰主要是用于铜管的连接,特别是水下产品,所有的公称通径大于 32mm 的铜管,皆采用这种法兰连接,制造这种法兰的材料为硅黄铜,其牌号为 Hsi80-3,公称压力 PN≤0.6~2.5MPa,DN10~500mm。搭焊铜法兰的工作温度均应小于 250℃。

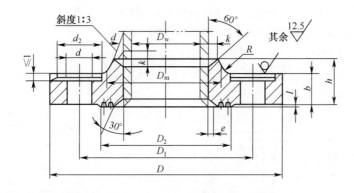

图 6-6　搭焊铜法兰

7）船用铸铜法兰（图 6-7）

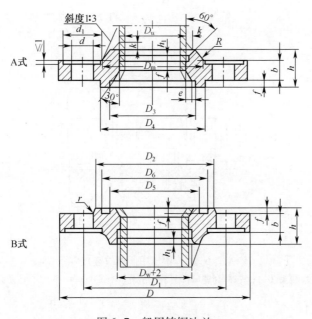

图 6-7　船用铸铜法兰

制造这种法兰的材料相对多些,比如有 ZHS80-3,ZQSn8-4,ZQAL9-2,ZHMn58-2 等。它的公称压力 PN 为 0.6~4.0MPa。

上面介绍的七种法兰,按照一般水面船舶的使用数量粗略统计,搭焊钢法兰是应用最广泛的一种。

另外,随着我国船舶工业的发展,很多连接附件的结构和技术标准都已经和国际通用标准靠拢,法兰上螺栓孔数量的进位制就是一例,我国原来采用的是二进位制,即 2,4,6,8,10……而现在则改为四进位制,即 4,8,12,16……与之配套的法兰连接的阀门、滤器、动力设备等也相应将螺栓孔改为四进位制。

2. 螺纹连接

螺纹连接的特点是尺寸小、重量轻、拆装方便,使用可靠。它主要用于公称通径 3~32mm 的管子与管子,管子与附件,管子与设备的连接。螺纹接头按其耐压能力可分为低压螺纹连接(公称压力≤1.6MPa),中压螺纹连接(公称压力为 1.6~10.0MPa),高压螺纹连接(公称压力 10~16.0MPa,25.0MPa)。若按螺纹连接密封面的结构特点分类,又分为平肩螺纹连接和球面螺纹连接,还可以分为搭焊螺纹连接和对接焊螺纹连接。

1) 中间螺纹连接

这种螺纹连接是用于两根管子之间的连接,分为低压螺纹连接、高压螺纹连接和中压螺纹连接。如图 6-8、图 6-9、图 6-10 所示。

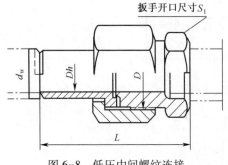

图 6-8 低压中间螺纹连接

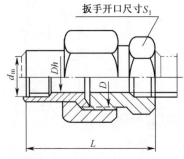

图 6-9 高压中间螺纹连接

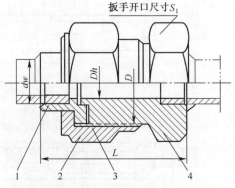

图 6-10 中压中间螺纹连接

1—A 型平肩接头(01);2—外套螺母(03);3—垫片(04 或 05);4—A 型中间螺纹连接(06)。

2) 旋入螺纹连接

旋入螺纹连接如图 6-11 所示,主要是用于管子与带内螺纹孔的机械设备或附件的连接。

分为低压旋入螺纹连接、中压旋入螺纹连接和高压螺纹连接。

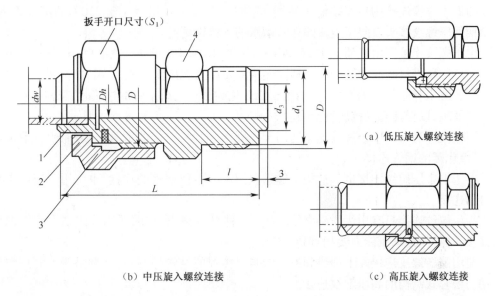

(b) 中压旋入螺纹连接　　　　　　　　　(c) 高压旋入螺纹连接

图 6-11　旋入螺纹连接

1—A 型平肩接头(01);2—外套螺母(03);3—垫片(04 或 05);4—旋入螺纹连接(07)。

3) 支管螺纹连接(图 6-12)

支管螺纹连接是用来连接两根轴线相交的管子(一般两轴线均为垂直)。低压支管螺纹连接,(a)仅限于公称压力在 1.6MPa 以下的管子连接,而(b)只能用在公称压力为 4.0MPa 以下的管子的连接。

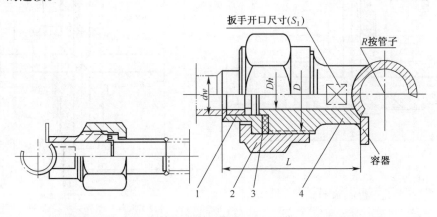

(a) 低压支管螺纹连接　　　　　　　　　(b) Pg40支管螺纹连接

图 6-12　支管螺纹连接

1—A 型的螺纹接头;(01);2—外套螺;3—垫片(04 或 05);4—支管螺纹接头。

4) 异径螺纹连接

顾名思义,这种螺纹连接用于不同的公称通径的管子与管子、管子与附件的连接。

5) 外套螺母连接

这种连接主要用于将管子与带外螺纹零件的设备、附件的连接。

制造低压螺纹连接的金属材料有普通碳素钢(A3)和不锈钢(1CR18Ni9Ti)两种,由碳钢制成的低压螺纹连接用来连接输送油类、淡水、空气及工作温度小于250℃的蒸汽等钢管,而不锈钢低压螺纹接头仅限于连接输送蒸馏水的不锈钢管。

中压螺纹连接则由优质碳素钢(20#)、不锈钢(1Cr18Ni9Ti)、黄铜(HMN58-2)和铝青铜(A19-2)四种材料制成,20#钢中压螺纹连接主要用来连接输送燃油、滑油、淡水、二氧化碳、空气、蒸汽、海水等介质的钢管,但是当用于二氧化碳、空气、海水管的连接时,需要和管子一样进行镀锌处理,以提高它的抗腐蚀能力。

用锰黄铜制成的中压螺纹连接适用于冷凝水、油类、空气的铜管连接,而铝青铜可用于海水、二氧化碳的铜管连接。

不锈钢中压螺纹连接也只适用于输送蒸馏水的不锈钢管的连接,也可用于液压和食用淡水管的连接。

高压螺纹连接只有用优质碳素钢(20#)一种材料制成,它的适用范围基本与碳钢中压罗纹接头一样,但是承压能力要相对高一些。

船用高压螺纹连接除上面讲到的与管是对接焊的结构外,还有一种潜艇上高压空气系统专用的松套式结构的高压螺纹连接。

6) 螺纹三通四通连接

前面我们看到的支管螺纹连接,最大耐压能力仅达4.0MPa,那么需要垂直连接的两根管子,其输送的工作介质压力又大于4.0MPa,怎么连接呢? 下面再介绍几种能够解决这个问题的比较典型的且常用的螺纹三通和螺纹四通连接。如图6-13(a),(b)所示。

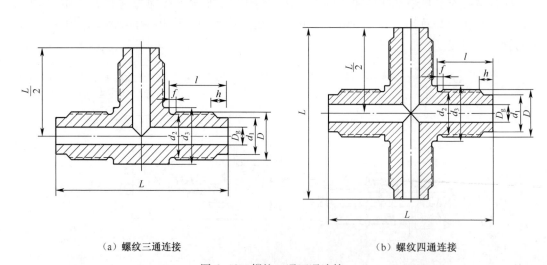

(a) 螺纹三通连接　　　　　　　　　(b) 螺纹四通连接

图6-13　螺纹三通四通连接

必须是直管插入三通或四通,焊在预先确定的位置上,然后用钻头沿箭头所指的方向将管壁开孔,即形成了通路,这种螺纹三通和螺纹四通的特点是:由于采取套焊在管子上,减少了两个可动连接部位,则降低了管路渗漏的概率,接头的材质均为优质碳素钢。

图6-13(a)图所示的螺纹三通,从结构上可看出,它与管路的连接均是螺纹连接。它的材质有黄铜和碳钢两种,其公称通径DN3~15mm,公称压力可达16.0MPa,公称通径DN20~32mm的,公称压力为10.0MPa,适用于油类、空气、海水及各种灭火剂管路的连接。

图6-13(b)图所示的螺纹四通,是一种主要用于高压空气系统的接头,它的材质也有碳

钢和黄铜两种,但为了防腐蚀,高压空气系统一般都采用黄铜材料制成的三、四通螺纹接头,其公称通径 DN10~32mm,公称压力为 25MPa,这种螺纹四通的外形结构形式转变,其中有同径三通和同径四通,异径三通和异径四通,叉型同径三通,等等。

3. 焊接连接

焊接连接如图 6-14 所示,主要有对接焊连接、搭接焊连接和套管接焊三种。

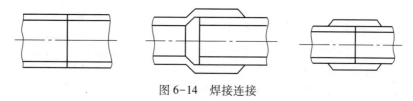

图 6-14 焊接连接

焊接连接的主要优点是重量轻,尺寸小,装配方便、密闭性强;但其缺点是:不可拆御,焊接后管内的氧化皮不能清除且易腐蚀。

一般情况下,对焊接连接和搭接焊连接采用得不多,而套管连接焊采用得比较多,船舶上和各类液舱的通气管的连接(如压载舱、燃油舱、滑油舱、淡水舱)和油舱内的蒸汽加热盘管的连接均采用套管连接。

液舱通气管采用套管连接的主要原因是取其装配方便、尺寸小的优点,因为这类管子一般都敷设在船舷两侧,而油舱加热盘采用套管连接的原因是取其密闭性强,尺寸小的优点。

4. 通舱管件

通舱管件主要用于液舱、甲板和船舱隔壁及轻型隔壁上管子的相互连接,以保证水密。

通舱管件与甲板等连接有可拆式和不可拆式(将通舱管件焊在甲板或隔壁上)两种形式;但随着造船业焊接技术的提高,可拆式通舱管件已很少采用了,一般都是直接将通舱管件焊接在甲板或隔壁上。

根据工作介质的参数和管子的公称通径的大小及施工的情况,按通舱管件的结构可分为焊接座板通舱管件、螺纹通舱管件和法兰通舱管件(一般习惯称为法兰通舱管件)三种类型:

1) 焊接座板通舱管件

焊接座板分为单面焊接座板和双面焊接座板两种类型,主要用于公称通径较大的管子或附件的连接。

如图 6-15(a)所示为双面焊接座板,当甲板或隔壁两面的同一位置均有管子连接时就采用这种双面焊接座板,它的公称通径为 DN20~350mm,公称压力为 PN0.6~2.5MPa,公称通径越大,则公称压力越小,材料为碳钢。

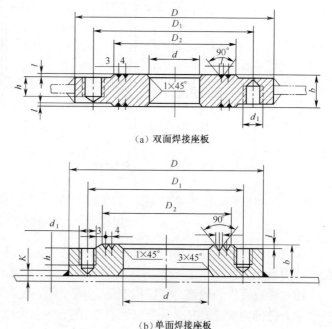

(a) 双面焊接座板

(b) 单面焊接座板

图 6-15 焊接座板

图 6-15(b)则为单面焊接座板,主要在液舱舱壁的内侧不接管而外侧需接管子或附件时采用这种单面焊接座板,它的公称通径为 DN20~500mm,公称压力 PN0.5~2.5MPa,材料也是碳钢的。

2)螺纹通舱管件

螺纹通舱管件是与螺纹接头配套使用的一种附件,即公称通径 DN32mm 以下的管子大多采用螺纹接头连接,当这类公称通径比较小的管子穿越甲板、船舱隔壁等其他船体结构时,就需要用螺纹通舱管件进行连接。它的公称压力也与螺纹接头同样分为高压、中压、低压三个档次,由碳钢、青铜、镍铬钛钢制成,如图 6-16 所示,其中 A 型与舱壁连接采用螺纹紧固,而 B 型则焊在舱壁上。

由于甲板或隔壁厚度不同,因此,即使是同一压力档次的螺纹通舱管件,它们的长度有长短之分。

3)法兰通舱管件(图 6-17)

所谓的法兰通舱管件是由标准的钢法兰与一段钢管焊接而成的,同时,附加了一块焊接衬板。

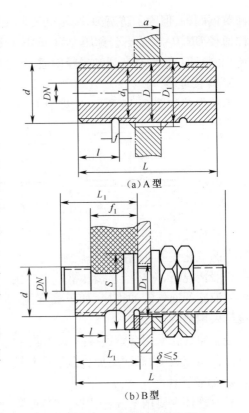

(a)A 型

(b)B 型

图 6-16　螺纹通舱管件

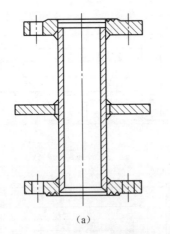

(a)

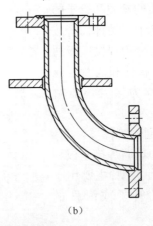

(b)

图 6-17　法兰通舱管件

法兰通舱管件的公称压力由其采用的法兰来决定的,图 6-17 所示的法兰通舱管件属于公称压力低于 1.6MPa 的一种,实际上还有 2.5MPa 和 6.4MPa 的法兰通舱管件。

法兰通舱管件一般都是钢结构制品,但是,当海水系统的管路采用紫铜管时,钢结构的法兰通舱管件的内壁需要复合一层紫铜衬套,使它的抗海水腐蚀的能力与管路相同,提高法兰通舱管件的使用寿命。

5. 挠性接管

在船舶上,尤其是在舰艇上,要求有些管系具有消除由于温度的变化、航行状态的船体变形及各种机械设备运行产生的振动、噪声及冲击的优良性能,为了使管系能够满足这些要求,通常采用挠性接管,以达到减振、隔音、抗冲击,保护动力设备的正常运转,防止管路连接的紧密性被破坏的目的。

常用的挠性接管有以下几种:

1) 夹布胶管

夹布胶管是一种光滑的圆柱形挠性接管,这种接管适用于公称通径 DN≤80mm、公称压力 PN≤0.6MPa 的油管路和水管路,但水的温度不得大于 100℃,油的温度不得大于 80℃,需要特别指出的是,工作介质是油类时,夹布胶管必须是由耐油橡胶制成的。

用夹布胶管连接管路具有下列优点:结构简单,安装方便,富有弹性,重量轻,可隔离高机械振动对管系的影响,管子膨胀和船体变形而引起管子变形时,具有一定的补偿作用。夹布胶管连接如图 6-18 所示,夹布胶管与管子连接时,将管子靠近管端约 10mm 处沿圆周加工一圈近似圆弧形的凸台,然后插入胶管,最后用管箍箍紧即可。

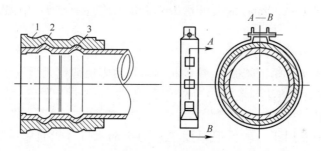

图 6-18　夹布胶管连接

1—管箍;2—联接管;3—环形凸面。

2) 高压橡胶接管

高压橡胶接管是一种特制的挠性接管,且多用于液压系统的管路与机械设备之间的连接,它与夹布胶管在结构上的区别是:高压橡胶接管是由橡胶和金属丝网复合而成,且本体和两端带高压螺纹接头,公称通径最大为 32mm,如图 6-19 所示。

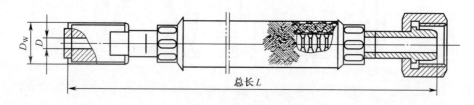

图 6-19　高压橡胶接管

3) 减振橡胶接管

减振橡胶接管通常又称为减振器,它安装在与动力机械设备相连的管路上,起到减振、隔音和防冲击的作用,接管的总体结构是以金属为骨架、充入耐油、耐热橡胶压铸而成。它可以在轴向变形±5mm,径向变形±5mm,温度在最低-5℃,最高 150℃,公称压力 4.0MPa 状态下正常工作。当然,随着工作参数的不同,减振橡胶管的结构参数也不同,图 6-20 仅是其中的一种。

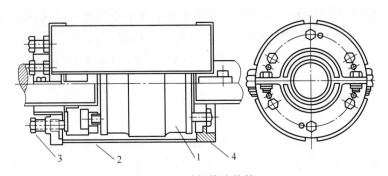

图 6-20   减振橡胶接管

1—接管本体;2—橡胶金属半环;3—调整螺栓;4—夹环。

减振橡胶接管的安装精度在管系附件当中要求是比较高的,一般在有关技术文件中都对接管在安装过程中产生的轴向拉压变形量和径向偏移变形量做出了明确的规定。

减振橡胶接管可适用于工作介质为海水、淡水、滑油、空气、低温蒸汽等管路的连接,其公称通径一般在 DN20~250mm,最大可达 DN500mm,它还有常温、中温、高温、耐油和不耐油之分。

4) 金属波纹管

金属波纹管又称为不锈钢减振器,这种减振器是由多层薄壁无缝不锈钢管或直缝焊接接不锈钢管,用液压或滚压方法制造,多用于高温蒸汽、柴油机排气管路工作状态产生的轴向位移和径向位移的补偿。

图 6-21 是一种专用压力较低但温度很高的柴油机排气管直管的膨胀补偿的金属波纹管。

图 6-22、图 6-23 这两种结构型式的金属波纹管一般都是用于蒸汽管路中。其中图 6-22 所示的这种波纹管仅适用于补偿产生轴向位移且压力较低的蒸汽管路。图 6-23 适用于补偿轴向位移和少量的径向位移的蒸汽管路。

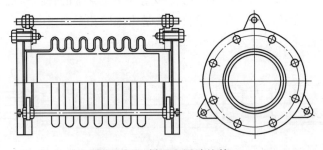

图 6-21   低压金属波纹管

二、调节、控制附件

在船舶系统中,调节、控制附件的种类是很多的,在这里主要叙述安装在管路当中的一种类型的调节、控制附件——阀门。

1. 截止阀

截止阀的功能是截止或接通管路中的工作介质,也可以调节工作介质的流量,它是应用最广泛的一种阀门。

按照工作介质在阀腔中流通的形式,截止阀可分为直通(A 型)和直角(B 型)两种形式,按连接方式可分为法兰截止阀和螺纹截止阀。

制造截止阀阀体的材料有铸铁、铸钢、锻钢和铸铜四种,这些材料主要是指阀体的材料。

图 6-24 和图 6-25 分别为法兰截止阀和螺纹截止阀,它们的截止或接通工作原理是这样的:当逆时针旋转手轮时,则带动阀杆做逆时针旋转上升运动,与此同时,阀杆也带动阀盘(阀头)上升且离开阀座,使阀门呈开启状态,工作介质就可以沿图示箭头方向进入和流出截止阀,这就是接通;反之,顺时针方向旋转手轮,直至阀盘严密地坐落在盘座上,如图所示的状态,就起到截止工作介质流通的作用。

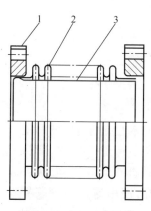

图 6-22 PA 型波纹管
1—法兰;2—波纹管;3—导流筒。

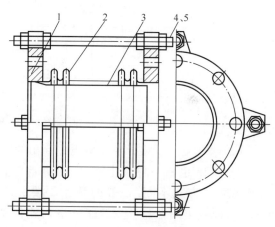

图 6-23 PE 型波纹管
1—法兰;2—波纹管;3—导流筒;4,5—拉杆螺栓螺母。

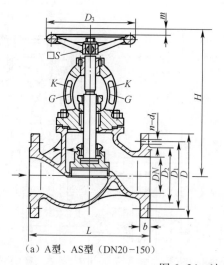

（a）A型、AS型（DN20-150）

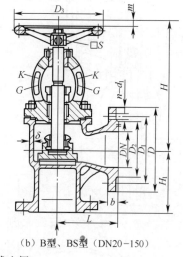

（b）B型、BS型（DN20-150）

图 6-24 法兰截止阀

选用和安装截止阀应注意如下几点。

（1）根据不同的工作介质及工况选用合适的材料和连接方式的截止阀(不同的工况包括工作介质的压力、温度、流量)。

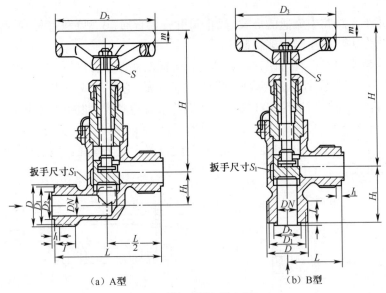

（a）A型　　　　　（b）B型

图 6-25　螺纹截止阀

（2）安装截止阀要严格遵守低进高出的原则,应注意阀体上流通方向的标记。

图 6-26 也是一种截止阀,它的功能与上述介绍的截止阀是一样的,其区别是它们的开启或关闭方式不同,一般的截止阀要关闭或开启只要直接转动手轮就可以了。而图 6-26 这种截止阀本身就安装了一套齿轮传动的开启装置,使用这种传动装置开启或关闭阀门的最大优点是能够减轻劳动者的劳动强度,目前,这种阀门仅限于应用在水下产品的海水系统。

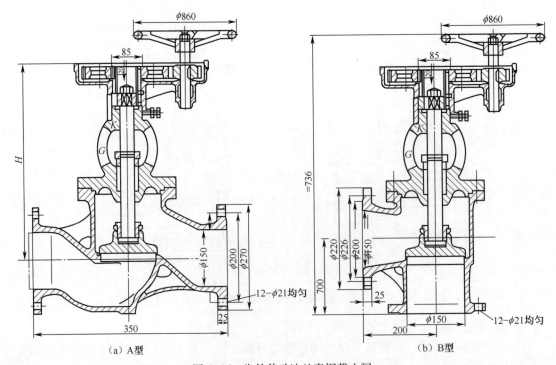

（a）A型　　　　　　　　（b）B型

图 6-26　齿轮传动法兰青铜截止阀

2. 止回阀

止回阀是一种能够控制工作介质只能沿着一个方向流动,若工作个质回流(逆流)时,它能自动关闭阀门,它安装在只允许工作介质单方向流动的管路上。

如图 6-27 和图 6-28 所示,是一种最常用的重力式止回阀,当具有一定压力的工作介质进入止回阀的进口腔后,工作介质的作用力就作用在阀盘的下面,迫使阀盘沿着盖上的导向槽上升而离开阀座,此时,止回阀的通道就打开了,而当工作介质回流时,止回阀的进口腔的工作介质压力为零,阀盘就靠自身的重力回落到阀座上,此时,回流的工作介质的作用力就作用在阀盘的上面,促使阀盘紧密地压在盘座上,止回阀就关闭了,阻止了工作介质的回流。

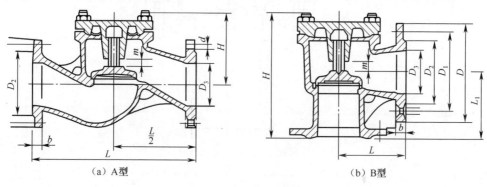

（a）A型   （b）B型

图 6-27　法兰止回阀

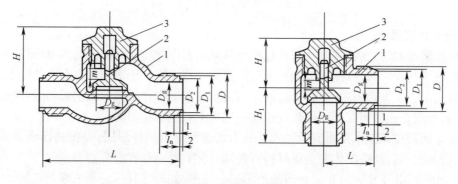

图 6-28　外螺纹止回阀

1—阀体;2—阀盘;3—阀头。

止回阀与管路的连接方式同样也有法兰式和螺纹式连接,制造止回阀的金属材料(主要指阀体)有铸铁、铸钢和青铜三种。

止回阀除了有重力式以外,还一种摆臂式,摆臂式止回阀又称为防浪阀,它的优点是工作介质在阀腔里的流动阻力比重式止回阀小。

止回阀的选用与安装应遵循下列原则:

（1）根据工作介质的种类和工作压力正确地选用止回阀。

（2）重力式止回阀只允许安装在水平敷设的管路上,而不能安装在垂直敷设的管路上,而且阀杆应垂直,以保证阀盘自由地升降。

（3）摆臂式止回阀可以安装在垂直敷设的管路上。

（4）止回阀的安装方向,应保证工作介质的流动方向与止回阀开启方向一致。

图 6-29 所示的是法兰铸铁吸入止回阀,这种阀门安装在油泵或水泵吸入管的最末端。

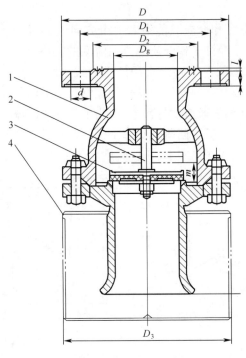

图 6-29   吸入止回阀

1—阀体；2—阀杆；3—密封环；4—滤网。

3. 截止止回阀

截止止回阀如同它的名称一样，是有截止和阻止工作介质逆向回流的双重作用的阀件，或者说它集截止与止回阀各自的优点于一身，又消除了截止阀和止回阀各自存在的缺点，即截止阀不能自动阻止工作介质的逆向回流，但是当需要截止工作介质顺向流动时，止回阀是没有这个功能的，可截止止回阀就可以代替截止阀使用但不可代替止回阀。

截止止回阀按其工作介质流通形式可分为直通和直角两种形式，而按其连接方式又可分为螺纹式和法兰式，制造阀体的金属材料有铸铁、铸钢、锻钢和青铜等。

规格相同的截止止回阀和截止阀的外形是一样的，如果在其标记不明显的情况下，如何区别它们呢？我们只要将阀杆启升到一定的高度，然后提起阀门摇动几下，如有明显的金属撞击声，这就可以断定是截止止回阀，因为截止阀杆启升将带动阀盘同时上升，所以在摆动时，它不会发出明显的金属撞击声。

截止止回阀的使用与安装应注意如下两点。

（1）根据介质的工况，正确地选择截止止回阀。

（2）截止止回阀安装时，其阀杆一定要垂直安装，直通式必须装在横管上，不能装在垂直管上，同时要符合"低进高出"的原则。

4. 减压阀

减压阀是一种能将主管路中或压力容器中工作介质的初始压力降到适合低压系统应用的阀门，减压阀的种类有蒸汽减压阀、空气减压阀、滑油减压阀、海水减压阀、淡水减压阀等，由于被减压的工作介质不同，这些减压阀的结构也有区别，然而其工作原理是相似的。

5. 闸阀

闸阀又称为闸板阀，是一种使用较广的截止阀，根据闸阀工作时阀杆位置的不同，它分为定位阀杆式和上升阀杆式。

闸阀与截止阀相比有如下优点：外形尺寸小，法兰间的装配长度短，介质的流动阻力小，阀门安装不受方向的限制。但是闸阀也有以下缺点：闸板与阀座间的密封面制造复杂，且易磨损，因此不能承受较高的压力。闸阀的材料有铸铁、铸钢、铸铜等。

6. 阀箱

阀箱按功能分类有吸入截止阀箱、吸入截止止回阀箱、排出截止阀箱等，若按其外形可分为单排阀箱、双排阀箱、三排阀箱等，所谓的阀箱就是将两个或两个以上的截止阀或截止止回阀的阀体的铸铁整体铸成一个整体。阀箱优点是便于集中管理，操纵方便，相对占用空间小。阀箱目前仅限于应用在海水、淡水、燃油系统。

吸入截止阀箱是吸入口为分开而排出口为连通的单排阀箱，吸入截止阀箱能将介质分别从阀箱的每一个吸入口吸入阀箱内，然后由一个公共的排出室排出，如图6-30所示。

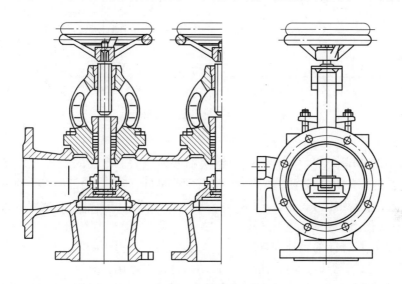

图6-30 吸入截止阀箱

排出截止阀箱的内部结构与吸入截止阀箱恰好相反，它是吸入口为连通而排出口是分开的单排阀箱，排出截止阀箱的工作原理是：介质进入阀箱的公共吸入腔内，然后从阀箱的每一个排出口分别排出，如图6-31所示。

7. 压力表阀

压力表阀是一种专用于控制和连接压力表的阀门。它的主要功能有两点：一是由于压力表是易损件，当需要更换或维修压力表时，在卸下压力表前，将压力表阀关闭就可避免管路中的工作介质外泄；二是当工作介质是液体时，压力表管中往往积存着空气，而这部分空气可以使压力表不能稳定准确地指示工作介质的压力，压力表阀可以将这部分空气排出来，从而保证压力表正常工作。

三、观察附件

为了检查和测量系统中的机械与设备的压力、温度、液位等，以便随时了解和判断系统的工作情况，并进行必要的调整或采取措施，必须设置各种检查和测量附件。其中常用的有压力表、温度计、液位表和流量观察器等。

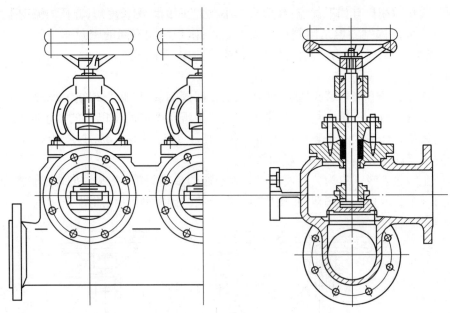

图 6-31　排出截止阀箱

1. 压力表

压力表是用来测量系统中的容器或管路内的液体压力。常用的压力表为弹簧管式压力表,船用压力表还具有防尘、防溅型的外壳,密封性能良好,能保护内部的机构免受机械损伤和灰尘、水滴侵入,它分为压力表、真空表和真空压力表。选用压力表时,其上限压力应为流体工作压力的 1.5~2 倍。

真空表用来测量密闭的容器和管路中流体的真空值。它的结构同压力表一样,不同的就是真空表接入容器或管路时,弹簧管收缩而带动指针逆时针偏转。

真空压力表则既可以测量容器或管路中的流体的压力,也可以测量其真空值。

2. 温度计

温度计是用来测量工作介质温度的附件,常用的温度计有玻璃水银(或有机液体)温度计和压力式指示温度计两种。

1) 玻璃水银温度计

玻璃水银温度计常用的有三种形式,即直形、90°角形和 135°角形。这三种形式温度计的选用,主要根据安装位置来确定。

玻璃水银温度计的结构简单,价格较低,安装方便和读数正确,但只能在观测点读数。玻璃水银温度计安装在管路上时,其感温部分应处在被测介质流通截面的中心线上,如果斜插管子上时,温度计的感温包应指向介质的流动方向。

2) 压力式指示温度计

压力式指示温度计由表头、毛细管和感温包等组成。压力式指示温度计的温包和毛细管用紫铜制造,毛细管的外部有用紫铜丝编织的保护。压力式指示温度计最大优点是:可以将温度读数传到远处(传递距离取决于毛细管的长度)。

安装这种温度计时应注意如下几点。

(1) 温度计的毛细管最小弯曲半径不得小于 50mm。

（2）感温包应全部插入被测量的介质中，以减少因导热引起的误差。

（3）对于充满液体的压力式温度计，安装时温包与表头（指示部分）应尽量在同一水平面以减少液体静压引起的误差。

3. 液位表

液位表常安装于锅炉、液体箱柜及其他容器上，用以指示该容器内液体的液位。液位表一般应安装在便于观察和有照明的位置，且要保证上下垂直。图6-32为液位表安装示意图。

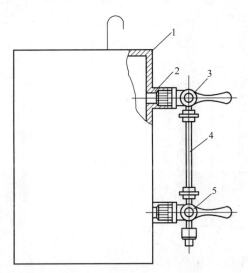

图6-32 液位表安装示意图

1—液柜；2—内螺纹接头；3—直角旋塞；4—玻璃管；5—T形三通旋塞。

四、滤器

滤器的作用是过滤掉介质中的各种杂质，以保证系统中的机械和设备的正常工作。根据工作介质的不同，滤器可分为海水滤器、油滤器和气（汽）体滤器等。

（1）海水滤器。海水滤器主要用在海水泵的吸入管路上，以防止海水中的杂质进入泵内。海水滤器必须直立安装在便于清洗和检查之处。

（2）油滤器：油滤器用来过滤滑油、燃油中的杂质，以保证主机的燃烧和润滑质量或其他动力机械的正常运行。油滤器有粗细两种，粗细滤器的过滤能力主要是由滤器中的滤芯所决定的。图6-33为圆筒形网式粗滤器，它的滤芯用一个圆柱形骨架附上金属网制成，油在滤器中的流动状态如图中的箭头所示。

缝隙式滤器比网式滤器完善些。既可做粗滤器也可做细滤器，它的滤芯如图6-34所示，通常是用薄金属片（或细金属丝）制成，其过滤精度取决于金属片3的厚度，金属片3越薄说明滤芯缝隙越小，过滤精度或者说经过滤的油的清洁度越高。

（3）滑油自清滤器。随着动力机械的发展，对润滑设备提出了更高的要求，如果频繁打开滤器，灰尘杂质容易进入，影响滤器使用的可靠性，又增加了管理人员的劳动强度。滑油自清滤器的主要优点是工作可靠，性能稳定，自动冲洗，使用维修方便，而且在清洗排污过程中，滤器仍能正常工作。

（4）空气滤器。空气滤器的作用是滤出压缩空气中的杂质，以保证系统的正常工作。

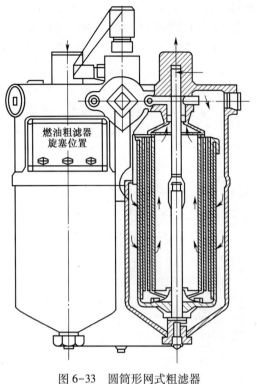

图 6-33　圆筒形网式粗滤器

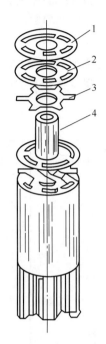

图 6-34　缝隙式细滤器

1,2—盖片;3—金属片;4—柱。

五、热交换器

热交换器是将热量从一种流体传递给另一种流体的传热设备,根据其用途可分为加热器(用蒸汽加热燃油、饮水等)和冷却器(用海水冷却淡水、滑油、空气、蒸汽等)两种,根据其结构形式,常用的有盘管式、套管式、壳管式、板式和板翅式等,同一种形式的热交换器往往既可作加热器也可以作冷却器使用。

1. 盘管式热交换器

为了降低燃油的黏度以便于驳运和使用,在油舱或油柜中装有加热盘管,管内用蒸汽对燃油进行加热,盘管式加热器也可装在茶桶内用以加热饮水。

盘管式热交换器除用作加热器外,还可以用作冷却器,在某些船舶的推力轴系和中间轴承中,装有单独的润滑油池,油池中装有盘管,用冷却水(海水)流过盘管对滑油进行冷却。

盘管式热交换器的盘管材料采用紫铜管或无缝钢管,根据需要它可以水平放置也可以垂直放置,盘管式热交换器的优点是易于加工制造,成本低,但其传热效率低,外形尺寸大,一般用在传热量不大、使用要求不高的地方。

2. 套管式热交换器

套管式热交换器是在小圆管外套以大圆管而组成,在需要较多受热面时,可用多组套管结合。套管式热交换器主要用作冷却器。

3. 壳管式热交换器

壳管式热交换器是应用最广泛的一种热交换器,目前船舶上使用的滑油冷却器、淡水冷却器、燃油加热器、冷凝器等,绝大多数是壳管式的,它的结构形式很多,但基本类型有三种:固定管板式、U 形管式和浮头式。

（1）固定管板式。进行热交换的两种流体，一种在传热管内流过，另一种在壳体内流过。它的特点是管束两端的管板都固定在壳体上，结构简单，易于制造。但由于它的管子、管板和壳体是刚性连接的，在两种流体有较大温差时，壳体、管子和管板间由于膨胀不均，连接处可能发生泄漏，因此，它只能适用于温差较小的场合。另外，由于管束无法从壳体内抽出，管子外壁清洗比较困难。

（2）U 形管式。为了克服由于膨胀不均而造成泄漏的缺点，把直管改成 U 形，把两管口固定在同一块管板上，这样就形成了 U 形管式。它的特点是管子可以在壳体内自由膨胀，管束可以从壳体中抽出，便于清洗管子外壁，但是，管内壁的污垢不便于清洗，另外，U 形管是层层包围的，如果内层管子破损，则无法更换。U 形管使用于温差大、管内流体较清洁的场合，如燃油加热器、喷油嘴淡水冷却器等，考虑到 U 形管子的弯管处比较容易堵塞和冬天可能发生"冰炸"，可采用弯曲段在上方的倒立式和下余式。如果管中液体在换热过程中有气体放出，应采用立式或上斜式。

（3）浮头式热交换器。浮头式和固定管板式比较，有以下两大优点：一是活动管板可以在壳体内滑动，减少了由于热膨胀不均而产生泄漏的可能性；二是管束可以从壳体中抽出，便于清洗管子外壁。由于浮头式具有以上优点，对工作流体的适应性好，能在较大的温差下可靠地工作，所以得到广泛的应用，主要用作主机滑油冷却器和主机淡水冷却器等。

六、垫片

1. 垫片的分类

垫片按其用途可分为两大类，一类是用于管路连接的起密封作用的密封垫片，它的功能是防止工作介质的泄漏，保证管路的正常工作；另一类是管路与支架（吊架）之间的衬垫片，其功能如下：

（1）防止管子与支架的接触腐蚀。

（2）防止支架对管子的摩擦损伤。

（3）降低管子与支架之间的热传导，降低热损耗。

（4）降低声波的传递。

2. 密封垫片的种类、性能

（1）高压石棉橡胶垫片：高压石棉橡胶垫片是用高压石棉橡胶板制成的。颜色为紫红色。它适用于公称压力为 6.4MPa 和工作温度为 400℃，工作介质为蒸汽、海水、淡水（饮用水除外）、空气、烟气、惰性气体等管路的密封。

（2）中压石棉橡胶垫片：一般适用于公称压力 4.0MPa，工作温度 375℃的蒸汽、海水、淡水（不包括食用淡水）等管路的密封，这种垫片是红色的。

（3）低压石棉橡胶垫片：这种灰色的垫片可用于公称压力为 1.6MPa，工作温度为 200℃的蒸汽、海水等管路的密封。

（4）耐油石棉橡胶垫片：用耐油石棉橡胶板制成的垫片，一般专用于公称压力为 6.4MPa 以下，工作温度低于 100℃的燃油和滑油管路连接处的密封，颜色是绿色的。

当石棉橡胶垫片用于密封蒸汽管路时，须将垫片的平面涂上一层浆糊状的用石墨粉和气缸油调合制成的涂料。以防止垫片受热黏合在法兰上。

（5）夹布橡胶（胶皮）垫片：船用夹布橡胶垫片一般由两种材料制成：一种是耐油中等硬

度及弹性夹布橡皮,它适用于工作介质为公称压力 0.6MPa,工作温度为−30~+60℃的海水、空气和油类;另一种是无毒中等弹性夹布橡胶,这种材料的垫片专用于食用淡水管路的密封,公称压力不超过 0.6MPa,工作温度为−30~+150℃。

（6）O 形橡胶密封圈:O 形橡胶密封圈是近几年广泛应用于船舶管路密封的一种密封件,由于它的密封性能较好,因此它多用于公称压力 10.0MPa 以上、公称通径为 32mm 以下、工作温度为常温的液压管路和空气管路的密封。

O 形垫圈的造价较低,正在越来越多地代替紫铜垫圈,但是因为它的使用寿命较短,因此又不能完全代替紫铜垫圈。

（7）紫铜垫圈:紫铜垫圈除具备 O 形密封垫圈的性能外,它还可以用于温度较低但公称通径较大的接口密封。紫铜垫圈在使用之前必须进行退火处理。

3. 衬垫的种类及使用范围

（1）石棉橡胶衬垫:主要用于受热管路与支架间的衬垫。

（2）耐油石棉橡胶衬垫:可用于燃油、滑油管路及机舱花铁板以下的各系统的管路与支架间的衬垫。

（3）铅板衬垫:它用于直接与海水接触或穿越油舱的管子与支架的衬垫。

（4）无毒橡胶衬垫:用于穿越食用淡水舱的管子与支架的衬垫。

衬垫的宽度应略宽于支架的宽度,长度以能围绕管子一周为准。

七、支架

管子的支架又称为吊架和卡子。为管子安装支架的目的是:防止由于管路温度的变化,船体的变形,机械设备的振动而引起的管路的损坏及管路连接部位的密封性被破坏。支架的种类按其结构可分为刚性支架、弹簧支架及导向支架等。刚性支架是应用最为普遍的一种,弹簧支架和导向支架一般只用于公称通径较大的主蒸汽管路和柴油机排气管的支撑。支架的安装方式有支撑型、悬臂梁型和吊挂型。支架采用何种安装方式,主要依据管路的安装位置而定,并要保证有足够的强度。

安装支架应注意下列问题。

（1）布置支架时,其距离可根据具体情况适当加长或缩短。

（2）支架要尽量靠近管子的法兰或螺纹接头处安装,且要均布。

（3）对弯曲的管子,可根据其刚性的情况适当增加。

（4）对附件应适当考虑加以固定。

（5）油船甲板上、泵舱、油舱内的吊架应加接地线。

（6）支架一般应尽量避免焊在船体外板上,如无法避免,要在支架的底脚上加一块圆形垫板。

第七章　计算机辅助快速设计

　　计算机技术的发展,使得船舶轮机系统原理图的设计摆脱了以往的手工图纸作业绘图工作,大量的绘图工作利用计算机进行,省略了大量的重复绘图工作和手工描图工作,从而使设计速度大为提高。然而要进一步地提高设计速度,需要设计人员能够更好地利用计算机辅助设计软件 AutoCAD 提供给用户的属性与图块、图像化菜单以及 AutoCAD 的二次开发 lisp 语言及 DCL 功能,同时还应了解 AutoCAD 与数据库的连接功能,理解船舶管路设计的 P&ID 设计方法。

第一节　图块及图块属性定义与提取

　　通常,我们在船舶轮机系统和电器系统原理图设计中,为了提高绘图速度用图块来构造刚性图库和图中的符号库。属性是用来在块中附带非图形信息的重要手段。属性记录的信息可以在图上显示出来或隐含在图中。属性值可以是固定值,也可以在每次插入时加以改变。属性值可以从图形数据库中提取出来,输出成表格或数据库格式的文件,进而做成零件表或材库等。图块和属性是 AutoCAD 的高级应用技巧,可以被巧妙地运用到轮机系统和电器原理图的设计中。

一、图块定义

　　在船舶轮机与电器系统原理图绘制过程中,有许多相同的符号图形以不同的比例和旋转角度绘制在同一幅图内,最有效的方法是使用块进行操作。块是以特定的名称存储起来的以便在 AutoCAD 图形中重复使用的实体或一组实体。

　　定义块可以使用"绘图"菜单的"块"子菜单的各命令选项来实现。该菜单命令有 3 个选项,即"创建""基点"和"定义属性"等功能选项。如图 7-1 所示,3 个选项均为独立的可执行命令,其中"创建"为定义块的命令。

图 7-1　块菜单项的各功能选项

　　"创建"命令选项可以生成一个新的块,执行该选项后系统将弹出如图 7-2 所示的对话框,在该对话框中,用户就可以定义一个新的图块,这种定义块的方式是使用对话框的方式。使用对话框的方式定义块,也可从"Command:"提示下输入执行"Bmake"命令,两者实际上是执行同一个命令。该命令操作方法如下:

Command:Bmake

　　定义块时,首先应该在"名称"编辑框中输入块名;然后选中"拾取点"按钮,进入图形屏幕选取一个基点作为块的插入基点;再回到该对话框,选中"选择对象"按钮,进入图形屏幕选中所要定义的块图形实体,再返回到该对话框;最后单击"确定"按钮完成块定义。在该对话框中,■按钮为显示已定义的图块中的各种参数,单击此按钮,系统将弹出如图7-3所示的对话框,用户可以查看系统中已定义的图块中的参数。在"块定义"对话框中如果选中"保留"复选框,则定义块后,原来的图形实体保留,如果选中"删除",则将原来实体删除,一般系统缺省为"转换为块"。对话框中预览图标中系统缺省复选框为"从块的几何图形创建图标",如果选中"不包括图标"则系统将不从块的几何图形创建图标。对话框中"拖放单位"为定义图块的长、宽单位长度,"说明"为用户对该图块的说明信息。

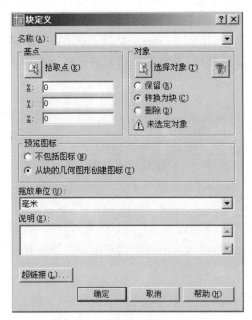

图 7-2　"块定义"对话框

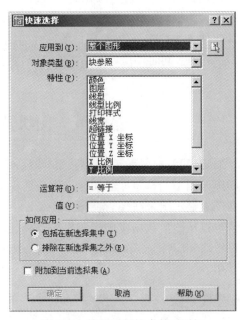

图 7-3　快速选择块参数对话框

　　如果用户新定义的块名已经存在,则系统会询问用户是否重定义该块。

　　用户定义的块是在当前图形中存在的,如果用户重新建立一张新图,则在原来图形中建立的图块将不能调用,那么,用户如果想要在新建的图形中调用其他图中建好的图块,就应该在建块时,将图块建成独立于当前图形外部图形块文件,用户操作如下:

　　Command:Wblock

　　定义外部图形块时,首先应该在"写块"对话框中选取"块(B)",然后在显示框中选取当前图形已定义的图块名,再选取"确定"按钮,即生成独立于当前图形的外部图形块文件;用户还可以选中"整个图形"选择项,将整个图形作为外部文件保存起来;同样,用户也可以像制作内部块的操作一样,选取"对象(O)"直接通过选取"基点"和"对象"的方法将当前图形中的部分图素转化成独立于当前图形的外部文件,如图7-4所示。

二、块的嵌套

　　一个图块可以包含另一个图块,这称为块的嵌套。块的嵌套层数只受磁盘空间的限制。唯一的限制是不允许在图块中嵌套自己。嵌套块是一种非常有用的技术,但是为了避免使嵌套块变得过于复杂而产生混乱,嵌套层数不宜过多。

　　有时,一个嵌套块包含有在图层上,或者线型和颜色是"BYBLOCK"(随块)方式的对象,

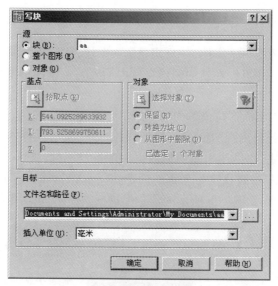

图 7-4　生成外部图形块

则这种对象称为浮动对象,并且它们的属性由在嵌套结构中包含它们的块所决定。

　　尽管块嵌套是有用的,如果它们没有被正确地使用,浮动图层、颜色和线型会使嵌套非常复杂。为了减少混淆,应按如下规则进行操作。

　　(1)如果一个特定的块的所有实例具有相同的图层、颜色和线型属性,则应该对块中所有对象明确地指定属性(包括嵌套块)。

　　(2)在插入块时,如果用户想使用层的颜色和线型选项控制特定块的每个实例的颜色和线型,则应将块的每个对象(包括嵌套块)绘制在图层上,颜色和线型设定为"Bylayer"(随层)。

　　(3)如果用户想分别使用颜色和线型命令控制特定块的每个实例的颜色和线型,则应将块的每个对象(包括嵌套块)绘制为颜色和线型设定为"BYBLOCK"(随块)。在创建一个块时,用户可以使用"DDCHPROP"(修改属性)改变图层、颜色和线型,如图 7-5 所示。

图 7-5　修改属性对话框

三、插入块

块是由多个对象组成的单一实体,一旦建立了一个块,我们就可以将这个块所定义的实体插入到图形的任何位置。还可以在新的图形文件中插入另一个图形文件的所有对象,只要输入所插入的图形文件名即可。

用户可以使用"插入(1)"下拉菜单中的"块(B)"命令来插入已经定义的块到图形中,如图 7-6 所示,执行后,系统将出现"插入"对话框,如图 7-7 所示,用户输入图块名称后,首先在图形数据库中查找这个块,如果在当前图形数据库中查找不到,则 AutoCAD 就从当前磁盘上的 AutoCAD 缺省搜索路径中查找这一名称的图形,并将该图形插入;如果该名称的块和图形均没有找到,则系统将弹出如图 7-8 所示的信息提示框。使用"Insert"命令与使用下拉菜单的操作过程等效:

Command:Insert

图 7-6　插入下拉菜单

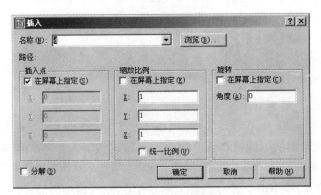

图 7-7　"插入"对话框

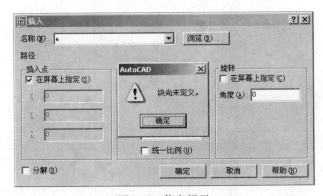

图 7-8　信息提示

(1)"插入点":系统缺省为系统将图块按照用户定义好的"基准点"直接插入到当前绘制的图形系统圆点,用户选取"在屏幕上指定(S)",在插入图形时,插入的图形块"基准点"将根据当前绘制的图形的鼠标位置插入图形。

（2）"缩放比例"：系统缺省值均为 1，用户可直接输入各个比例因子或选取"统一比例（U）"，用户还可以选取"在屏幕上指定（E）"，然后用鼠标在屏幕上选取相应的长度，确定插入块的缩放比例。如果用户在 XYZ 三个方向确定插入比例因子，则插入块的 XYZ 三个方向的比例将随 XYZ 三个方向的比例因子变化而变化。

（3）"旋转"：系统缺省"角度（A）:0"，用户可在输入栏中输入所需角度，也可选取"在屏幕上指定（C）"确定插入块的旋转角。

用户插入外部图形块时，其操作与插入内部块操作方法一致。用户在"插入"对话框中选取"浏览（B）"，系统将打开"选择图形文件"对话框，如图 7-9 所示，用户选取需要插入的外部图形文件，即可将外部图形像操作内部块一样将图形插入。

插入的图块在图形中作为一个整体的图素来操作的，如果用户需要对图块中的图素进行操作，在插入图块时应选取"插入"对话框中的"分解"选项。

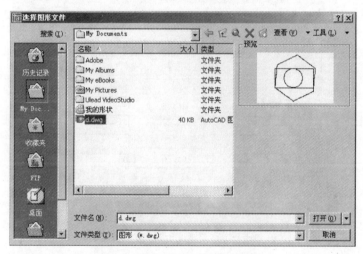

图 7-9 "选择图形文件"对话框

四、定义属性

在船舶轮机系统或电气设计中，为进行下一步的施工设计以及施工需要，在图纸中需将所用设备的清单，按分类统计出来并做成一个表格，放在图纸标题栏的上方。这样后续的设计人员以及施工人员可以据此进行材料的准备。已往相关材料表的统计都是在图纸设绘完毕后，由人工统计，再绘制，输入成材料表。为了提高设计效率，利用 AutoCAD 的二次开发软件 Autolisp，结合属性编辑，开发出材料表的自动生成软件，在图纸设绘完毕后，只需建入几个指令，即可在图面上自动生成材料清单，大大提高设计效率。本文介绍了该软件的使用和编制情况。

属性是附属于块的非图形数据，属性可以作为图形的一部分显示，也可以隐藏起来，但这些属性所包含的信息总是可用的。属性的使用仅仅受用户想象力的限制，其应用范围很广，而且使图形绘制及处理的效率更加强大。

用户可以从一个图形中提取属性信息，并且可以在一个电子数据表或数据库中使用这些信息，以便生成如零件表或材料清册等项目。用户可以在一个块上附加多个属性，只要各属性具有不同的标签即可。当用户插入这个块时，AutoCAD 会提示用户输入各属性的值。用户也可以定义常量属性，因为它们在块的每次插入时均具有相同的值，所以当用户插入块时，AutoCAD 不会提示用户输入属性值。

属性是不可见的,这就意味着属性是不能被显示或打印的,无论如何,属性中的信息被存储在图形文件中,并且可以使用"DDATTEXT"和"ATTEXT"命令将其信息写到一个提取文件中。

1.使用对话框定义属性

为了创建一个属性,必须首先执行"DDATTDEF"命令创建一个属性定义,这个属性定义描述了属性的特性,这些特性包括标签、提示、值信息、文本格式、位置和选择模式等。

定义属性也可以从"绘图"菜单的"块"子菜单中选取"定义属性"命令选项来实现,这与从"Command:"提示下输入"DDATTDEF"命令一样。执行该命令后,系统将弹出如图 7-10 所示的对话框。

在该对话框中,用户可以进行属性定义,下面介绍各项的使用及意义。

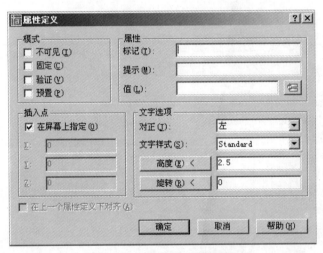

图 7-10 "属性定义"对话框

(1)"模式"框中的各选项为确定属性的模式。"不可见(I)"为属性是否可见,选中为不可见;"固定(C)"为属性是否为常量,选中则定义的属性为常量;"验证(V)"为确定属性是否进行检验;"预置(P)"为属性是否进行预设置。

(2)"属性"确定属性的标签、属性提示及属性缺省值。"标记(T)"编辑框为确定属性标志,用户可以在其中填入标签名;"提示(M)"编辑框为输入属性提示;"值(L)"编辑框为输入属性的缺省值。选取 按钮,系统将出现如图 7-11 所示的"字段"对话框。在"字段类别"中选取右侧下三角按钮,系统出现如图 7-12 所示的"字段类别"对话框。用户可在对话框中选取相应的字段类别和字段。

(3)"插入点"确定文本的插入参考基点,选中"在屏幕上指定(O)"选项,然后选取"确定"按钮将切换到图形屏幕。在图形屏幕中选择参考基点,也可以在 X,Y,Z 编辑框中输入参考点的坐标值。

(4)"文字选项"框中各选项为确定文本格式。"对正(J)"用来确定属性文本相对于参考点的排列形式,点取右侧下三角按钮,在其下拉列表中选择排列方式。"文字样式(S)"确定文本的格式,可以点取右侧下三角按钮在下拉列表中选择文本的格式。"高度(E)"按钮选中后可以进入图形屏幕中获取属性文本高度,或者直接在其编辑框中输入文本高度。"旋转(R)"确定属性文本的倾斜角度,按钮选中后可以进入图形屏幕获取倾斜角度,或者直接在其编辑框中输入倾斜角度。

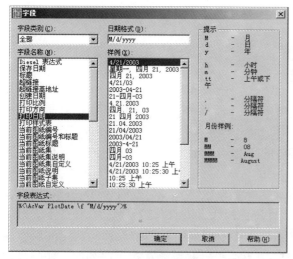

图 7-11　"字段"对话框　　　　　　图 7-12　"字段类别"对话框

（5）勾选"在上一个属性定义下对齐（A）"复选框，则采用上一个属性文本的格式、文本高及文本倾斜角度，而且与上一个属性对齐。勾选此复选框后，"插入点"及"文字选项"框中的各项均无效。

另外，属性定义也可以采用交互方式进行，用户可以从"Command："提示下输入执行，其操作方式同上。

用户在定义属性后如需修改属性定义，可用鼠标双击属性标记，系统将出现"编辑属性定义"对话框，如图 7-13 所示。

图 7-13　"编辑属性定义"对话框

2. 编辑属性定义

用户在属性定义后，可对属性的"标记""提示""默认"值进行编辑，用户在"修改"下拉菜单下选取"对象（O）"指令下的"属性（A）"子菜单，可分别对图块的单个属性、全局属性和块的属性进行管理，如图 7-14 所示。

（1）"单个（S）…"，系统出现"增强属性编辑器"对话框，如图 7-15 所示，用户可进行属性值的修改，文字选项各类参数的修改和属性值所在图层、颜色、线型等特性参数的修改，用户还可以通过■按钮逐一选取插入当前图中的图块进行属性值等参数的修改。

（2）"全局（G）"，用户进行该命令操作时，在命令行可见：

命令：_attedit

是否一次编辑一个属性？［是（Y）/否（N）］<Y>：Y

输入块名定义<*>:AA

输入属性标记定义<*>:FF

输入属性值定义<*>:KK

选择属性:(用户用鼠标选取对应的属性)

一选择1个属性.

输入选项[值(V)/位置(P)/高度(H)/角度(A)/样式(S)/图层(L)/颜色(C)/下一个(N)]

用户可对属性的值、所在图中的位置、字体的高度、字体的旋转角度、字体的字符样式、图层、颜色进行逐一的修改。

(3)"块属性管理器(B)…",系统出现"块属性管理器"对话框,如图7-16所示,用户选取"同步"按钮,系统将更新具有当前定义的属性特性的选定块的全部实例。此操作不会影响每个块中赋给属性的值。选取"上移"按钮,系统在提示序列的早期阶段移动选定的属性标签。选定固定属性时,"上移"按钮不可用。选定"下移"按钮,系统在提示序列的后期阶段移动选定的属性标签。选定常量属性时,"下移"按钮不可使用。选取"编辑"按钮,打开"编辑属性"对话框,从中可以修改属性特性,如图7-17所示。选取"删除"按钮,从块定义中删除选定的属性。如果在选择"删除"之前已选择了"设置"对话框中的"将修改应用到现有的参照",将删除当前图形中全部块实例的属性。对于仅具有一个属性的块,"删除"按钮不可使用。选取"设置"按钮,系统出现如图7-18所示的"设置"对话框,用户可对属性参数进行选择性设置。

用户还可用鼠标双击图块的属性值,系统将出现如图7-15所示的"增强属性编辑器"对话框。当用户在命令行输入DDATTE命令时,系统显示如图7-19所示的"编辑属性"对话框,它反映了一个属性与块相关联的信息文本。

图7-14　属性修改菜单

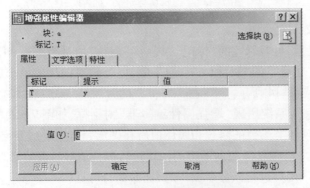

图7-15　"增强属性编辑器"对话框

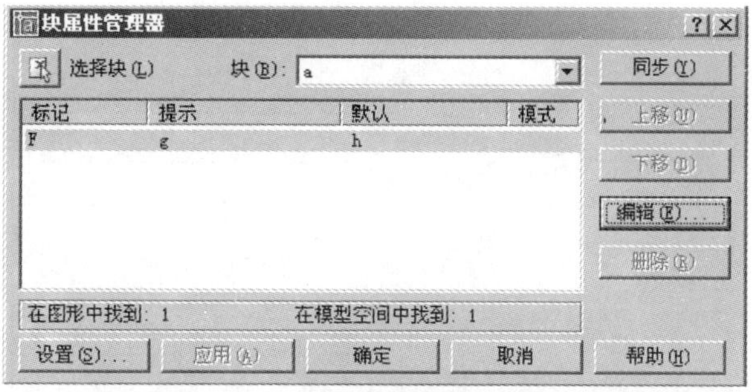

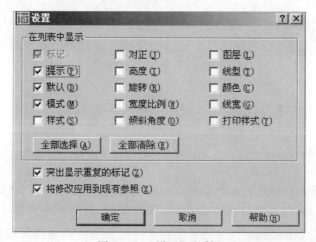

图 7-16　"块属性编辑器"对话框

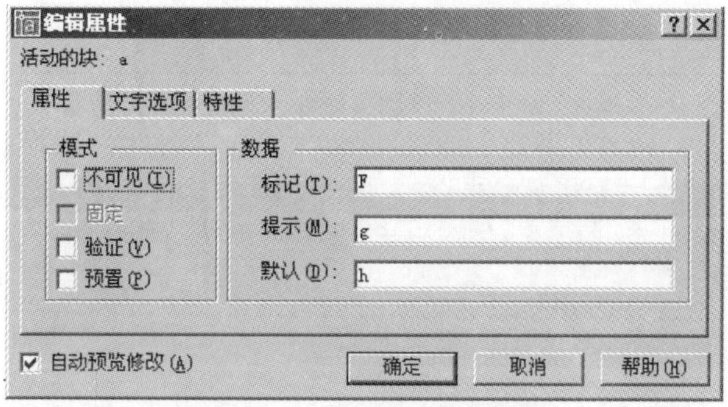

图 7-17　"编辑属性"对话框

五、属性数据提取

1. 属性提取

用户可执行"ATTEXT"或"DDATTEXT"命令,提取属性数据。

命令:ATTEXT

系统出现"属性提取"对话框,如图 7-20 所示。

图 7-18　"设置"对话框

用户要指定属性信息的文件格式、从中提取信息的对象、信息样板及其输出文件名。

"文件格式"设置存放提取出来的属性数据的文件格式:①"逗号分隔文件(CDF)"生成一

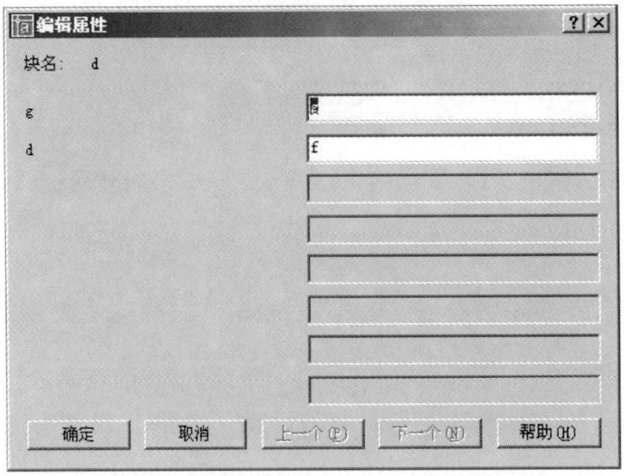

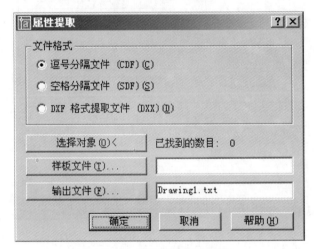

图 7-19　"编辑属性"对话框

图 7-20　"属性提取"对话框

个文件,其中包含的记录与图形中的块参照一一对应,图形至少包含一个与样板文件中的属性标记匹配的属性标记,用逗号来分隔每个记录的字段。字符字段置于单引号中。②"空格分隔文件(SDF)"生成一个文件,其中包含的记录与图形中的块参照一一对应,图形至少包含一个与样板文件中的属性标记匹配的属性标记。记录中的字段宽度固定,不需要字段分隔符或字符串分隔符。③"DXF 格式提取文件(DXX)"生成 AutoCAD 图形交换文件格式的子集,其中只包括块参照、属性和序列结束对象。DXF 格式提取不需要样板。文件扩展名".dxx"将这种输出文件与普通 DXF 文件区分开。

2. 模板文件

　　用户可以从一个图形中提取属性信息并生成一个独立的文本文件,该文本文件可以用于数据库软件。提取属性信息操作不影响图形。用户可以创建一个模板文件以便使 AutoCAD 知道如何构造包含提取属性信息的文件。模板文件包含所有与属性标签相关的信息,如零件名、模型、价格或供应商等,见表 7-1。

　　在模板文件中每个字段均从图形中提取信息。在模板文件中每行均指定一个要写到输出文件中的字段,包括字段名、字段宽度和数据精度。提取文件的每个记录均按模板文件中给定的顺序,包括所有指定的字段。模拟文件格式见表7-2。

表7-1　模板文件信息

属性标签	(C)字符或(N)数字	最大字段长	小数部分
类型	C	040	000
制造商	C	006	000
模型	C	015	000
价值	N	005	003

表7-2所示的模板文件中显示了15个可能的字段。

表7-2　模板文件格式

字段名	字段数据类型	说明
BL:LEVEL	Nwww000	块的嵌套数
BL:NAME	Cwww000	块名
BL:X	Nwww000	块的插入点的 X 坐标值
BL:Y	Nwww000	Y 坐标值
BL:Z	Nwww000	Z 坐标值
BL:NUMBER	Nwww000	块计数:对于 MINSERT 一样
BL:HANDLE	Cwww000	块的柄:对于 MINSERT 一样
BL:LAYER	Cwww000	块的插入名
BL:ORIENT	Nwww000	块的旋转角
BL:XSCALE	Nwww000	X 比例因子
BL:YSCALE	Nwww000	Y 比例因子
BL:ZSCALE	Nwww000	Z 比例因子
BL:XEXTRUDE	Nwww000	块拉伸方向的 X 部分
BL:YEXTURDE	Nwww000	块拉伸方向的 Y 部分
BL:ZEXTRUDE	Nwww000	块拉伸方向的 Z 部分
Numeric	Nwww000	数字属性标签
character	Cwww000	字符属性标签

　　模板文件可以包含表7-2中任意个或所有的 BL:×××字段,但必须包含至少一个属性变迁字段。属性标签字段决定了哪个属性,从而决定了哪个块被包含到提取文件中。如果一个块包含了一些指定的属性,而不是所有的指定属性,则空缺部分的值以空白(字符型)或0(数字型)填充。不包含任何指定属性的块参考被排除在提取文件之外。每个字段在模板文件中均可出现多次。一般的字段不要包含在模板文件中。

3. 创建模板文件

　　当创建模板文件时,不要使用[Tab]字符。为了对齐列,要使用空格键[Space]实现,用户可用写字板或记事本编辑模板,但这些工具必须将模板文件存为 ASCII 格式,以".txt"为扩展名。为了提取制定标签的数据,必须在"numeric"或"character"字段插入标签名。

4. 属性信息文件

　　一个属性仅仅在它的标签名与模板文件中字段名相匹配时才能提取。"DDATTEXT"命令使用三种格式文件提取属性信息,即 CDF、SDF 和 DXF 格式。

模板文件示例:

BL:NAME	C008000	(块名,8 位子符长)
BL:X	N007001	(X 坐标,字段宽 7 位,1 位小数即 nnnnn. d)
BL:Y	N007001	(Y 坐标,字段宽 7 位,1 位小数即 nnnnn. d)
T1	C008000	(属性标签名为 T1,字段宽为 8 位字符)

使用上面的模板文件信息,用户就可以使用"DDATTEXT"或"ATTEXT"命令提取属性信息。如果在当前图形中插入了包括属性 T1 的块,则可以执行提取属性命令,提取属性块的属性。

如果选择 CDF 格式,则可以提取如下格式的属性文件:

'AAA',5.000,10,000,'Ht100'

如果选择 SDF 格式,则可以提取如下格式的属性文件:

AAA　　　　5.00010.000Ht100

用户还可以直接通过 AutoCAD 的"工具(T)"菜单的"属性提取(X)…"对话框进行属性提取,如图 7-21 所示。用户一次进行下一步,系统即可生成"∗.CSV"文件。

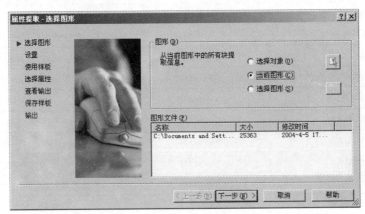

图 7-21　"属性提取"对话框

第二节　图像块菜单

在船舶轮机及电气设计中,需要设绘大量的轮机系统与电气系统图纸,为进行下一步的施工设计以及施工的需要。在图纸上需将所涉及的设备,按照各自的分类统计出来做成一个清单,放在图纸标题栏的上方,这样后续设计人员以及施工人员可以据此清单进行材料的准备。轮机与电气设计有一定的特殊性,例如轮机的燃油供应系统、冷却水系统、电气的照明系统、火灾探测报警系统等,有许多共性的东西,即一个种类的设备会多次出现在不同的区域和部位。可以利用 AutoCAD 软件的二次开发可生成图像块菜单(图 7-22)和自动生成系统材料表(图 7-23)。

一、幻灯片制作与显示

幻灯片是 AutoCAD 以单独的 SLD 文件存储绘图区域中的"照片"的方法,当用户制作一

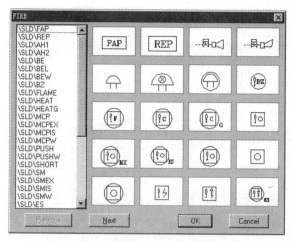

图 7-22　火警系统部件图像块菜单

张幻灯片后,就建立了一个含有 AutoCAD 能够在屏幕上快速重放的简化了的矢量图像文件。它有多种目的,其中最常用的一项是作为图像块菜单定制对话框中的图像。

用户用 MSLIDE 命令制作幻灯片文件,该命令仅截取在 AutoCAD 绘图区域内看到的内容,因此在运行该命令之前,要保证显示的是所希望的内容以及图层与颜色所希望的设置。MSLIDE 不记录光标的图像、UCS 图标以及栅格。

AutoCAD 在 SLD 文件中并没有存储图形的全部数据。MSLIDE 用当前缩放区域以及当前屏幕分辨率以图形的当前状态存储图形的二维矢量表示。

VSLIDE 命令可以重新调用幻灯片文件并在 AutoCAD 的图形区域中显示幻灯片的图像。当使用 VSLIDE 命令时,它会临时地在当前图形上"画图",用户通过 REDRAW 命令清除幻灯片以恢复原图。

二、建立幻灯片库

幻灯片库可使用户把许多独立的幻灯片文件存储在一个大文件中,从而使它们管理更方便,使幻灯片显示的速度更快。幻灯片库也会减少目录中文件的堆积,从而能更容易地查找其他文件。AutoCAD 幻灯片库存放在扩展名为". SLB"的文件中。

用户可通过位于\AutoCAD 目录下的 SLIDELIB. EXE 文件建立自己的幻灯片库,建库方法如下:

(1) 设用户已在 D:\ AutoCAD 2005 \ SLD 目录下建立了火警系统部件 FAP. SLD、REP. SLD、AH1. SLD、AH2. SLD、BE. SLD 等多个幻灯片文件。

(2) 命令:SH

操作系统命令:　　　　(打开 DOS 窗口,使\AutoCAD\SLD 目录为当前目录)

D:\AutoCAD 2005\SLD>DIR ＊.SLD/B/ON>FIRE

此 DOS DIR 命令串建立了按名字排序(/ON)的幻灯片的空(/B)目录,且将它重引导到名为 FIRE 的文本文件。

D:\AutoCAD 2005\SLD>TYPE FIRE　　　　(显示 SLD 文件名的清单)

FAP. SLD

REP. SLD

序号 NO.	符号 SYMBOL	名　称 DESCRIPTION	数量 QTY	规格 SIZE	型号 TYPE	备注 REMARK
15	⊗	INCANDESCENT LIGHT	2	IP55		
14	⊙⊙	双联双极带接地非防水插座 2 GANG 2 POLE+EARTH SOCKET N.W.T	6	AC250V 10A IP20	BS－UBF2A	
13	⊙	双极接地带开关防水插座 2 POLE+EARTH SOCKET WITH SW.W/T	1	AC220V 10A IP56	CZKF2－4	
12	⊙	单联双极带接地非防水插座 1GANG 2 POLE+EARTH SOCKET N.W.T	5	AC250V 10A IP20	BS－UBF1	
11	⌐	门限位开关 DOOR LIMIT SWITCH	1	AC230V 4A 1常闭	AZ15	
10	⊙	DC24V 插座 SOCKET FOR DC24V	1	DC24V IP20	NR－3PF1	
9	L－1	照明分电板 LIGHTING DISTRIBUTION PANEL	1	WXHXD 540×950×200		
8	⌐⌐	卫生单元用接线盒 JUNCTION BOX FOR SANITARY MODULE	1			在单元上 ON UNIT
7	◎	接线盒（尼龙） JUNCTION BOX(NYLON)	7	AC250V 10A IP56	JXF4－1	
6	⊕C	防爆白炽灯（电池室） EX－PROOF INCANDESCENT LIGHT(BATT.RM)	1	AC220V 100W DIIC－T4 IP54	DF－103A－100－3	
5	H L	高低压插座箱 HIGH/LOW VOLTAGE RECEPTACLE BOX	1	AC220V/24V IP55	CZX－220/24/220	
4	EH	电加热器 ELECTRIC HEATER	2	AC220V 60Hz 1Ph 1kW IP20	FH－121	
3	E－1	应急照明分电板 EM'CY LIGHTING DISTRIBUTION PANEL	1	WXHXD 540×700×200		
2	⌒	海图灯 CHART LIGHT	2	AC220V 60W IP20	1ZSR	
1	CB	手提白昼信号灯配件箱 CONTAINER BOX FOR PORTABLE DAY SIGNAL LIGHT	1			

	Dalian China Tel:(0411)－4414254 Fax:(0411)－4412923 E-mail:dnsic@pub.dl.lnpta.net.cn	68,000 DWT CRUDE OIL TANKER 68,000吨原油船		详细设计　　DETAIL DESIGN		
				DNS516－680－013		
文件号 FILE	版本 0 REV.	住舱照明布置图 LIGHT ARRANGEMENT OF ACCOMMODATION ROOM		重量 MASS	比例 SCALE	1:50

图 7-23　住舱照明布置图材料表

AH1. SLD

…

下一步,建立幻灯片库 FIRE. LIB:

D:\AutoCAD 2005>SLIDELIB \SLD\FIRE<FIRE

此时,幻灯片库 FIRE. SLB 中就收集了 FAP. SLD、REP. SLD、AH1. SLD 等多个幻灯片文件。

观看幻灯片库中某一幻灯片的方法仍然使用 VSLIDE 命令,并在要求输入幻灯片名时按"幻灯片库文件名(库中幻灯片名)"的格式输入即可。

三、建立图像块菜单

制作供图像块菜单使用的各个带有属性的块文件,并生成幻灯片文件,并生成幻灯片文件,同时在 AutoCAD 的库搜索路径内存储各火警系统部件的带有属性的图形文件,供以后插图时调用。

建立用户菜单文件。这里将调用图像块菜单的下拉菜单项"FIRE",如图 7-24 所示,省略了菜单中未涉及的其他菜单节。

图 7-24　图像块菜单下拉菜单

＊＊＊POP1

［自定义］

［FIRE］^C^$I＝FIRE $I＝＊

［——］

＊＊＊IMAGE

＊＊FIRE

［FIRE］

［a：FAP，FAP］^C^Cinsert FAP \；；；

［a：REP，REP］^C^Cinsert REP \；；；

［a：AH1，AH1］^C^Cinsert AH1 \；；；

［a：AH2，AH2］^C^Cinsert AH2 \；；；

上述文件输入完成后,存盘退出。

编译用户文件。进入 AutoCAD 系统,在命令提示符下键入 MENU 命令,在对话框中拾取用户菜单文件名并单击"OK"选项,系统开始编译。编译完成后,屏幕上显示的用户图像块菜单如图 7-22 所示。

第三节　用 VBA 开发 AutoCAD

用 VBA 编制块的控制管理宏命令,可以将属性块中的材料信息提取出来形成材料表。

一、编写 VBA 程序

在 AutoCAD 中对当前图形中各个属性块的信息进行提取形成材料表,在 AutoCAD 2005 环境中,有两种方法进入 VBA:

（1）从菜单条选择:工具→宏→Visual Basic 编辑器;

（2）从命令行直接键入"VBAIDE"。

上述两种方法执行后就可进入 VBA 编辑器,非常方便,如图 7-25 所示。

进入 VBA 环境后,可以通过插入命令建立一个窗体,如图 7-26 所示。

1. 窗体的编辑

在 VBA 编程环境中,可以通过插入菜单条来插入控件。

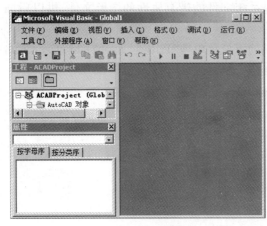
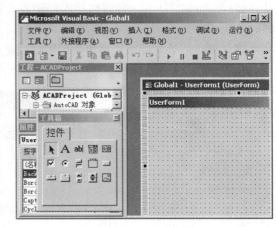

图 7-25　VBA 编辑器　　　　　　　　　　图 7-26　建立窗体

　　如图 7-27 所示,可在窗体(UserForm1)中加入控件,如:ListBox1,Label1,Frame1,CommonDialog1,CommonDialog2,CommandButton1,CommandButton2,CommandButton3,CommandButton4,OptionButton1,OptionButton2,窗体和各控件属性表见表7-3。

图 7-27　窗体

表 7-3　窗体和各控件属性表

	Caption	Height	Left	Width	Top	Zoom	BorderStyle	Locked	Value
Userform1	块的控制管理	280		280		100			
ListBox1		194	18	165	36		1		
Label1	块的名称:	18	18	70	12		0		
CommandButton1	调入	18	204	60	150				
CommandButton2	调出	18	204	60	180				
CommandButton3	退出	18	204	60	210				
CommandButton4	删除	18	204	60	120				
OptionButton1	内部块	26	30	45	235			True	False
OptionButton2	外部块	26	100	45	235			False	True
CommonDialog1			222		114				
CommonDialog2			222		78				

2. 各控件的基本功能

Userform1:用来放置各控件,运行时能显示出对话框。

Label1:用来表示 ListBox1 中所显示的内容。是一文字框。

ListBox1:用来显示所选中的是内部块还是外部块。如果选择内部块,则其中所出现的是文件中所有的内部块的块名;如果选择外部块,则其中所出现的是文件中所有的外部块的块名。

CommandButton1:承担调入命令。主要是将文件外的 CAD 图形文件转化为正在运行的文件内的块文件。这样可以方便图形外的文件插入到图形内,并将 ListBox1 内的块名重新列出。

CommandButton2:承担调出命令。主要是将正在运行的文件内的块文件转化为 DWG 图存入到指定的目录下,并可改名保存。还可将 ListBox1 内的块名重新列出。

CommandButton3:退出并关闭块的控制管理对话框。

CommandButton4:删除正在运行的文件中的无用的块,或当从外部调入的块没有用时,可以将这些块通过该对话框用该命令删除。

OptionButton1:将正在运行的文件的内部块名显示在 ListBox1 的列表中。方便块名的管理。以防止内部块和外部块的块名冲突。选择此按钮时,OptionButton2 不能用。

OptionButton2:将正在运行的文件的外部块名显示在 ListBox1 的列表中,方便块名的管理。以防止内部块和外部块的块名冲突。选择此按钮时,OptionButton1 不能用。

CommonDialog1:显示调入文件的 DWG 路径,以方便文件的调入,并按块名保存在正在运行的文件中。

CommonDialog2:显示调出块的 DWG 路径,并可在所出现的对话框中修改并保存所调出的块的名称。以方便块的调出并保存为 AutoCAD 图形文件。

3. 用宏命令调用该对话窗体的方法

在 VBA 的 IDE 中,在 ACAD 工程项目中插入模块。在编码窗口中键入如下编码"Public Sub 调入块的管理( )",回车,如图 7-28 所示。

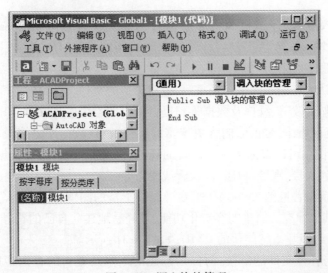

图 7-28　调入块的管理

在该模块的编码窗口中,再在调入的窗体中输入一些适当的编码,这样就完成了模块的建立。

每一个 VBA 程序必须至少包含一个模块。通过运行这一模块,可将 UserForm1(块的控制管理窗体)调入 AutoCAD 2005 环境,在 AutoCAD 2005 环境中使用该窗体进行块的管理。

4. 运行该窗体的宏命令

用 VBARUN 运行后,出现"宏对"话框,如图 7-29 所示。

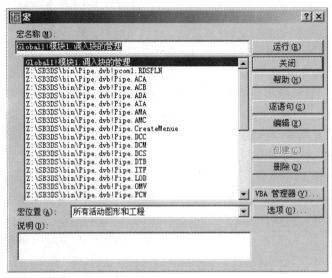

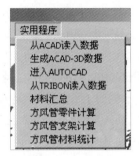

图 7-29 宏对话框   图 7-30 实用程序菜单

可选择已嵌入的工程,然后点击"运行"按钮。本文中的工程名是"Z:\SB3DS\bIN\Pipe. dvb! Pipe. CreateMenue",系统菜单出现实用程序菜单,如图 7-30 所示。运行材料汇总,就可以在当前图形中生成图 7-23 所示材料表。

第四节 船舶管路设计 P&ID 系统简介

船舶管路的 P&ID 设计是目前世界上流行的流程仪表群组(Process & Instrumentation Workgroup)设计方法。该方法提供一种智能化的 P&ID 绘图系统,提供"符号"图形、"实际"图形及"三维模型"三种图形库。

P&ID 设计被认为在船舶制造中最重要、最有价值的文件,它除包含了船舶的基本设计信息外,也为往后船舶的改善、维修及数据管理提供重要的参考管理文件。P&ID 图不仅要清楚表现系统的工作流程外,同时也应内含更丰富的属性资料、数据库链接及相关图形文件的关联。譬如从 P&ID 图中可以查询出一个设备的规范、供应商资料,以及数据;从图中可以查询每一根管线的规格、型号、管号、材质,以及管线流向等。

P&ID 支持目前最普遍的 AutoCAD 平台。提供丰富的图例,如"符号"图形、"实际"图形及"三维模型"及其他标准。简单的客户化功能,可轻易地建立自己的符号及标准。提供丰富的属性/数据库链接,以建立智能化的 P&ID,如图 7-31 所示。

提供"标签"与各种文件的链接,对以后船舶的维修及资料的查询帮助很大,如图 7-32 所示。

P&ID 提供整合性的目标数据库,使得所有的资料可以互相共享,使得数据的查询具有一致性,避免资料重复输入。如 P&ID 所建立的管线及设备资料可直接给 3D PIPING 及 EQUIP

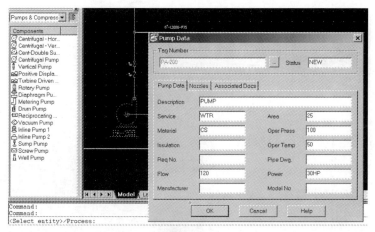

图 7-31　智能化的 P&ID 库建立

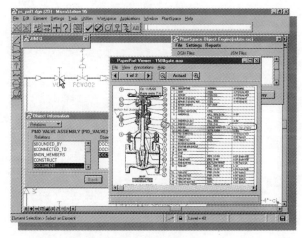

图 7-32　标签文件建立

使用,而仪表的资料可马上由管路系统设计软件建立设备、附件与管路系统图并建立设备与附件的各类索引统计,并提供船舶设计的各类"设备清单""管路清册""阀门清单"和"仪表清单"。

　　3D 组件自动链接到 Project 数据库,如图 7-33 所示。在船舶设计中从上游的 P&ID 资料至 3D 生产设计、仪表控制及施工图,全部都整合于 Project Database 中,以达各部门资料共享及资料的一致性。这数据库将是未来船舶生产、维护的重要资料来源。工作数据库为业界标准的 SQL Server、ORACLE 或 MS Access。标准的数据库系统可以确保以后在资料维护及转换的方便性并节省投资的成本。

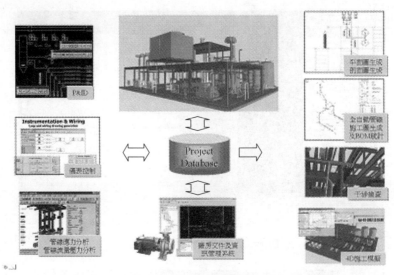

图 7-33   目标数据库

参 考 文 献

[1] 陈铁铭.船舶管系[M]. 北京:人民交通出版社,2007.

[2] 屠文斌,编. 船舶工业教材编审室船舶管系工工艺[M],哈尔滨:哈尔滨工程大学出版社,2010.

[3] 孙文涛主编. 船舶管系放样与生产[M]. 北京:北京理工大学出版社,2014.

[4] 童辛,等. 船舶管路实用手册[M]. 北京:国防工业出版社,1988.

[5] 叶平,乔国梁. 船舶管系工艺[M]. 哈尔滨:哈尔滨工程大学出版社,2004.

[6] 屠文斌,姜兴峰,胡政文. 船舶管路系统中国船舶工业总公司教材编审室,1996

[7] 施正一,邵志深,陈昌明. 船舶管铜工工艺学[M]. 哈尔滨:哈尔滨船舶工程学院出版社,1985.

[8] 中国船舶工业总公司造船生产设计指导小组. 造船生产设计[M]. 北京:国防工业出版社,1988.

[9] 船舶产品专用图样和技术文件编号.CB/T 14-1995.

[10] 管装分册(1,2)厦门船厂规范标准.XXSI619-2008. 2008.10.